Kurt Bangert (Hrsg.)

Handbuch Spendenwesen

Kurt Bangert (Hrsg.)

Handbuch Spendenwesen

Bessere Organisation, Transparenz,
Kontrolle, Wirtschaftlichkeit und
Wirksamkeit von Spendenwerken

In Kooperation mit dem
„World Vision Institut für Forschung und Innovation"

Bibliografische Information der Deutschen Nationalbibliothek
Die Deutsche Nationalbibliothek verzeichnet diese Publikation in der
Deutschen Nationalbibliografie; detaillierte bibliografische Daten sind im Internet über
http://dnb.d-nb.de abrufbar.

1. Auflage 2011

Alle Rechte vorbehalten
© VS Verlag für Sozialwissenschaften | Springer Fachmedien Wiesbaden GmbH 2011

Lektorat: Frank Schindler / Verena Metzger

VS Verlag für Sozialwissenschaften ist eine Marke von Springer Fachmedien.
Springer Fachmedien ist Teil der Fachverlagsgruppe Springer Science+Business Media.
www.vs-verlag.de

Umschlaggestaltung: KünkelLopka Medienentwicklung, Heidelberg
Druck und buchbinderische Verarbeitung: STRAUSS GMBH, Mörlenbach
Gedruckt auf säurefreiem und chlorfrei gebleichtem Papier
Printed in Germany

ISBN 978-3-531-17448-8

Inhalt

Vorwort

Es ist noch gar nicht so lange her, da waren Nichtregierungsorganisationen die Helden im deutschen Blätterwald. „Wunderwaffe", „Hoffnungsträger", „die ehrlichen Weltverbesserer" – so oder ähnlich titelten „Zeit", „Spiegel" und andere Leitmedien der Republik, wenn sie über Greenpeace, Amnesty International oder andere schrieben. Etwas später, die medialen Prophezeiungen zur Rolle der Nichtregierungsorganisationen (NRO) waren nicht in Erfüllung gegangen, kam dann der Gegentrend: Die NRO hatten plötzlich „vor allem ihr eigenes Überleben" im Sinn, verfügten nur über „unzureichende Kontrollmechanismen" und litten an „Projektitis". Die Organisationen, die vier Wochen nach einer größeren Katastrophe die eingenommenen Spenden noch nicht restlos ausgegeben hatten, wurden angeprangert. Dabei hätte ihnen ein Lob für den sorgsamen Umgang mit den ihnen anvertrauten Spenden gebührt.

Medien, Spenderinnen und Spender, aber auch die öffentlichen Zuschussgeber werfen heute einen viel kritischeren Blick auf Spendenorganisationen. Das ist gut so, denn er zwingt die Organisationen dazu, die Sinnhaftigkeit des Spendens und die Wirksamkeit der eigenen Arbeit mehr als in der Vergangenheit herauszustellen und zu kommunizieren. Er zwingt sie auch dazu, sich über Qualitätsstandards Gedanken zu machen und in der Arbeit umzusetzen.

Wer sich früher mit Standards in der Arbeit von Spenden sammelnden Organisationen oder von Entwicklungsorganisationen allgemein befassen wollte, der musste zumeist auf Literatur im angelsächsischen Sprachraum zurückgreifen. Auf dem deutschen Markt gibt es bis heute nur wenige Bücher, die sich mit diesen Themen befassen. Umso besser, dass nun endlich eines dazugekommen ist, das zudem durch die Themensetzung und die Qualität seiner Autoren besticht.

Zivilgesellschaftliches Engagement ist wichtig für eine plurale Gesellschaft; gerade in einer Zeit, in der sich der Staat aus einer Reihe von Aufgaben zurückzieht. Es ist auch wichtig – um ein Beispiel zu wählen – für die Entwicklungszusammenarbeit, weil wir die Rolle der Zivilgesellschaft in unserem eigenen Gesellschaftsmodell bei all seinen Schwächen doch für besser halten als in vielen anders verfassten Gesellschaften. Denn zivilgesellschaftliche Organisationen können vieles, was Regierungen nicht oder schlechter können: Sie können ehrenamtliches Engagement generieren, sie besitzen eine höhere Mobilisierungsfähigkeit, sie sind näher an der Basis, haben Zugang zu marginalen Gruppen und können öffentlich Kritik üben und Themen setzen.

Die höheren Ansprüche von Spenderinnen und Spendern, von öffentlichen Gebern, von einer kritischen Öffentlichkeit insgesamt, aber auch von den Organisationen an sich selbst führen zu einer zunehmenden Professionalisierung der Arbeit, zu Qualitätsverbesserung und größerer Transparenz. Davon gibt dieses Buch beredt Auskunft.

Gewiss, die Professionalisierung ist für viele kleine Organisationen eine große Herausforderung. Sie bietet Chancen, unterliegt aber auch der Gefahr, ehrenamtliches Engagement gering zu schätzen. So gilt es, eine Balance zwischen Professionalität und freiwilligem Engagement zu halten. Diese Balance ist für Glaubwürdigkeit und Ansehen der Organisationen ebenso wichtig wie die intellektuelle Unabhängigkeit.

Ulrich Post
Vorsitzender
Verband Entwicklungspolitik der Nichtregierungsorganisationen (VENRO)

Einführung

Die Bilder des Erdbebens vom 12. Januar 2010 in Haiti waren erschütternd: Zusammengefallene Wohnhäuser, Kirchen und Krankenhäuser, zerstörte Bretterbuden in Elendsvierteln und sogar ein eingefallener Präsidentschaftspalast; verzweifelte Menschen, die nach ihren Familienangehörigen Ausschau halten; Einheimische, die per Hand die Schutthalten zu beseitigen suchen; nur notdürftig verbundene Überlebensopfer, die noch nicht ganz begreifen, was da mit ihnen geschehen ist; trauernde und apathische Hinterbliebene, die noch nicht wahrhaben wollen, dass ihre Angehörigen nicht mehr da sind; verzagte Menschen auf der Suche nach Wasser, Nahrungsmitteln und kleinen Habseligkeiten; leblose Körper, die sich zwischen Geröll und Schotter stapeln; Helfer, die nicht wissen, wo sie zuerst anpacken sollen, und andere, denen die ersten Hilfsgüter aus den Händen gerissen werden. Der Erdbebengürtel des westlichen Atlantiks, der „Fluch der Karibik", hat aus dem Armenhaus Haiti ein Totenhaus gemacht, ein „Land, das stirbt", wie ein Wochenmagazin titelte. Das Erdbeben in Haiti – ein Untergangsszenarium von eschatologischen Dimensionen. Ein trockener, staubiger, nicht zurückweichender Tsunami. Wie viele Tote waren es eigentlich? Waren es 200.000? 250.000? oder 300.000? Keiner weiß es so recht. Am Ende vielleicht noch mehr als bei der Tsunamiwelle in Südostasien, nur viel konzentrierter, nur ein einziges, ohnehin armes Land betreffend. Wer sollte sie zählen, die Toten, wer sie begraben? Wer sie betrauern? Haiti: arm, ausgebeutet, apokalyptisch. Ein Land stöhnt vor Erschütterung und Verzweiflung.

Die Hilfswelle rollt an: zögerlich erst, langsam sich vortastend, überhastet, überarbeitet, überfordert, selten routiniert. Die Schreckensbilder flackern über die Bildschirme, auch hochauflösend in Full-HD und LCD. TV-Sender richten live-Schaltungen nach Port-au-Prince ein, die Regierungen der Geberländer stellen die ersten Millionen Euros und Dollars für Hilfsmaßnahmen zur Verfügung, Hilfsorganisationen bereiten Spendenaufrufe vor; Spender überlegen, welcher Hilfsorganisation oder welchem Hilfsbündnis (wieso gibt es eigentlich mehrere davon?) sie ihre Spende anvertrauen sollen. Wann gab es zuletzt bei einer Naturkatastrophe so viele Tote?

Manche Naturkatastrophen erregen große öffentliche Aufmerksamkeit, andere berühren uns kaum, weil sie nicht spektakulär genug sind, um die Medien auf sich zu ziehen. Überdies: zu viele Katastrophen kann man den Lesern, Zuschauern und Zuhörern einfach nicht zumuten; da konzentriert man sich besser auf die ganz großen Ereignisse. Manche Katastrophen, wie der Tsunami von

2004, sind so medienwirksam, dass mehr Geld gespendet wird als man für die unmittelbare Soforthilfe ausgeben kann, so dass sich die weiterführenden Aufbaumaßnahmen über drei und mehr Jahre hinziehen. Andere Krisen, die „stillen Katastrophen", generieren nicht nur weniger Aufmerksamkeit, sondern auch weniger Spenden, so dass man nicht allen Betroffenen helfen kann. Viele bleiben sich selbst überlassen.

„Die Katastrophenhelfer stecken in einem Dilemma", schreibt die Süddeutsche Zeitung auf ihrer Internetseite. „Sie müssen innerhalb von 48 Stunden nach einem Unglück die Aufmerksamkeit der Öffentlichkeit gewonnen haben, um Spenden zu bekommen. Später interessiert sich niemand mehr für das Thema." Manchmal wird das Ausmaß der Katastrophe übertrieben, manchmal nicht dramatisch genug geschildert, weil man anfangs noch nicht ermessen kann, wie verheerend sich das Naturereignis auswirkt. „Schließlich wird die Konkurrenz um Spenden und öffentliche Zuschüsse immer härter."[1]

Das Spendenwesen, obwohl oft mit vielen guten Absichten verbunden, ist kein Gutmenschsystem mehr und auch keine Nebenbeschäftigung für Dilettanten. Es ist ein professionelles Geschäft geworden, mit professionellen Fundraisern, erfahrenen Medienmenschen, studierten Finanzfachleuten, erfolgreichen Managern und „Machern", mit auslandserprobten Entwicklungsexperten und kundigen Wissenschaftlern. Wer hier nur aus reiner Nächstenliebe und emotionaler Rührung mitmischen will, ist oft fehl am Platz. Dennoch ist die Frage berechtigt, ob die Spendenorganisationen und Hilfswerke ihr Optimum an Effizienz und Wirksamkeit erfüllen, ob sie die ihnen anvertrauten Gelder auch wirklich im besten Interesse der Hilfsempfänger (und der Spender!) einsetzen, ob die Kontrollmechanismen auch wirklich greifen, um Korruption, Veruntreuung, Verschwendung und zweckentfremdete Verwendung zu vermeiden. Das fragen sich nicht nur viele Spender, sondern auch manche Journalisten, die einerseits gerne das Anliegen der Katastrophenhelfer unterstützen, andererseits aber auch immer wieder Ausschau halten nach Konflikten, Krisen und Korruptionsfällen. Die Normalität ist wenig interessant. Berichtenswert ist nur das Konfliktträchtige.

Als eine deutsche Tageszeitung, durchaus bekannt dafür, die Anliegen von Entwicklungsorganisationen zur Sprache zu bringen, über angebliche oder tatsächliche Fälle von Missbrauch und Missmanagement bei Unicef Deutschland berichtete, geriet nicht nur die betroffene UN-Organisation ins Visier, sondern indirekt die ganze Spendenbranche. Musste das Spendenwesen insgesamt nicht transparenter, effizienter und professioneller werden? Reichen die organisatorischen Strukturen der Hilfswerke noch aus? Sollte gar der Staat neben den beste-

---

[1] Süddeutsche.de vom 14.10.2009.

henden gesetzlichen Vorschriften weitere Richtlinien für das Spendenwesen erlassen? Politiker klopften an die Tür der Spendenwerke, um den Regelungsbedarf zu erfragen.

Im Verband Entwicklungspolitik der Nichtregierungsorganisationen (VENRO), in dem viele der national und international tätigen Spendenwerke organisiert sind, wurden Stimmen laut, die nach schärferer Kontrolle, nach mehr Transparenz, nach besserer Organisationsführung (engl. *governance*) und einer besseren Wirkungsbeobachtung riefen. Eine Transparenzinitiative war geboren, aus der sich alsbald der „VENRO-Kodex Transparenz, Organisationsführung und Kontrolle" entwickelte. Trotz anfänglicher Widerstände setzte er sich durch, weil die VENRO-Mitglieder erkannten: Schwarze Schafe schaden der ganzen Branche, und alle Organisationen haben Optimierungsbedarf. Für einige Hilfswerke war allein schon der Diskussionsprozess ein Augenöffner und Katalysator für Verbesserungen. Auch das Deutsche Zentralinstitut für soziale Fragen (DZI) sah im eigenen Haus Verbesserungsbedarf und schickte sich an, seine Grundsätze zu überdenken und zu verschärfen. Der Deutsche Spendenrat hinterfragte seine Selbstverpflichtungserklärung und sein Aufnahmeverfahren und schloss prompt – Zufall oder nicht – eines seiner Mitglieder aus dem Verband aus. PricewaterhouseCooper, die namhafte Wirtschaftsprüfungsgesellschaft, hatte im Zuge der Tsunami-Katastrophe selbst spenden wollen und sich zahlreiche Jahresberichte einiger Hilfswerke angesehen, erkannte ein Transparenzdefizit sogar bei renommierten Spendenwerken und beschloss, den PWC Transparenzpreis zu vergeben.

In diesem Umfeld entstand auch die Idee für dieses Buch, die ich einem Freund, dem Kommunikationsexperten Cornel Jeuckens, verdanke. Das Buch verfolgt den Zweck, die wichtigsten Anliegen und Grundsätze des Spendenmanagements darzulegen, um einerseits die Öffentlichkeit noch besser zu informieren und andererseits auch die Spendenbranche selbst in Richtung auf mehr Transparenz, Kontrolle und Qualitätsverbesserung zu beeinflussen. Vieles von dem, was in Kodices, Selbstverpflichtungen oder DZI-Vorgaben nur *in nuce* angesprochen ist, wird hier von einigen der besten Experten der Branche in größerer Ausführlichkeit, Verständlichkeit, Offenheit und Sachkunde ausbuchstabiert.

Dr. Wolfgang Jamann, Generalsekretär und Vorstandsvorsitzender der Deutschen Welthungerhilfe und zuvor Leiter von CARE, zeigt in einem allgemeinen Aufsatz die angesichts veränderter Verhältnisse und höherer Erwartungen gestiegene Rechenschaftspflicht der Spendenorganisationen auf, der sie *nolens volens* nachzukommen haben. Allerdings gehe es, so Jamann, nicht nur um Transparenz, sondern vor allem um Qualitätssicherung. „Transparenz ist kein Zauberwort und kein Allheilmittel."

Bernd Pastors, VENRO-Schatzmeister und Vorstandsvorsitzender von action medeor, und Jana Rosenboom von VENRO waren beide maßgeblich am Zustandekommen des VENRO-Verhaltenskodex beteiligt und schildern den Hintergrund, den Prozess und das Ergebnis dieses neuen Standards für Organisationen der Entwicklungszusammenarbeit. Sie beschreiben auch Punkte, die für heftige Diskussionen innerhalb der Entwicklungsorganisationen sorgten. Der Kodex zeige, dass die Arbeit der Hilfsorganisationen weder idealisiert noch pauschalierend verurteilt werden dürfe. Vor allem aber könne ein solcher Kodex „nur so viel wert sein, wie er praktisch umgesetzt wird".

Dr. Hartmut Kopf, Leiter des World Vision Instituts für Forschung und Entwicklung, und Judith Dittmer, die sich studienhalber mit Grundsätzen der Organisationsführung beschäftigt hat, weisen mit ihrem Beitrag auf die Notwendigkeit hin, dass das in Deutschland noch relativ junge Feld der *nonprofit governance* im Zuge einer weiteren Professionalisierung der Spendenorganisationen in Zukunft noch mehr an Bedeutung gewinnen muss und dass diese *nonprofit governance* der Hilfswerke anderen Rahmenbedingungen genügen muss als die *corporate governance* bei Unternehmen. Die Autoren legen ein neues, durchaus wegweisendes Gesamtmodell einer *nonprofit governance* vor, das allgemeine Beachtung verdient.

Der Frage, wie die – meist ehrenamtlich tätigen – Mitglieder in den Aufsichtsgremien von Spendenwerken ihren vielfältigen Kontrollfunktionen gerecht werden sollen, wenn sie doch meist keine Spezialisten der Organisationsführung oder des Spendenwesens sind, gehe ich in meinem eigenen Beitrag nach, indem ich zum einen die unterschiedlichen Kontrollaufgaben schildere und zum andern mein Sechs-Perspektiven-Modell (Friedrichsdorfer Modell) vorstelle, das aufzeigt, wie die unterschiedlichen Kontrollfunktionen je nach Kompetenz der Aufsichtsratsmitglieder verteilt werden können. Ich schließe meinen Aufsatz mit der Einsicht, dass eine Organisation nur so gut ist wie ihr Aufsichtsorgan.

Prof. Dr. Lothar Schruff und Dr. Jan Simon Busse, die beide maßgeblich die Vergabekriterien des Transparenzpreises von PricewaterhouseCooper (PWC) beeinflusst haben, legen in ihrem kenntnisreichen Beitrag mit wissenschaftlichem Anspruch die Prinzipien der Informationspflicht und einer Rechnungslegung von Spendenwerken dar, die auch dem Informationsbedürfnis der Spender genügt. Da Spenden, anders als etwa Investitionen von Anlegern, endgültig und ohne die Absicht der Rückforderung gegeben werden, haben Spender nach Meinung der Autoren im Grunde ein noch stärkeres Bedürfnis nach Rechenschaftslegung als ein Investor. Dem müssen Spendenwerke gerecht werden.

Burkhard Wilke, Geschäftsführer des Deutschen Zentralinstituts für soziale Fragen (DZI), ist verantwortlich für die Vergabe des Spendensiegels und schildert die Prinzipien einer guten Transparenz und Ethik im Fundraising. „Überzeugen, nicht überrumpeln" sei die Devise. Da es eine moralische Zentralinstanz nicht gebe, müssten sich ethische Maßstäbe erst durch den öffentlichen Disput herauskristallisieren. Wilke mahnt zur freiwilligen Transparenz der Organisationen und zur Einhaltung von Selbstverpflichtungen, hält aber auch externe Prüfungen für unverzichtbar. Er glaubt, dass die Anforderungen an die Spendenwerke sich in Zukunft weiter entwickeln müssten, auch im Bereich der Projektqualität, Wirksamkeit und Nachhaltigkeit.

Christian Osterhaus, Director Operations von 4C Association, hat für eine Reihe großer Hilfsorganisationen gearbeitet, darunter die Deutsche Welthungerhilfe, die Christoffel-Blindenmission und Karl-Heinz Böhms Organisation „Menschen für Menschen", und bespricht in seinem Beitrag mit ungewöhnlicher Offenheit das Problem der Verwaltungskosten und wie diese Frage gegenüber dem Spender zu kommunizieren sei. Er mahnt Spendenwerke dazu, sich nicht selbst eine „Verwaltungskosten-Falle" zu schaffen, indem sie dem potenziellen Spender niedrige bis gar keine Verwaltungskosten in Aussicht stellten, dann aber hinsichtlich der wahren Kosten für Verwaltung und Werbung nicht wirklich transparent sein könnten. Dieser Widerspruch sei potenziell skandalträchtig.

Ise Bosch, Unternehmenserbin der Firma Bosch und selbst Großspenderin, versucht mit den Vorurteilen derer aufzuräumen, die gute Gründe zu haben glauben, *nicht* spenden zu sollen. Sie schreibt über ihre eigenen Motivationen und über die Art und Weise, wie sie als Spenderin angesprochen werden will. Sie findet, dass in Deutschland vergleichsweise wenig gespendet wird, und versucht, gerade auch Wohlhabende zum Spenden anzuregen. Der Staat könne nicht für alle Probleme aufkommen. Private Spenden hätten viele Vorteile, erforderten aber Flexibilität, einen langen Zeithorizont und persönliches Engagement.

Dr. Christoph Müllerleile, Mitbegründer des Deutschen Fundraising Verbandes und u.a. für die Deutsche Herzstiftung tätig, schreibt über den mühsamen Weg, Verbraucher von der Sinnhaftigkeit des Spendens zu überzeugen. Spenden werden ja nicht nur für humanitäre Katastrophen, sondern auch für Parteien, Turnvereine, Kindergärten und viele andere nützliche, aber nicht immer populäre Zwecke benötigt. Am leichtesten sei es, Menschen zum Spenden zu motivieren, wenn sie selbst einen Vorteil davon hätten. Wichtig sei es, Spender zu Freunden und aus dem *Fundraising* ein *Friendraising* zu machen. In Zukunft müsse noch eine bessere lokale Vernetzung hinzu kommen. Wohltätigkeit beginne zu Hause.

Dr. Thomas Kreuzer, Leiter der Fundraising Akademie, zeigt auf, dass es bei der Spendenwerbung nicht nur auf gute Zielsetzung und Planung, auf kohärente Konzeptionen, sorgfältiges Controlling sowie auf eine zielgerechte Ansprache diverser Zielgruppen ankomme, sondern auch darauf, eine Marke zu bilden. Fundraising und Markenbildung gehören zusammen. Doch dazu bedarf es nicht nur der Beherrschung der verschiedenen Fundraising-Instrumente, sondern eines übergreifenden organisatorischen Leitbilds, das von allen Stakeholdern der Organisation mitgetragen werden müsse.

Willi Haas, Vorstandsvorsitzender des Deutschen Spendenrates, schreibt, wozu sich spendensammelnde Organisationen selbst verpflichten sollten, darunter insbesondere die Werte, Handlungsleitlinien, Kontroll- und Publikationspflichten, die Spendenwerke beachten müssen. Er geht insbesondere auf ethische Gesichtspunkte, Organisationsstrukturen, Rechnungslegung, Informationspflicht und die je nach Größe unterschiedlichen Prüfungen von Spendenwerken ein. Neben der Selbstverpflichtung und Selbstkontrolle hält er auch die Einbindung in professionelle Verbände und Dachorganisationen für nötig.

Guido Oßwald, Leiter Controlling und Finanzen bei der Kindernothilfe, beschreibt im Detail die Mechanismen, die geeignet sind, die effiziente Verwendung von Spendengeldern zu sichern. Er zeigt auf, welche Instrumente nötig sind, um Kooperationspartner und deren Projekte wirksam zu planen, zu steuern und zu kontrollieren. Sowohl die Spender als auch die „Hilfsempfänger" haben ein besonderes Interesse an einer möglichst effizienten Verwendung der Spenden, und gerade die Zielgruppen wissen selbst am besten, wann und unter welchen Umständen das Spendenziel erreicht ist. Deshalb muss es auch eine „Kontrolle von unten" geben.

Dr. Claudia Warning, Vorstandsmitglied des Deutschen Evangelischen Entwicklungsdienstes (EED) und ehemalige VENRO-Vorsitzende, äußert sich zum Thema Wirkungsbeobachtung. Der große Vertrauensvorschuss, der Hilfswerken bisher entgegen gebracht wurde, kann nicht mehr als selbstverständlich vorausgesetzt werden. Vielmehr wird zunehmend nach der Wirkung gefragt. Vielen Organisationen fehle es aber noch an einem funktionierenden „Wirkungsbeoabachtungssystem". Wie soll Wirkung definiert, gemessen, dokumentiert und obendrein ausgewertet werden? Wirkungsbeobachtung dürfe die Partner vor Ort nicht überfordern oder zu potemkinschen Dörfern verführen, welche Wirkung nur vortäuschten. Auch müssten Aufwand und Ertrag in einem gesunden Verhältnis zueinander stehen. Wirkungskontrolle koste Spendengeld und sei im übrigen nur dann sinnvoll, wenn auch praktische Konsequenzen daraus gezogen würden. Und gerade deshalb müssten die Empfänger immer einbezogen werden.

Prof. Dr. Peter Molt, durch seine langjährige Erfahrung bei der Armutsbekämpfung eng mit der Universität Trier, mit VENRO und der Hilfsorganisation CARE verbunden, sucht die Frage nach der Sinnhaftigkeit und Wirksamkeit der Armutsbekämpfung insgesamt zu beantworten. Dem Ziel der Entwicklungszusammenarbeit stünden viele Hindernisse im Weg, darunter die Verfasstheit der Entwicklungsländer. Weil die über Regierungen abgewickelte Entwicklungshilfe oft ins Leere gegangen sei, habe man zwischenzeitlich sehr stark die *empowerment* der Armen favorisiert, bevor man heute seitens der Regierungen wieder zu einer eher staatszentrierten Entwicklungszusammenarbeit (EZ) zurückgekehrt sei, mit all ihren Stärken und Schwächen. Molt plädiert dem gegenüber nachdrücklich für die Förderung lokaler Strukturen durch Nichtregierungsorganisationen. Die Armen müssen sich selbst organisieren, selbst Zugang zu Kapital und Krediten erlangen, um ihr Leben selbst bestimmen und entwickeln zu können.

Reinhold Thiel, langjähriger Chefredakteur der Zeitschrift „Entwicklung und Zusammenarbeit" (E&Z), hat sich im Auftrag von Transparency International dem Thema Korruption in der Entwicklungszusammenarbeit gewidmet. Bei der Korruption gehe es weniger um massive Unterschlagungen oder Bestechungen als vielmehr um viele kleine Veruntreuungen, etwa um die private Nutzung von Geschäftswagen, Gehälter für fiktive Personen, Reisekosten für nicht erfolgte Reisen und Ähnliches. Zur Korruptionsbekämpfung eignen sich vor allem zwei Mittel: Die „soziale Kontrolle", die wirksam wird, wenn etwa in einer Gruppe von Kleinkreditnehmern die Gruppenmitglieder sich gegenseitig kontrollieren. Außerdem gilt: Nur durch Öffentlichkeit kann Korruption bekämpft werden. Denn Korruption scheut Öffentlichkeit, weshalb Transparenz und Öffentlichkeit zu den besten Gegenmitteln zu zählen sind.

Matthias Thieme von der Frankfurter Rundschau (FR) wirft noch einmal einen Rückblick auf die Entwicklung des Unicef-Spendenskandals, wie er selbst in diesen Skandal mit hineingezogen wurde, wie die UN-Organisation auf die Anschuldigungen reagierte, welche Fehler Unicef beging und welche Konsequenzen aus der Affäre insgesamt zu ziehen seien. Das Beispiel Unicef belege, wie man im Fall öffentlicher Vorwürfe *nicht* reagieren solle, wie man mit vermeintlichen oder tatsächlichen Schwachstellen umgehen und dass man auch eine kohärente Kommunikation nach außen anstreben müsse. Der Beitrag Thiemes ist relevant, weil er anschaulich exemplifiziert, wie ein renommiertes Spendenwerk unversehens ins mediale Zwielicht geraten kann, aber auch deshalb, weil die Unicef-Affaire – vermutlich, ohne dass es die FR beabsichtigte – zum Auslöser einer allgemeinen Bestandsaufnahme und Neuaufstellung der gesamten Spendenbranche wurde.

Um Matthias Thiemes kritischen Beitrag nicht für sich alleine stehen zu lassen, habe ich Unicef Deutschland gebeten, über Veränderungen im eigenen Hause seit der FR-Krise selbst zu berichten und dabei zu schildern, wie sich Transparenz, Organisationsführung und Kontrolle heute bei Unicef darstellen. Obwohl ich bereits eine Zusage hatte, wurde der bereits geschriebene Beitrag zurückgezogen, als bekannt wurde, dass auch FR-Journalist Thieme zu den Autoren gehört. Ob das eine weise Entscheidung war, mögen andere entscheiden. Gerne hätte ich Unicef in diesem Band die Gelegenheit gegeben aufzuzeigen, welche

Lehren und Konsequenzen man aus der Krise gezogen und wie man sich neu aufgestellt hat. Ich bedaure jedenfalls, dass man diese Chance nicht ergreifen wollte.

Prof. Dr. Klaus Hurrelmann, anerkannter Jugend- und Sozialwissenschaftler, Professor für Public Health und Education an der Hertie School of Governance und Autor zahlreicher wissenschaftlicher Veröffentlichungen, äußert sich zum Thema *Good Governance* im Wohlfahrtsbereich und zu dem Beitrag, den die empirische Sozialforschung leisten kann. Hilfswerke haben immer wieder einen Bedarf an wissenschaftlichen Hintergrundstudien und seien deshalb auf die Sozialforschung angewiesen. Am Beispiel der World Vision Kinderstudie, für die Hurrelmann (neben der Shell Jugendstudie) verantwortlich zeichnet, zeigt er auf, dass dies sehr wohl im Einklang mit *good governance*-Prinzipien geschehen kann und dass durch die empirische Sozialforschung durchaus die Glaubwürdigkeit und Verständlichkeit der Nichtregierungsorganisationen unterstrichen werden kann.

Ich bedanke mich bei allen Autoren dafür, dass sie die Herausforderung der jeweiligen Themensetzung angenommen haben und mit viel Kenntnisreichtum und Offenheit zu Werke gingen. Herausgekommen ist glaube ich ein nützliches und wegweisendes Werk, das sich sehen und lesen lassen kann.

Kurt Bangert
Herausgeber

Teil I
Organisationsführung und Kontrolle

Wolfgang Jamann

Die 360-Grad-Verantwortung
Die gestiegene Rechenschaftspflicht der Hilfsorganisationen gegenüber Spendern und Geldgebern

Nichtregierungsorganisationen sind heute wichtige politische Kräfte und sind aus dem sozialen Sektor, insbesondere der Entwicklungshilfe, nicht mehr wegzudenken. Sie verkörpern bürgerliches Engagement und stehen für den Dienst am Menschen. Aus der humanitären Arbeit beziehen sie ihre Legitimation, moralisch wie politisch. Aber wem schulden Hilfswerke Rechenschaft? Wer will – und verdient – Informationen, Berichte, Auskünfte? Überfordert das Bestreben nach Transparenz und Einbeziehung aller Beteiligten mittlerweile die Organisationen? Und leidet darunter die Effizienz der Arbeit? Wo wird Hilfswerken zuviel zugemutet, wo müssen sie nachlegen?

Private Hilfswerke verkörperten in der Vergangenheit die nicht zu hinterfragende ‚gute' Seite der Hilfe für die Dritte Welt. Mutter Theresa, Karlheinz Böhm, Rupert Neudeck, CARE oder die Ärzte ohne Grenzen sind offensichtliche Nachfahren der Philanthropen des frühen 20. Jahrhunderts, als aus einem ausbeuterischen Kolonialismus langsam die Verantwortung für das Elend und die Ungerechtigkeit des Südens erwuchs. Neben dem Begründer des Internationalen Roten Kreuzes, Henri Dunant, war der prominenteste Vertreter dieses gelebten Mitmenschentums Albert Schweitzer, der Theologe, Philosoph und Missionsarzt, der 1913 ein Urwaldhospital im späteren Gabun erbaute, in dem er viele Jahre wirkte und wo er 1956 starb. Ein Friedensnobelpreisträger, der vermutlich Zeit seines Lebens das Wort ‚Verwaltungskosten' nicht kennen gelernt hat.

Mit der Professionalisierung und Bürokratisierung der Entwicklungshilfe sowie ihrer Verankerung in westlichen Staatshaushalten und im Spendenverhalten der Deutschen entwickelte sich auch der Ruf nach mehr Transparenz, Rechenschaft und Effizienz von Armutsbekämpfung. Dies war zum Teil den Fehlschlägen internationaler Politik und Entwicklungshilfe in den sechziger und siebziger Jahren in Biafra, Mosambik und Äthiopien und später in Somalia, Ruanda und auf dem Balkan begründet. In den neunziger Jahren entstand durch die Globalisierung und der Möglichkeit schneller und universaler Kommunikation ein erhöhter Druck auf internationale Helfer, Rechenschaft über ihre Arbeit abzugeben. Während zunächst vor allem öffentliche Geldgeber nach genauen Abrechnungen und transparenten Ausschreibungsverfahren riefen, waren es bald die weit gereisten Spender selbst, die wissen wollten, ‚wie viel von der Spende denn ankommt'. In der internationalen Humanitären Hilfe entwickelten sich professionelle Standards wie *Sphere*[1] oder der Verhaltenskodex des Roten Kreuzes.[2]

Das bundesdeutsche Entwicklungshilfeministerium war eines der ersten, das Evaluierungen und Wirkungskontrollen unterworfen wurde, und auch die Zielgruppen und Hilfsempfänger begannen, Mitspracherechte und Transparenz einzufordern. Im Jahre 2003 wurde die *Humanitarian Accountability Partnership* (HAP) ins Leben gerufen, welche die Einbeziehung der Zielgruppen und Partner sowie die Rechenschaft ihnen gegenüber zum Inhalt hatte. Auch die aktuelle Form der Entwicklungshilfe steht auf dem Prüfstand und wird von kritischen Fragen nach ihrer Wirksamkeit begleitet. Denn trotz vieler lokaler Erfolge, gelungener Projekte und Fortschritten auf der Dorfebene stehen die Antworten auf die Frage nach der Wirksamkeit der Entwicklungszusammenarbeit (EZ) auf globalem Niveau noch aus.

Inzwischen tauchen auch neue Akteure in der Entwicklungshilfe auf und fordern Auskunft: Unternehmen, Stiftungen und Großspender bringen und erwarten neue Standards an Transparenz und Rechenschaft. Einzelspender können und wollen oft selbst ‚nachsehen', was zum Beispiel im Überflutungsgebiet von Sri Lanka mit ihren Geldern gemacht wurde oder gründen gleich eigene Initiativen. ‚Wachhunde' wie Transparency International oder das Deutsche Zentralinstitut für soziale Fragen (DZI) und Konsortien wie ‚Aktion Deutschland Hilft' oder der *Desaster Emergency Appeal* in Großbritannien evaluieren die durch sie geförderten Projekte und versuchen dadurch Qualität sicherzustellen. Auch prominente Botschafter sind nicht mehr mit dem Verleihen ihres VIP-Images zufrieden, sondern wollen selbst gestalten, sind anspruchsvoll und fordernd gegenüber Projekten und Initiativen, die sie unterstützen.

Für die Hilfswerke ist ein komplexes Beziehungsgeflecht entstanden, dem gegenüber Verantwortung und Rechenschaft gegeben werden muss: Es geht um eine Rundum-Rechenschaftspflicht, um eine *360-Grad-Verantwortung*.

---

[1] Sphere definiert Standards der humanitären Hilfe, z.B. wie viel Wasser einem Katastrophenopfer zusteht oder wie groß die Zelte für eine   Flüchtlingsfamilie sein müssen. Siehe www.sphere project.org
[2] Im sogenannten ‚Code of Conduct' von 1994 verpflichten sich die in der humanitären Hilfe tätigen Organisationen auf Neutralität, Unparteilichkeit und die Berücksichtigung der Interessen der Hilfsempfänger. Siehe www.ifrc.org/publicat/conduct/

Hilfswerke und Spender

Die Rechtslage einer Spende ist eindeutig: Wer spendet, erwartet – und erhält – keine Gegenleistung, sondern stellt dem Empfänger anheim, was mit der Spende geschehen soll. Ein Hilfswerk wirkt dabei als Mittler zwischen Spender und Bedürftigem und ist lediglich durch seine Satzung in den Förderzwecken eingeschränkt. Da das Gemeinnützigkeitsrecht (das die steuerliche Abzugsfähigkeit der Spende sicherstellt) inhaltlich große Bandbreiten anerkennt, sind die Satzungen deutscher Hilfswerke oft sehr breit angelegt und beinhalten generelle Formulierungen wie ‚Lindern von Not, Hilfe für kranke und arme Menschen, Unterstützung von Katastrophenopfern'. Hinzu kommt in der Regel ein Satzungszweck, der Bildungsarbeit und Öffentlichkeitsarbeit in Deutschland umfasst. Denn auch diese Arbeit ist notwendig, um weltweite Armut im Bewusstsein zu halten und durch Informationen und Kampagnen zu bekämpfen.

In der deutschen Abgabenordnung galt lange die Unterscheidung zwischen ‚gemeinnütziger' und ‚mildtätiger' Spende, wobei letztere im engeren Sinne zur Bekämpfung von Not (also z.B. für Opfer einer Naturkatastrophe) zu verwenden ist, und dem Gebot der zeitnahen Mittelverwendung unterliegt. Bis zum 31.12. des Folgejahres waren diese Mittel zu verausgaben, was z.B. dazu führte, dass eine Katastrophe zum Ende des Jahres (etwa das große Erdbeben in Bam/Iran am 26.12.2003, oder die Tsunami-Katastrophe ein Jahr später) lediglich 12 Monate Zeit gab, die Gelder sinnvoll auszugeben, während eine Notlage im Januar fast doppelt so viel Zeit der Verabfolgung beanspruchen konnte. Diesen Einschränkungen hat das bundesdeutsche Finanzministerium entgegengewirkt, indem man zum Beispiel die schlüssige ‚Projektierung', also Projektplanung, als zeitnahe Mittelverwendung akzeptierte, selbst wenn diese Projekte sich über mehrere Jahre hinzogen.

Einzelne Hilfswerke wie die ‚Ärzte ohne Grenzen' riefen nach der Tsunami-Katastrophe dazu auf, die geleisteten Spenden nicht mehr zweckgebunden, sondern stattdessen ‚ungebunden' verwenden zu dürfen, um auch die Arbeit in vergessenen Krisen zu ermöglichen. Die ‚Ärzte ohne Grenzen' waren hierauf besonders angewiesen, da sie in der Regel nur kurzzeitige Rettungs- und Hilfseinsätze durchführen und in der Gefahr standen, Spenden nicht mehr zweckgemäß ausgeben zu können. Erfahrungen aus den frühen Neunziger Jahren, als bei vielen Hilfswerken jahrelang Spendengelder für Somalia nicht ausgegeben werden konnten, weil es die Sicherheitslage nicht erlaubte, sollten sich nicht wiederholen.

Die Unterscheidung zwischen ‚mildtätig' und ‚gemeinnützig' ist mittlerweile für den Spender abgeschafft worden, was aber nicht bedeutet, dass Hilfsorganisationen beliebig tun können, was sie möchten. Ein Nothilfe-Spendenaufruf bindet die dadurch eingeworbenen Mittel an den in diesem Aufruf angegebenen Zweck – was häufig dazu führt, dass solche Aufrufe mit Hinweisen versehen werden, dass Spenden auch für ähnliche oder vergleichbare Projekte eingesetzt werden können, sofern die eingeworbenen Mittel nicht allesamt für den angegebenen Zweck verausgabt werden können. Dies ist sicherlich sinnvoll und auch für die Spender nachvollziehbar, und eine solche Praxis trägt gewiss der Ehrlichkeit und Transparenz Rechnung.

Interessant für viele Spender ist das Thema ‚Verwaltungskosten'. Wer die Frage stellt: ‚Wie viel von meiner Spende kommt denn eigentlich an?' sollte sich genau den genannten Zweck des Spendenaufrufes und die Satzung des bedachten Hilfswerks anschauen. Denn ‚ankommen' kann auch bedeuten, eine Informationsbroschüre zum Thema ‚Hunger' zu unterstützen. Oder eine Aufklärungskampagne an deutschen Schulen zum Thema HIV/Aids. Oder eine Konferenz zum weltweiten Kampf gegen unfairen Handel. Denn solche sinnvollen und notwendigen Maßnahmen lassen sich in der Regel nicht bei Spendern bewerben, weshalb der Gesetzgeber den Hilfswerken einräumt, einen Teil der zweckgebundenen Spenden umzuwidmen, um Aktivitäten zu fördern, die nicht im Rampenlicht der Öffentlichkeit stehen. Hierzu gehören auch Notlagen, die nicht so öffentlichkeitswirksam sind wie eine Flutkatastrophe zu Weihnachten, also beispielsweise ein Ernährungssicherungsprojekt in Tadschikistan oder eine Frauenspargruppe in Guinea. All dies sollte für den Spender akzeptabel sein, da die Verwendung der Spendengelder nicht ausschließlich von ihm, sondern in erheblichem Maße auch von der Hilfsorganisation bestimmt wird, der er sein Vertrauen (und sein Geld) geschenkt hat. Viele Organisationen dokumentieren im Gegenzug die Ausgaben für die ‚satzungsgemäße Bildungs- und Öffentlichkeitsarbeit' und Spendenwerbung in ihren Jahresberichten – auch dies ein Tribut an kritische Fragen der Öffentlichkeit.

Die sogenannten ‚reinen Verwaltungskosten' gehören zu den vom Gesetzgeber erlaubten satzungsgemäßen Ausgaben – und sind zum Großteil dringend notwendig, wie zum Beispiel eine unabhängige Prüfung der Finanzen, die selbstverständlich auch durch (Spenden-)Geld finanziert werden muss. Während der Gesetzgeber keine Obergrenzen definiert, räumen öffentliche Zuwendungsgeber oft eine Marge von 7% ein, die für Verwaltung aufgewendet werden kann.

Das DZI unterscheidet für Verwaltungskosten und Öffentlichkeitsarbeit drei Kategorien, nämlich ‚niedrig', ‚angemessen' und ‚vertretbar', wobei letztere einen Prozentsatz von maximal 35% zulässt, darüber hinaus gibt es kein Spendensiegel. Die differenzierte Betrachtungsweise dieses Berliner ‚Spenden-TÜVs' berücksichtigt unterschiedliche Finanzierungsstrukturen der deutschen Hilfswerke: So werden beispielsweise die kirchlichen Kollekten für Hilfswerke in der Regel ohne Verwaltungskosten durchgeführt, da deren Kosten an anderer Stelle in den kirchlichen Strukturen entstehen. Oder: Hilfswerke mit Bürostrukturen, die überwiegend im Ausland angesiedelt sind, können die dafür einzusetzenden Ausgaben gänzlich den ‚Projektkosten' zuordnen, auch wenn es sich um administrative Tätigkeiten handelt. Ein komplexer Bereich also, der in den Richtlinien des DZI ausführlich beschrieben wird.[3]

Im Jahre 2005 richtete die Unternehmensberatung PricewaterhouseCoopers den deutschen Transparenzpreis[4] ein – und prämiert seither besonders gute und offene Berichterstattung der Arbeit von Hilfsorganisationen. Anfangs wurden vor allem die Jahresberichte von Organisationen, die überwiegend in der Entwicklungszusammenarbeit tätig sind, bewertet, mittlerweile steht dieser Wettbewerb allen gemeinnützigen Organisationen offen. Spätestens nach dem UNICEF-Skandal um die Jahreswende 2007/2008 ist das Bestreben um klare und ehrliche Kommunikation ein unabdingbares Muss für die deutschen Hilfswerke geworden – und sollte in die Entscheidung über die Vergabe der eigenen Spende eine maßgebliche Rolle spielen. Allerdings in dem Bewusstsein, dass auch transparente Kommunikation Geld kostet – also Verwaltungskosten, die sicherstellen, dass nicht nur gute Arbeit geleistet wird, sondern auch offen und transparent berichtet wird.

Hilfswerke und institutionelle Geber

Viele Hilfsorganisationen werden von öffentlichen Zuwendungsgebern bezuschusst: In Deutschland sind dies vor allem das Bundesministerium für wirtschaftliche Zusammenarbeit und Entwicklung (BMZ) (Regierungshaushalt für die Entwicklungszusammenarbeit) und das Auswärtige Amt (zuständig für die Humanitäre Hilfe); in Brüssel vergibt die Generaldirektion ‚Entwicklung' der Europäischen Kommission ca. 5% des jährlichen europäischen Entwicklungsbudgets, ca 7 Milliarden Euro, an Hilfsorganisationen. Hinzu kommt eine Vielzahl von UN-Organisationen, Entwicklungsbanken, Fachministerien und halbstaatlichen Gebern, die eine unüberschaubare Menge von Budgetlinien und Fördertöpfen verwalten, welche von einer noch unüberschaubaren Menge von Vorschriften und administrativen Vorgaben geregelt werden.

All diese Fördermittel sollen einem vergleichsweise eingegrenzten Zweck dienen: Der Erreichung der sogenannten ‚Millenniumsentwicklungsziele' (MDGs), welche die Halbierung der Armut auf der Welt bis zum Jahre 2015 anstreben. Die gesamte hierfür weltweit aufgebrachte Entwicklungshilfe betrug im Jahre 2007 103,5 Milliarden US$ und soll bis 2010 auf 142 Milliarden US$

---

[3] Siehe Durchführungsrichtlinien des DZI
[4] www.pricewaterhousecoopers.de

steigen. Für gute Koordination hat sich eine *Good Humanitarian Donorship Initiative* gebildet, und in der sogenannten *Paris Declaration on Aid Effectiveness* von 2005 wurde vereinbart, dass zur Erreichung der MDGs eine stärkere Übertragung der Verantwortung auf die Zielländer erfolgen muss, während das weltweite Hilfssystem erheblich effektiver gestaltet werden muss.

Nichtregierungsorganisationen sind hier ein wichtiger Partner, da sie als Vertreter der so genannten ‚Zivilgesellschaft' in der Regel die Bedürfnisse der 1,2 Milliarden armen Menschen auf der Welt am besten kennen – und Projekte durchführen können, die staatlichen Stellen oft unerreichbar bleiben (von Aktivitäten militärischer Akteure oder von Unternehmen ganz zu schweigen). Jedoch wird weltweit nur ein Bruchteil der offiziellen Entwicklungshilfe (ODA) über private Träger abgewickelt. Der derzeitige Trend geht sogar weg von konkreter Projektförderung und in die sogenannte ‚Globale Budgethilfe', wonach Fördergelder direkt an die Regierungen des Südens ausgezahlt werden in der Erwartung (oder besser gesagt Hoffnung), dass diese auch den Weg in soziale Versorgung und Armutsbekämpfung finden werden. Dringend notwendig ist es dabei, dass Kontrollmechanismen wie die Parlamente der Empfängerländer besser greifen und Demokratisierung gestärkt wird. Sicherlich ist es sinnvoll, Kapazitäten vor Ort zu stärken, um wirkliche Hilfe zur Selbsthilfe zu leisten, auch in Bezug auf politische Verantwortung. Jedoch liegt der Verdacht nahe, dass große Geldgeber wie die EU mittlerweile überfordert sind ob der selbst aufgebauten Komplexität von Förderpraktiken und deshalb angesichts steigender Haushalte verstärkt den direkten Weg suchen, große Entwicklungsgelder abzuwickeln.

Projektförderungen haben nämlich in den vergangenen Jahren Bürokratien ungeahnten Ausmaßes angenommen. Ein Ausschreibungsverfahren der EU benötigt mittlerweile ein zweistufiges Antragsverfahren mit Anträgen in Seitenstärken von 100 und mehr. Wenn es dann zu Förderungen kommt, müssen Vertragswerke von 200 Seiten unterschrieben und Richtlinien eingehalten werden, die die Kapazitäten und Leidensfähigkeit der meisten Hilfsorganisationen mittlerweile in höchstem Maße strapazieren und teilweise überfordern. Projektförderungen durch deutsche Ministerien sind in der Regel etwas weniger aufwändig, beinhalten aber meist detaillierte Kostennachweise (bis hin zu Dokumentation von Zeitaufwand, übersetzten Ausschreibungsunterlagen, Fahrtkostenrechnungen etc.), die vom Bundesverwaltungsamt geprüft werden.

Da weder das BMZ noch das Auswärtige Amt Verwaltungskostenpauschalen in Projektanträgen akzeptieren, müssen die hierfür notwendigen Mittel in der Regel aus Spendengeldern aufgebracht werden, genauso wie die ‚Eigenanteile', die oft bei 20-30% liegen können. Das kann man aus Sicht des Spenders entweder negativ oder positiv bewerten: Negativ insofern, als ein Teil der Spende nicht einem frei zu wählenden Zweck, sondern als ‚Eigenanteil' dem vom staatlichen

Geldgeber finanzierten Projekt zugeordnet wird; positiv, weil dieser abgezweigte Teil der privaten Spende sich um ein Vielfaches multipliziert, was die Spende eigentlich noch wertvoller macht.

Gleichwohl: Heute ist das Verhältnis zwischen Geldgebern und Hilfsorganisationen also nicht geprägt von hoher Effizienz, sondern von einem außerordentlich hohen Aufwand an Dokumentation und Kommunikation, der sich auch bei der Entwicklung von Projektideen zeigt. Zuwendungsgeber schreiben mittlerweile ‚gewünschte' Projekte regelrecht aus und entscheiden sich für diejenige Durchführungsorganisation, welche die Projektideen am überzeugendsten nachzeichnet und am genauesten umzusetzen verspricht. Von partnerschaftlichem Austausch ist da oft wenig zu spüren, verschwindet er doch oft hinter unendlichen Erklärungsversuchen, die das Wissen und die Kapazitäten der Hilfsorganisationen immer wieder ignorieren.

Etwas mutiger gehen staatliche Stellen bei der Auswahl von Projektpartnern im Süden vor: Im Zuge der Dekonzentration und Dezentralisierung bedenkt die EU mittlerweile vorrangig Südpartner und macht diesen das Leben nicht ganz so schwer, wenn es um bürokratische Vorgaben geht. Es steht aber zu befürchten, dass auch hier über kurz oder lang ähnliche Tendenzen überhand nehmen werden und die wirklich fähigen und zahlenmäßig überschaubaren Nichtregierungsorganisationen des Südens mit administrativen Vorgaben überhäuft werden, wodurch deren wahre Fähigkeiten erstickt zu werden drohen.

Hilfswerke und prominente Philanthropen: Die Last des großen Geldes

Es gibt kaum noch prominente Künstler, Sportler oder Schauspieler, die sich nicht mindestens eine gute Sache zu eigen machen. Aber anders als früher reicht es kaum mehr, sein bekanntes Gesicht einer Hilfsorganisation zur Verfügung zu stellen und diese die Arbeit machen zu lassen, in der Hoffnung, dass beidseitige Imagenutzung zu mehr Spenden führt. Viele sozial engagierte Prominente haben mittlerweile eigene Stiftungen oder Organisationen gegründet und wollen bei der Mittelverwendung mitbestimmen. Als während der großen Tsunami-Fernsehgalas Anfang 2005 astronomische Spendensummen von Michael Schumacher, dem FC Bayern München und anderen Prominenten zusammen kamen, waren das keine bedingungsfreien Zuwendungen an die in Bündnissen zusammengeschlossenen Hilfswerke. Vielmehr sollten mit den Geldern Vorzeigeprojekte durchgeführt werden, etwa ein spezielles Sportförderungsprojekt in Sri Lanka. Oder sie wurden gleich an einen anderen Prominenten weitergeleitet, wie einige der Millionen US$ Schumachers, die an die Bill Clinton Stiftung gingen und jetzt langfristige Entwicklungsprojekte finanzieren.

Nicht nur die Prominenten, sondern auch die Begüterten haben Teile des Systems der Entwicklungshilfe selbst in die Hand genommen. Die Bill Gates Stiftung, unterstützt von Warren Buffets Milliarden, finanziert mittlerweile große Teile des Kampfes gegen HIV/Aids, Tuberkulose und Malaria. Mit einem Budget, das doppelt so hoch ist wie das der Weltgesundheitsorganisation, ist die Stiftung einer der einflussreichsten Akteure in der Entwicklungszusammenarbeit und kann Bedingungen und Standards diktieren. Hilfsorganisationen kommen in der Regel nur als Durchführungspartner in Frage, wenn Projekte eine ausreichende (Millionen-) Größe haben, was viele kleinere Organisationen aufgrund der Kapazitätsbeschränkungen ausschließt.

Nicht ganz so gut ausgestattet aber mit ähnlichem Einfluss versehen agieren die Bill Clinton Stiftung, das Jimmy Carter Center und die Buffet Foundation. Solche wohltätigen Stiftungen gibt es freilich nicht nur in den USA. Auch in Deutschland treten Prominenten-Stiftungen wie die Michael-Stich-Stiftung oder die Hannelore-Kohl-Stiftung zunehmend in Erscheinung. Ein besonderer Fall ist Herbert Grönemeyer, der der Kampagne ‚Deine Stimme gegen Armut' (DSGA) Gesicht und Einfluss verleiht und zum Beispiel während des G-8 Gipfels in Heiligendamm zusammen mit international ähnlich aktiven Künstlern wie Bono Vox oder Bob Geldof maßgeblich zum öffentlichen Druck auf die Aufnahme der Belange Afrikas in die Agenda des Treffens beigetragen hat. Auch diese politischen Künstler-Aktivisten zeichnen sich in der Regel durch große Eigenwilligkeit aus, und Hilfsorganisationen wie ‚One' oder das DSGA-Bündnis unter VENRO geraten in Gefahr, sich den politischen Wünschen der prominenten Geld- und Imagegeber inhaltlich stark anzupassen.

Gleichwohl: Das zunehmende Engagement dieser und anderer prominenter Akteure ist zunächst einmal ein gutes Zeichen, da weltweite Verantwortung nicht mehr nur auf einen kleinen Teil der Zivilgesellschaft abgeschoben wird. Und Geld und Prominenz verschaffen sicherlich manchmal mehr Gehör als noch so gut formulierte Anliegen von Hilfswerken. Neu ist aber die aktive Mitgestaltung dieser Persönlichkeiten bei der Umsetzung von Maßnahmen und Projekten: Hilfsorganisationen müssen sich oft mit der Rolle des Durchführungspartners begnügen oder werden leicht und gern umgangen, wie es zum Beispiel der – von Gates mitfinanzierte – ‚Globale Fonds für HIV/Aids, Malaria und Tuberkulosebekämpfung' zeigt: Gelder des Globalen Fonds werden nur noch über lokale Regierungen des Südens ausgezahlt, zwar unter strikter Kontrolle, aber ohne wesentliche Teilhabe von Nichtregierungsorganisationen an den Gestaltungsprozessen.

Hilfsorganisationen geraten also auch seitens dieser ‚neuen Akteure' der Entwicklungspolitik unter Druck, den Wert und die Effizienz ihrer Arbeit nachzuweisen. Leider spielen hier oft andere Kriterien eine Rolle als die Bedürftigkeit, Nachhaltigkeit und Relevanz. Prominente Botschafter können die Agenda bestimmen durch öffentlichkeitswirksame Themen und Projekte oder politische Aussagen, die nicht immer in Einklang stehen mit den Realitäten vor Ort. Die Kommunikation der Hilfsorganisationen mit dieser speziellen Gruppe steht also vor besonderen Herausforderungen.

Hilfswerke und Unternehmen

Ähnlich wie prominente Botschafter müssen auch Unternehmen heute ein soziales Engagement nachweisen, um in der Öffentlichkeit bestehen zu können. *Corporate Social Responsibility* (CSR) wird eingefordert von Kunden und Geschäftspartnern, wird in Börsen-Ratings abgeprüft und wird dann besonders wichtig, wenn das Unternehmen anderweitig (etwa durch Korruption oder Vertrauensverlust) in Image-Krisen schleudert. Auch wenn CSR in Deutschland noch nicht so verbreitet ist wie im anglo-amerikanischen Geschäftsraum, so verfügen doch mittlerweile die meisten großen deutschen Unternehmen über CSR-Strategien mit einer großen Bandbreite von Aktivitäten und Partnern.

Die Kommunikation zwischen Hilfswerken und Unternehmen im CSR-Bereich ist ebenfalls vielfältig und komplex. Sie reicht von der kritischen Beobachtung (zum Teil in speziellen Boykott- oder Kampagnen wie der *Clean Clothes Campaign*) über Positiv-Kampagnen (*Fair Trade*) bis hin zu *Co-Branding* und gemeinsamen Auftritten etwa zum Schutz des Regenwaldes. In solchen Kooperationen werden seitens des Unternehmens Spenden oder Sponsoring geleistet, um vom positiven Imagetransfer zu profitieren. Jedoch gründen auch viele Unternehmen eigene Stiftungen, um solche Spendengelder selbst abzuwickeln. Solche Stiftungen sind oft keinerlei Transparenz- oder Qualitätskriterien unterzogen und nicht eingebunden in den Mainstream internationaler Entwicklungshilfe, sondern fokussieren sich oft auf Vorzeigeprojekte in eng abgegrenztem Rahmen, um kurzfristig Erfolge mit menschlichem Antlitz vorweisen zu können, die oft auch noch in Einklang mit Geschäftspolitiken oder -strategien stehen müssen. Bei Zusammenarbeit mit Hilfswerken steht aus den gleichen Gründen die gute Kommunizierbarkeit im Vordergrund, außerdem die Möglichkeit der Einbeziehung lokaler Mitarbeiter des Unternehmens vor Ort oder schlichtweg Marktinteressen.

Für Hilfsorganisationen ist die Kooperation mit Unternehmen deshalb ein zweischneidiges Schwert. Zwar wird soziales Engagement im Profit-Sektor begrüßt; und ohne die Gelder aus unternehmerischer Hand wären viele Hilfsprojekte nicht durchzuführen. Ohne die Zusammenarbeit mit Unternehmen hätten Hilfswerke eine weit geringere Kommunikationsplattform (ein gutes Beispiel ist

die Zusammenarbeit zwischen UNICEF und *United Internet*, die gigantische
Kommunikationsreichweiten erzielt). Wenn aber unternehmerische Partikularin-
teressen im Spiel sind, sollte darauf geachtet werden, dass die gemeinsame Projektförderung in erster Linie den Zielen der Armutsbekämpfung dient und nicht
Unternehmensinteressen bedient. Ein gutes Beispiel für einen solch' schwierigen
Prozess ist ein gemeinsames Projekt von CARE und der Allianz-Versicherung in
Tamil Nadhu, Südindien. Die Allianz wollte hier Mikro-Versicherungen anbie-
ten und hatte eine Kooperation mit CARE angeregt, die in der Region mit tau-
senden von Spargruppen zusammenarbeitet. Bevor ein Produkt zustande kam,
das tatsächlich die Ärmsten der Armen an solchen Versicherungen partizipieren
lässt, gingen monatelange Verhandlungen ins Land. Letztlich kamen dann aber
innovative Produkte zustande, die nicht in erster Linie das Marktinteresse der
Versicherung befriedigte, sondern für umgerechnet einen Euro im Jahr Versiche-
rungsschutz bei Tod und Krankheit gewährleistet.[5]

CARE ist dem Unternehmen hier natürlich Rechenschaft schuldig, über die
sachgemäße und sparsame Verwendung der Mittel, über Projektfortschritte und
über den Erfolg der Maßnahmen. Zusätzlich kommt dieser Kooperation aber
auch eine Pilotfunktion zu, die sorgfältig ausgewertet werden muss und bei beiden Organisationen Lernerfahrungen zustande kommen lässt, die es sonst vermutlich nicht gäbe und von denen – im besten Falle – eine große marginalisierte
Bevölkerungsschicht profitiert.

Hilfswerke, Partner und Zielgruppen

Offenheit und Transparenz in der Kommunikation gegenüber Zielgruppen standen lange nicht auf der Agenda von Hilfsorganisationen, und auch heute noch
werden diejenigen, die der Hilfe bedürfen, nicht immer ausreichend berücksichtigt und informiert. Zwar beinhaltet gute Projektplanung immer auch die Einbeziehung der Betroffenen; und zur ‚Bedarfsanalyse' kommen in der Regel teilha-
bende Projektplanungsprozesse (z.B. *Participatory Rural Appraisal*) hinzu. Im
Idealfall werden die Kapazitäten der Bevölkerung genauso berücksichtigt wie
deren Interessen. Auch wird großer Wert gelegt auf langfristige ‚Eigentümer-
schaft' (*ownership*), damit die so oft zitierten Selbsthilfefähigkeiten ausreichend
genutzt und gestärkt werden.

Trotzdem fehlt es gerade in humanitären Notsituation oft noch an gegenseitiger Rechenschaftspflicht, womit der englische Begriff der *mutual
accountability* nur unzureichend übersetzt ist. Auch den Zielgruppen, und mehr

---

[5] Informationen hierüber auf Anfrage bei CARE, siehe auch: http://www.care.de/pressemitteilung-
einzelmeldung+M5efb0204d6c.html

noch den lokalen Partnern, müssen internationale Hilfsorganisationen Einblick und Teilhabe an Projektplanung, -durchführung und -kontrolle gewähren. Dies sieht zumindest der im Jahre 2007 verabschiedete Standard des *Humanitarian Accountability Projects* (HAP) vor.[6] In der Praxis bedeutet dies einen durchgängigen und durchlässigen Informationsfluss an Partner und Zielgruppen (zum Beispiel über Einhaltung von technischen Standards, aber auch Verfügbarkeit von Finanzen, inhaltlichen Vorgaben der Geber etc.), transparente Einbeziehung aller betroffenen Bevölkerungsgruppen, anonyme und systematische Beschwerdeverfahren und die Etablierung von Konsultationsprozessen während der Projektlaufzeit.

Bei diesen zunächst einmal vor allem ‚politisch korrekt' anmutenden Prozessen soll nicht nur Korruption und Günstlingswirtschaft entgegen gewirkt werden oder die Qualität der geleisteten Hilfe verbessert werden; den Hilfsorganisationen wird hiermit auch ein Instrumentarium an die Hand gegeben, das die so häufig erlebte ‚Beschwerde mit der Kalaschnikow' vermeiden soll. Erfahrungen gerade in Konfliktgebieten zeigen, dass unzufriedene Interessengruppen vor allem dadurch im Zaum gehalten werden können, dass ein hohes Maß an Transparenz geschaffen wird. Breite Öffentlichkeit bei Entscheidungsprozessen kann dafür sorgen, dass der Wunsch des Distriktkommandeurs nach einem Brunnenbau in seinem eigenen Vorgarten in der Prioritätenliste weit nach unten rutscht. Und eine Dorfgemeinschaft, die über Fortschritte oder Probleme beim Schulbau offen und regelmäßig informiert wird, verliert weniger den Glauben an das internationale humanitäre System, als wenn sie in Bezug auf die Projektdurchführung und -finanzierung im Dunkeln gelassen und enttäuscht wird, weil wieder einmal ein Hilfsprojekt nicht komplettiert wird und keiner weiß warum.

Natürlich sind solch transparente Strukturen und Prozesse gerade in Notsituationen schwierig umzusetzen, da Zeit- und Lieferdruck herrscht und es den Helfern oft an der Ausbildung mangelt, solchen Ansprüchen gerecht zu werden. Und die Anforderungen gerade an humanitäre Helfer stoßen ohnehin durch die zunehmende Komplexität von humanitären Notlagen an ihre äußerste Belastungsgrenze. Insofern muss auch hier ein schrittweiser Prozess der Umsetzung hoher Ansprüche akzeptiert werden. Doch angesichts der berechtigten Fragen an die Güte und Wirksamkeit von Not- und Entwicklungshilfe ist die Transparenz und Einbeziehung von Partnern und Hilfsempfängern kein zu vernachlässigender Faktor im Netz der *360-Grad-Verantwortung*.

---

[6] http://www.hapinternational.org/pool/files/hap-2007-standard(1).pdf

Wege nach vorn

Die Entwicklungshilfe steht in der öffentlichen Diskussion. Nicht nur Glaubwürdigkeit und Ehrlichkeit einer ganzen Branche sind gefährdet, wenn Mittel verschwendet oder veruntreut werden. Auch die Wirksamkeit der Arbeit von Hilfswerken wird hinterfragt, wenn sich an der globalen Armut nichts zu ändern scheint und wenn auf komplexe Fragen von struktureller Unterentwicklung keine überzeugenden Antworten gegeben werden. Die Protagonisten der weltweiten Humanität und Solidarität sind nicht mehr sakrosankt und das ist gut so. Denn genauso unsinnig wie die moralische Unantastbarkeit der Krankenschwestern in den Slums von Kalkutta oder der Flüchtlingsretter auf der Cap Anamur ist die oft zynische Ablehnung humanitärer Hilfe als Tropfen auf dem heißen Stein, der angeblich nichts bringe und nichts verändere.

Akteure in der komplizierten Welt der Entwicklungshilfe sind gefordert, Auskunft zu geben, über Risiken ebenso wie über Chancen und Erfolge. Sie haben es mit einer sich diversifizierenden Umgebung von Sympathisanten, Kollaborateuren und kritischen Beobachtern zu tun und haben es noch nicht geschafft, allen Erwartungen stand zu halten. Noch immer verbergen sich viele Hilfsorganisationen hinter einem Nebel von ethischer Integrität, arroganter Kompetenzabgrenzung und moralischen Forderungen an die Solidarität der Gesellschaft. Kaum einmal wird gewagt, Reizthemen wie Kosten, Werbung, Konkurrenz, Professionalisierung und Wirksamkeit außerhalb der eigenen Verbandsstrukturen zu thematisieren. Der Standard zur humanitären Rechenschaftspflicht (HAP) hat bisher lediglich 27 unterzeichnende Mitglieder. Und Fehler in der Entwicklungshilfe macht niemand, oder immer nur die anderen.

Transparenz ist kein Zauberwort und kein Allheilmittel. Und sie darf nicht zur Aufgabe von Qualität führen, nur um bürokratischen Selbstzweck zu befriedigen. Aber sie erlaubt einen Dialog mit denjenigen, die sich im Kampf gegen weltweite Armut verbünden möchten, und mit den Betroffenen selbst. Sie kann Legitimation und Glaubhaftigkeit schaffen und die Unterstützerbasis entscheidend verbreitern, bevor auch die Entwicklungshilfe in eine ‚Finanzkrise' schlittert, die eigentlich eine Glaubwürdigkeitskrise wäre.

Dr. Wolfgang Jamann ist Generalsekretär und hauptamtlicher Vorstandsvorsitzender der Deutschen Welthungerhilfe; zuvor war er Leiter der Humanitären Hilfe bei World Vision Deutschland und Geschäftsführer von CARE.

Bernd Pastors / Jana Rosenboom

Der neue deutsche Verhaltenskodex der entwicklungspolitischen Nichtregierungsorganisationen

Die Deutschen spenden im Jahr zwei bis fünf Milliarden Euro an gemeinnützige Organisationen. In den letzten Jahren gewann außerdem das ehrenamtliche Engagement an Gewicht. 2007 engagierte sich im Schnitt jeder dritte Deutsche mit 16,5 Stunden im Monat ehrenamtlich. Insgesamt wurden so 4,6 Milliarden Stunden Zeit gespendet, das sind etwa zwei Prozent des Bruttonationaleinkommens. Diese erfreuliche Entwicklung unterstützte der Bundestag 2007 mit der Verabschiedung des „Gesetzes zur weiteren Stärkung des bürgerlichen Engagements". Die Nichtregierungsorganisationen sahen sich ihrerseits ebenfalls in der Pflicht, ihren Beitrag zur Stärkung des bürgerlichen Engagements zu leisten. Eine erhöhte Transparenz der Organisationen sollte die Bürger zu mehr Engagement ermutigen. Gleichzeitig nahmen viele Hilfsorganisationen eine zunehmend kritische Berichterstattung ihrer Arbeit wahr. Ob öffentliche Veruntreuungsskandale nach dem Tsunami oder die UNICEF-Krise, gemeinnützige Organisationen waren gefordert, verstärkt öffentlich Rechenschaft über Wirkungen und Verfahrensweisen ihrer Arbeit abzulegen.

Daraus ergab sich für viele Nichtregierungsorganisationen (NRO) eine Herausforderung: War man einerseits von der erfolgreichen Arbeit der letzten Jahrzehnte überzeugt, so fühlte man sich andererseits durch einen investigativen Enthüllungsjournalismus zuweilen pauschal verurteilt. In diesem Umfeld konnte die UNICEF-Krise eine Wirkung entfalten, die weit über ihren Ursprung hinauszugehen drohte. Der Bundesverband der entwicklungspolitischen Organisationen in Deutschland VENRO griff die Debatte auf und stellte sich damit einer Frage, die das Grundgerüst zivilgesellschaftlicher Arbeit berührt: Wie können NROs langfristig das Vertrauen der Öffentlichkeit, ihrer Ehrenamtlichen und Mitglieder sowie der Spender in ihre Arbeit aufrecht erhalten und stärken?

Die Antwort auf diese Frage war innerhalb des Verbandes überraschenderweise schnell und über alle Organisationsgrenzen und Branchen hinweg gefunden. Sie lautet: mehr Transparenz! Aber erst die öffentliche Vorstellung eines Neun-Punkte-Plans, der „Transparenzinitiative", die federführend von zwei VENRO-Mitgliedern erarbeitet und von 12 weiteren Mitgliedern unterstützt wurde, führte zu praktischen Konsequenzen. Der öffentliche Druck und die Einsicht der NROs in die Notwendigkeit von mehr Transparenz und Qualität mündeten Anfang April schließlich darin, dass der Verband geschlossen die geplante Erarbeitung eines Verhaltenskodex zu Transparenz, Organisationsführung und Kontrolle verkünden konnte.

Die Verabschiedung des umfangreichen Neun-Seiten-Dokuments innerhalb von zehn Monaten, basierend auf der Zustimmung einer so heterogenen Gemeinschaft wie VENRO, darf bereits als Erfolg gewertet werden. VENRO versammelt unter seinem Dach 117 kleine und große, kirchliche und säkulare Organisationen der Entwicklungszusammenarbeit. Der Verband existiert seit 1995 und ist demokratisch organisiert, mit der Mitgliederversammlung als oberstem Entscheidungsgremium. Seit seiner Gründung, so konnte man von VENRO-Mitgliedern während des Prozesses immer wieder hören, hat VENRO keinen so lebhaften und intensiven, aber auch so kritisch begleiteten Prozess erlebt. Der vorliegende Artikel ordnet die Ereignisse um den Kodex in einen theoretischen Kontext ein, fasst das Ergebnis zusammen und stellt darüber hinaus auch die Frage, inwieweit der Kodex das Vertrauen der Öffentlichkeit und des Spenders in die Arbeit der gemeinnützigen Organisationen tatsächlich stärken kann.

Nationaler und internationaler Rahmen

Die Entstehung und Verabschiedung des Verhaltenskodex muss im Kontext der öffentlichen Debatten betrachtet werden: Zum einen beabsichtigten die Nichtregierungsorganisationen, die Bürger in ihrem gesellschaftlichen Engagement durch mehr Transparenz zu bestärken. Zum anderen lenkte die UNICEF-Krise und ihre mediale Aufarbeitung den Fokus auf die Frage „guter Organisationsführung" in Nichtregierungsorganisationen.

In der deutschen Diskussion wurden die Themen Transparenz und Kontrolle seit einigen Jahren mit einem Schwerpunkt auf der Frage nach „Governance in Unternehmen" diskutiert. Dabei war der „Dritte Sektor", also der gemeinnützige, an dieser Diskussion bislang nur wenig sichtbar beteiligt. 1998 und 2002 erließ die Bundesregierung zwei Gesetze, um die Governance von börsennotierten Gesellschaften flächendeckend einheitlich nach bestimmten Qualitätsstandards zu regeln: Zum einen das „Gesetz zur weiteren Reform des Aktien- und Bilanzrechts, zu Transparenz und Publizität" (TranPuG) vom 21. Juni 2002; zum anderen das Gesetz zur „Kontrolle und Transparenz im Unternehmensbereich" (KonTraG) vom 5. März 1998.

Nach der Verabschiedung dieser beiden Gesetze verfasste 2002 eine Regierungskommission den „Deutschen Corporate Governance Kodex" (DCGK), der die gesetzlichen Vorschriften aufgriff und das „Deutsche Corporate Governance

System" zusammenfasste und auf diese Weise transparenter und nachvollziehbarer machte. Die Regierungskommission zur Erstellung des Kodex sah in ihrer Empfehlung zwar davon ab, auch anderen Organisationsformen die Anwendung des Kodex zu empfehlen, schrieb aber, dass „rechtspolitischer Diskussionsbedarf vor allem hinsichtlich solcher Vereine besteht, die steuerliche Privilegien in Anspruch nehmen (und) Spenden einsammeln...".[1]

Inhaltlich zielt der DCGK auf die Strukturierung einer Organisation mit einem „dualen Führungssystem". Demnach leitet der Vorstand das Unternehmen in eigener Verantwortung. Ein unabhängiges Aufsichtsgremium ist dafür zuständig, den Vorstand zu beraten und zu überwachen. Es werden Zuständigkeits- und Funktionsbeschreibungen für die Mitgliederversammlung, den Vorstand und den Aufsichtsrat vorgenommen. Zudem regelt der Deutsche Governance Kodex den Informationsfluss zwischen diesen Organen. Zur Kontrolle der Regelungen sind die Unternehmen aufgefordert, eine Entsprechungserklärung abzugeben. In dieser legen die Gesellschaften offen, ob und dass sie den Richtlinien des Kodex entsprechen bzw. an welchen Stellen sie von ihm abweichen.

Dass sich auch NRO mit Fragen der Organisations-„Governance" beschäftigten, zeigte sich in der Verabschiedung einer „Arbeitshilfe" der Deutschen Bischofskonferenz vom 2. Februar 2004 und in der Erstellung eines „Diakonischen Corporate Governance Kodex" (DGK) bei der Konferenz des Diakonischen Werkes der Evangelischen Kirche in Deutschland (EKD) am 19. Oktober 2005. Beide Dokumente überschneiden sich inhaltlich mit dem Deutschen Corporate Governance Kodex und verweisen auf dessen Ausstrahlungswirkung.

Die internationale Debatte um Transparenz gestaltet sich dagegen anders. Federführend haben angelsächsische NRO-Dachverbände bereits in den 90er Jahren so genannte Verhaltenskodizes (*Codes of Conduct*) erarbeitet. Im Unterschied zum Deutschen Governance Kodex integrieren diese *Kodizes* neben Regelungen zur Organisationsführung auch Standards zur Einhaltung organisatorischer Vorschriften, der Kommunikation mit der Öffentlichkeit, Regelungen zur Offenlegung der Finanzen und der Standards einer guten Personal- und Managementpraxis. Ein *Verhaltenskodex* integriert also mehrere Aspekte, widmet aber der Detailtiefe der einzelnen Regelungsgegenstände weniger Raum. Insbesondere in Bezug auf Governancefragen sind internationale NRO-Kodizes nicht sehr detailliert.

---

[1] Vgl. Bericht der Regierungskommission Corporate Governance, 2001, S. 5.

Entscheidung für einen Verhaltenskodex

Nach der Entscheidung für einen gemeinsamen Kodex standen die VENRO-Mitgliedsorganisationen zunächst vor der Frage nach der Form des Kodex, den sie ihm geben wollten: Wie umfangreich sollte er sein? Und welche Inhalte sollten aufgenommen werden? Welche Art von Kodex wäre in der Lage, zugleich umfassende Transparenz und organisatorische Qualität zu gewährleisten?

Bei der Entscheidung über Umfang und Inhalt des Kodex galt es nicht zuletzt, der Beschaffenheit des Verbandes Rechnung zu tragen. Eine große Zahl zivilgesellschaftlicher Organisationen mit einer bemerkenswerten Heterogenität bezüglich Größe, Struktur und Zielsetzungen kennzeichnen den Dritten Sektor in Deutschland im Allgemeinen und die VENRO-Mitglieder im Besonderen. Große Hilfsorganisationen unterstützen jährlich hunderte Projekte mit Gesamtaufwendungen in dreistelliger Millionenhöhe. Hauptamtliche Vorstände leiten diese Hilfswerke wie mittelständische Unternehmen. In kleinen Organisationen indessen arbeiten ehrenamtliche Vorstände hoch engagiert und überwiegend in ihrer Freizeit. Zugleich stehen alle Organisationen in einem Wettbewerb um Spenden. Konkurrenz belebt das Geschäft, das gilt auch für Hilfsorganisationen, aber diese Vielfalt musste auch ihre Berücksichtigung finden.

Neben Umfang und Inhalt wurde von Beginn an auch die Frage der Verbindlichkeit intensiv diskutiert: Wie bindend sollten die zu verabschiedenden Standards für die VENRO-Mitglieder sein? Sollte es sich um Empfehlungen oder um Verpflichtungen handeln? Und wenn letzteres, wer sollte diese kontrollieren oder gegebenenfalls sanktionieren?

Auf der Basis dieser Überlegungen fand am 7. April 2008 ein erster interner Workshop statt, an dem sich bereits mehr als 40 VENRO Mitgliedsorganisationen beteiligten. Grundlage der Diskussion waren die bereits von einigen Mitgliedsorganisationen verabschiedeten „Transparenzpapiere", wie der Neun-Punkte-Plan der Welthungerhilfe und der Kindernothilfe, aber auch die „Selbstverpflichtungen der Aktion Brot für die Welt und der Diakonie Katastrophenhilfe für mehr Transparenz und gute Geschäftsführung" sowie die „Grundsätze des Bischöflichen Hilfswerks Misereor". Auf dem Workshop beschlossen die Anwesenden eine gemeinsame Arbeitsgruppe (AG) einzurichten und diese mit der Erstellung eines VENRO-Verhaltenskodex zu beauftragen, der sowohl auf bereits bestehenden Kodizes als auch auf dem Neun-Punkte-Plan aufbaut. Die VENRO-AG musste einen Kodex schaffen, der einerseits weit genug war, um für alle Mitglieder Geltung beanspruchen zu können, andererseits aber auch eng genug, um konkrete Veränderungen in den Organisationen anzuregen.

Die Zielvorgabe war eine doppelte: Erstens sollte der Kodex im Sinne der internationalen *Verhaltenskodizes* die Arbeit von Nichtregierungsorganisationen

– auch für Nichtexperten – transparenter machen; und zweitens sollte er im Sinne des Deutschen Corporate Governance Kodex einen qualitativen Schritt nach vorne machen. Nicht zuletzt herrschte Einigkeit darüber, dass ein solches Vorgehen der Partizipation und *Ownership* aller Mitglieder bedürfe und aufgrund der öffentlichen Aufmerksamkeit nur ein bestimmter Zeitkorridor für die Verabschiedung zur Verfügung stünde.

Prozess und Verabschiedung

Mit der Formulierung einer gemeinsamen Zielsetzung war der erste wichtige Schritt getan. Bald nach dem ersten Mitgliederworkshop traf sich in Bonn die neue AG Verhaltenskodex. Die AG gliederte den Kodex in fünf Bereiche auf: Organisationsführung, Kommunikation, Betriebsführung, Wirkungsbeobachtung und Verbindlichkeit. Die inhaltliche Ausarbeitung dieser Bereiche sollte von Themenarbeitskreisen übernommen werden. Diese Aufgabe wurde von Expertinnen und Experten aus den Mitgliedsorganisationen im Mai und im Juni des Jahres übernommen. Nach Vorlage der ersten Entwürfe fand im August 2008 ein zweites Treffen der gesamten AG Verhaltenskodex statt. Zeitgleich wurden die in Arbeit befindlichen Standards mit bereits bestehenden Regelungen abgeglichen. Der Einbezug des Deutschen Zentralinstituts für Soziale Fragen (DZI) sollte die Kongruenz mit anderen Standards gewährleisten und verhindern, dass die Organisationen nach der Verabschiedung sich widersprechenden Verhaltensstandards ausgesetzt wären.

Die von Vorstand und Mitgliederworkshop vorgeschlagenen Neuerungen wurden den Mitgliedern jeweils schriftlich zugesandt und zeitgleich im VENRO-Intranet veröffentlicht. Jedes Mal beteiligte sich ein gutes Viertel der Mitglieder mit schriftlichen oder mündlichen Rückmeldungen an der Weiterentwicklung des Kodex. Definitionen wurden überarbeitet, ganze Passagen spezifiziert und wieder gestrichen, es entbrannten inhaltliche Diskussionen und es stellte sich im Laufe des Prozesses auch heraus, dass nicht alle Organisationsformen gebührend berücksichtigt wurden. Es mussten Kompromisse ausgehandelt und wieder verworfen werden. Die Ergebnisse wurden von einem Redaktionsteam eingearbeitet und immer wieder in den Verband zurückgespielt. Strittig blieb bis zum Schluss die Frage der Verbindlichkeit bzw. der Sanktionen im Falle einer Verletzung des Kodex.

Auf dem Oktober-Workshop ergab ein unverbindliches Meinungsbild (*straw vote*) zwar eine Mehrheit für die Formulierung verbindlicher Prinzipien und Standards sowie die Einbindung eines Beschwerdeverfahrens, doch sprach sich immerhin ein Viertel aller Anwesenden gegen ein Beschwerdeverfahren aus und schlug statt dessen die Aufteilung in grundsätzliche und verbindliche Prinzipien einerseits und unverbindliche *Best Practices* mit konkreten Beispielen andererseits aus. Begründet wurde letzteres mit dem Verweis auf die besondere Bedeutung organisatorischer Autonomie im Dritten Sektor. Der Vorstand des Verbandes beschloss aus diesem Grund, den Mitgliedern zunächst einen „weicheren Kodex" zur Verabschiedung zu empfehlen.

Der Dissens zwischen den VENRO-Mitgliedern konnte mit diesem Entwurf aber nicht gelöst werden, so dass die Initiatoren der Transparenzinitiative daraufhin gemeinsam mit acht weiteren VENRO-Mitgliedsorganisationen einen alternativen Vorschlag vorlegten, der sich inhaltlich zwar kaum unterschied, aber die *Best Pracices* zu verbindlichen Standards erklärte.

Zur Mitgliederversammlung am 10. Dezember 2008 lagen schließlich zwei abweichende Entwurfs-Anträge vor, die sich insbesondere hinsichtlich ihrer Forderung nach Verbindlichkeit unterschieden. Die Vorlage von zwei Entwürfen barg freilich die Gefahr in sich, dass keiner der beiden Entwürfe eine Mehrheit auf sich würde vereinigen können. In dieser schwierigen Phase zeigte sich aber auch die Stärke und der Zusammenhalt des Verbandes: Das Ziel – nämlich die Notwendigkeit, einen gemeinsamen Kodex zu verabschieden – wurde trotz der inhaltlichen Differenzen zu keinem Zeitpunkt in Frage gestellt.

Um einen breiten Konsens zu erreichen, suchte der Vorstand im Vorfeld noch einmal die intensive Diskussion mit allen Beteiligten. Schließlich kristallisierte sich kurz vor der Mitgliederversammlung doch noch ein Kompromiss heraus; der bestand darin, die Prinzipien und die diese konkretisierenden Standards als verbindlich zu verabschieden, zeitgleich aber eine Übergangsfrist von zwei Jahren einzuräumen, in der die Praxistauglichkeit der Standards auf die Probe gestellt werden sollte". Außerdem sollten alternativen Organisationsformen durch eine so genannte *Comply-or-Explain*-Regelung mehr Raum geschaffen werden. Einerseits werden damit unterschiedliche Organisationsstrukturen und -kulturen als gleichwertig anerkannt, andererseits wird so dem Ziel einer transparenteren Darstellung dadurch Rechnung getragen, dass die VENRO-Mitglieder sich dazu verpflichten, bei Regelungen, denen sie nicht zustimmen können, die zugrunde liegenden Gründe nachvollziehbar darzulegen und öffentlich zu erläutern.

Obwohl sich ein Konsens für diesen Kompromiss bereits im Vorfeld der Mitgliederversammlung abzeichnete, blieb bis zur tatsächlichen Abstimmung unklar, ob sich schlussendlich eine gemeinsame Linie finden lassen würde. Nicht alle der über 80 auf der Mitgliederversammlung anwesenden Organisationen hatten schließlich aktiv am Prozess teilgenommen; nicht alle waren im Vorfeld mit dem Kompromissvorschlag einverstanden. So kam es auf der Mitgliederversammlung zu einer energiegeladenen Aussprache, an dessen Ende aber dann doch die Annahme des Kompromissvorschlages mit einer deutlichen Mehrheit stand.

VENRO-Verhaltenskodex Transparenz, Organisationsführung und Kontrolle

Der VENRO Verhaltenskodex besteht aus vier inhaltlichen Bestandteilen, die jeweils in zwei unterschiedlichen Regelungsformen zum Ausdruck kommen. Hinzu kommen die Präambel und die Regelungen zur Umsetzung des Kodex. Die folgende Tabelle fasst den Kodex zusammen:

Präambel				
		▪ Leitbild und Aufgabe der VENRO Mitglieder: Nachhaltige Entwicklung in Nord und Süd ▪ Ziel des Kodex: Qualitätsentwicklung und Transparenz ▪ Partnerschaftliches Instrument zur Vertrauensgewinnung, Verpflichtung auf gemeinsame Prinzipien und Standards / *Comply-or-Explain*-Regelung		
Organisationsführung	*Prinzipien*	▪ Trennung von Aufsicht und Leitung ▪ Eindeutige Aufgabenbeschreibung in der Satzung ▪ Informationsfluss zwischen den Organen, Offenlegung von Problemen ▪ Verpflichtung auf ethisches Handeln, Vertrauen auf die Kompetenz der Mitarbeiter ▪ Konstruktive Kritik als Bestandteil der Organisationskultur / interne Beschwerde vertrauensvoll möglich ▪ Vermeidung von Interessenkonflikten	*Standards*	▪ Darstellung eines Grundmodells des deutschen Vereinsrechts ▪ Aufgaben der Mitgliederversammlung ▪ Aufgaben des „zwischengeschalteten Aufsichtsgremiums" ab einer Größe von 50 Mitarbeiter/innen oder Gesamteinnahmen von 10 Mio. Euro jährlich ▪ Aufgaben des Leitungsorgans

	Prinzipien	Standards
Kommunikation	<ul><li>Offene und wahrhaftige Kommunikation über Aktivitäten, Finanzen und Strukturen</li><li>Information über die Notwendigkeit von Öffentlichkeitsarbeit, Fundraising und Verwaltung</li><li>Verpflichtung auf eine sachgerechte und ausführliche Kommunikation (Darstellung von Erfolgen und Risiken) zur Vorbeugung einer Idealisierung</li><li>Aktives Bereitstellen von Informationen für den mündigen Spender</li><li>Spendenwerbung unter dem Aspekt der Kosten-Nutzen-Relation</li><li>Verpflichtung zur Veröffentlichung eines Jahresberichts</li><li>Gemeinsame Kommunikation von Werbe- und Verwaltungskosten, aber getrennte Darstellung</li></ul>	<ul><li>Allgemeine Anforderungen an einen Jahresbericht: Tätigkeitsbericht, Finanzbericht, Organstruktur, Arbeitsweisen und Methoden</li><li>Darstellung folgender Informationen auf der Website: Satzung, Evaluationsberichte, Darstellung von Planungs- und Kontrollsystemen und dem Organigramm</li><li>Für Organisationen mit jährlichen Gesamteinnahmen von über drei Millionen werden die vier oben genannten Bestandteile detailliert beschrieben</li><li>Unzulässigkeit der Aussage einer 100-prozentigen Mittelweiterleitung</li></ul>
Betriebsführung	<ul><li>Einsatz der Mittel nach dem Prinzip der Wirtschaftlichkeit</li><li>Sachlicher Rahmen für Werbe- und Verwaltungskosten, Berechnung nach DZI-Vorgaben</li><li>Erarbeitung von Standards der Korruptionsbekämpfung</li></ul>	<ul><li>Mitarbeiter: Angemessene Vergütung, öffentliche Ausschreibungsverfahren</li><li>Erarbeitung gemeinsamer Kennzahlen zur Wirtschaftlichkeit</li><li>Hinreichende Rechnungslegung, Standards für die Jahresrechnung</li><li>Rahmen für die Beschwerdeführung innerhalb einer Organisation</li></ul>

		• Entwicklung von wirkungsvollen PME-Instrumenten[2] • Richtlinien für die Beschaffung und Zeichnungsberechtigung, die auf Anfrage veröffentlicht werden • Angemessene Vergütung, Beauftragung von Beratern im Kosten-Nutzen-Verhältnis	• Schriftliche Richtlinien zur Vorbeugung von Korruption
Wirkungsorientierung		• Wirkungsvolle Arbeitsweise impliziert den Versuch, erzielte Wirkungen zu beschreiben, zu beobachten, auszuwerten und aus den resultierenden Erfahrungen zu lernen • Unterstützung der Partner, in ihrer Arbeit ebenso zu verfahren • Erarbeitung einer adäquaten Vorgehensweise zur Wirkungsbeobachtung	• Erarbeitung von Richtlinien und Standards • Wertschätzung der Partneransätze zur Wirkungsbeobachtung • Evaluierungsmethoden beachten die DeGEval-Standards
			Standards
Verbindlichkeit	Prinzipien	• Die Prinzipien und Standards sind verbindlich (Überarbeitung und Anpassung bis 2010) • Umsetzung in einem kontinuierlichen Prozess • Partnerschaftlichkeit und Gegenseitigkeit bei der Umsetzung • Veröffentlichung einer Verpflichtung zur Einhaltung der Prinzipien und Standards • Änderungen des Kodex können von der Mitgliederversammlung mit einfacher Mehrheit beschlossen werden und müssen den Mitgliedern mindestens vier Wochen vor der MV zugänglich gemacht werden	

Die Standards versuchen jeweils, ihrer doppelten Zielvorgabe gerecht zu werden: (1) Informationspflicht zur Herstellung von mehr Transparenz und (2) Orientie-

---

[2] PME = Planung, Monitorin, Evaluation

rung an bewährten Regeln zur Sicherung der Qualität. Der Kodex bietet dem interessierten Leser außerdem einen Einstieg in die Themen Organisationsstruktur und -führung von Nichtregierungsorganisationen.

Exemplarisch sollen an dieser Stelle einige der diskutierten und teils heftig umstrittenen Fragestellungen herausgegriffen werden.

Als besonders kontrovers erwies sich, wie schon angedeutet, die Frage der Eingriffstiefe und der damit zusammenhängenden Verbindlichkeit. Während einige Mitglieder zunächst einen sehr spezifischen und detailstarken Entwurf inklusive eines ausführlichen Beschwerdeverfahrens vorgelegt hatten, stellte sich im Verlauf des weiteren Prozesses heraus, dass die neuen Regelungen schon aufgrund der unterschiedlichen Organisationsformen der VENRO-Mitglieder (Vereine, Stiftungen, GmbH) nicht für alle gelten konnten. Auch zeigten sich an dieser Stelle unterschiedliche Traditionen und Organisationskulturen: Während säkulare Organisationen verstärkt detaillierte Standards und Prinzipien forderten, wiesen kirchliche Werke auf ihre bereits bestehenden (Selbst-)Verpflichtungen hin.

Ein weiteres strittiges Problem war die Frage, ob eine Organisation ab einer bestimmten Größe ein Aufsichtsgremium haben müsse, und wenn ja, wo diese Grenze verlaufen sollte. Innerhalb der Medien wurde ganz deutlich immer wieder auf die notwendige Trennung von Aufsicht und Geschäftsführung hingewiesen. Innerhalb der VENRO-Mitgliedschaft war der Nutzen dieser Trennung durchaus umstritten: Gerade in kleineren Organisationen sei es ausreichend, so wurde argumentiert, dass die Mitgliederversammlung die Aufsicht ausübe. In kleinen Organisationen gebe es nur kurze Geschäftswege und oft auch nur wenige Mitglieder; „man kenne sich". Auch in einigen großen Organisationen sei die Mitgliedschaft gerade daran gebunden, die Kontrolle des Vereines auszuüben. So gibt es auch große Organisationen, die ihre Mitgliederzahlen stark beschränkten, um die Jahreshauptversammlungen klein und handlungsfähig zu halten. Andererseits wurde angemahnt, dass es Organisationen gebe, deren Einnahmen und Projektbereiche in den letzten Jahren so stark gewachsenen seien, dass deren Organisationsstrukturen der neuen Größe und Verantwortung nicht mehr ausreichend Rechnung trügen.

Lange und intensiv wurde auch die Frage nach der aktiven und passiven Informationspflicht diskutiert. Hier stritt man vor allem um Inhalt und Umfang der Jahresberichte. Schließlich wurde eine Unterarbeitsgruppe aus Fachleuten der Betriebsführung und Kommunikation gegründet, die gemeinsam die Frage nach den inhaltlichen Bestandteilen eines Jahresberichts beantworteten. Im Gegensatz zur bisher bestehenden Regelungslücke verpflichten sich die VENRO-Mitglieder mit dem Verhaltenskodex zu einer aktiven Information über die Notwendigkeit von Öffentlichkeitsarbeit, Fundraising, Projektbegleitung und Verwaltung. Auch soll die Berichterstattung über die Projektarbeit vor Ort nicht nur die Erfolge der NRO-Arbeit darstellen, sondern auch bestehende Herausforderungen und Rückschläge zur Sprache bringen. Der Kodex enthält außerdem ein Bekenntnis zum professionellen Fundraising, nicht zuletzt unter dem Aspekt der Kosten-Nutzen-Relation.

Schließlich wurde auch die Behandlung und Kommunikation von Werbe- und Verwaltungskosten eingehend diskutiert. Dabei wurde moniert, dass Organisationen, die Beträge staatlicher Geldgeber erhalten, ihren – bezogen auf private Spenden – hohen Verwaltungskostenanteil dadurch verringern, dass sie ihre Verwaltungskosten auf die Gesamteinnahmen (einschließlich der staatlichen Mittel) berechnen. Auch wurde kritisiert und nunmehr vom Kodex als unzulässig herausgestellt, dass manche Werke von einer hundertprozentigen Weiterleitung von Spenden sprechen und gleichzeitig andere Mittel als Spenden für ihre Verwaltungskosten einsetzen. Der Kodex sieht nun vor, dass diese Zusammenhänge transparenter gemacht werden. Grundsätzlich wird zur Auflage gemacht, dass „Werbe- und Verwaltungsausgaben (…) getrennt dargestellt, aber gemeinsam kommuniziert werden" müssen. Werbekosten sind fachtechnisch zwar keine Verwaltungskosten (im engeren Sinn), werden aber besonders im Verständnis von Nichtfachleuten oft zu den Verwaltungskosten (im weiteren Sinn) gerechnet.

Einschätzung und der weitere Prozess

Die Debatten im Vorfeld der Verabschiedung des Kodex veranschaulichen, dass die Themen Transparenz und Qualitätssicherung einen bedeutenden Stellenwert innerhalb der VENRO Mitgliedschaft haben; sie zeigen zugleich, dass der Verband handlungs- und beschlussfähig ist.

Der Kodex ist nicht nur als Instrument zur Verbesserung von Transparenz und Qualität anzusehen, sondern auch als ein Appell an die Öffentlichkeit: Er wirbt um zusätzliches Vertrauen in die Arbeit der NROs, die mit dem Kodex ihre Bereitschaft dokumentieren, ihre Wirtschaftlichkeit und Wirksamkeit ständig zu verbessern. Er ist auch ein Appell dafür, die Arbeit der NROs weder zu idealisieren noch pauschalierend zu verurteilen. Der Kodex kann Spendern und Öffentlichkeit auch dazu dienen, sich sachkundig zu machen, um die Arbeit der NROs insgesamt kritischer und urteilssicherer als bisher begleiten zu können.

Mit der Erarbeitung des Kodex und seiner Verabschiedung ist das Ziel „mehr Transparenz" aber noch nicht vollständig erreicht. Transparenz und Vertrauen müssen täglich neu erarbeitet und gewonnen werden. Ein Kodex kann jedenfalls nur so viel wert sein, wie er praktisch umgesetzt wird – und daran müssen sich die VENRO-Mitgliedsorganisationen schließlich messen lassen. Die

Standards werden ihre Praxistauglichkeit noch beweisen müssen, und die Hilfswerke werden zu dokumentieren haben, dass es ihnen mit der Transparenz ernst
ist.

Die Umsetzung des Kodex wird Zeit in Anspruch nehmen. Geplant ist die
Gründung einer Arbeitsgruppe, welche die Umsetzungsprozesse in den Mitgliedsorganisationen begleitet und die Standards auf ihre Praxistauglichkeit
überprüft. Der Kodex sieht für diesen Prozess eine Zeitspanne von zwei Jahren
vor. Auch dabei kann sich der Verband an internationalen Vorbildern orientieren.
So wurde beispielsweise in Kanada von einer entsprechenden Arbeitsgruppe eine
Handreichung erarbeitet, die sich auf eine empirische Auswertung des Anpas-
sungsprozesses nach einem Jahr stützte. Ähnliches ist im deutschen Rahmen
denkbar. Nicht zuletzt ist auch die Frage eines Sanktionsverfahrens noch nicht
endgültig geklärt: Was soll passieren, wenn ein VENRO-Mitglied den selbst
gesetzten Standards wiederholt nicht nachkommt und dadurch möglicherweise
die gesamte Branche öffentlich in die Kritik bringt?

Für diese und ähnlich Fragen wird die VENRO-Arbeitsgruppe beiden Jahren Antworten finden müssen. Bereits jetzt wurden in vielen Organisationen
Diskussionen über die Praktikabilität ihrer Organisationsstrukturen angestoßen.
Der Verband steht nun vor der Herausforderung, die bestehenden Diskussionen
aufrecht zu halten, ihre Ergebnisse partnerschaftlich aufzubereiten und für alle
nutzbar zu machen.

Bernd Pastors ist hauptamtlicher Vorstandsvorsitzender des Medikamenten-
hilfswerks action medeor e.V., einer Organisation, der er seit 1985 angehört (u.a.
als Leiter der Öffentlichkeitsarbeit und Geschäftsführer); er ist auch Schatzmeis-
ter des Verbandes Entwicklungspolitik der Nichtregierungsorganisationen
(VENRO); Jana Rosenboom ist VENRO-Referentin für Bildungsarbeit, Spenden
und Gemeinnützigkeit. Sie studierte Politikwissenschaften in Bremen, Paris und
Berlin. Beide Autoren haben den Prozess um die Erstellung des VENRO-Kodex
maßgeblich begleitet.

Judith Dittmer / Hartmut Kopf

Effektiv arbeiten und transparent kommunizieren

Die zwei Kernaufgaben der Nonprofit Governance. Ein Vorschlag für ein Gesamtmodell

Nonprofit Organisationen (NPO) spielen eine entscheidende Rolle in Deutschland: Mit einem Beitrag von 2%-5% zum Bruttoinlandsprodukt und der Bereitstellung von 5% aller Arbeitsplätze[1] hat der Sektor ein großes volkswirtschaftliches Gewicht. Ebenso ist er aus wohlfahrtsstaatlicher Perspektive bedeutend, da er im sozialen Bereich als Hoffnungsträger für die Entlastung des öffentlichen Sektors betrachtet wird, indem er in Ergänzung zum Staat bedarfsgerecht und bürgernah soziale Dienstleistungen erbringt[2].

Als Folge dessen ist einerseits eine Professionalisierung im Nonprofit Sektor zu beobachten, andererseits aber auch ein zunehmender Legitimationsdruck von Seiten der Öffentlichkeit. Hatten NPO früher einen „Glaubwürdigkeitsvorschuss"[3], müssen sie heute durch eine effektive, effiziente und transparente Arbeitsweise beweisen, das Vertrauen der Spender zu verdienen. Bei der Diskussion, wie dieses Ziel zu erreichen ist, fällt immer häufiger ein Begriff, den Köchlin[4] nicht ohne Ironie als Zauberwort bezeichnet: *Nonprofit Governance.* Trotz der Popularität des Begriffs fällt jedoch auf, dass dieses Konstrukt noch diffus und schwer fassbar ist und die Abgrenzung zur *Corporate Governance* im Profit Sektor teilweise noch nicht klar vollzogen ist.

---

[1] Bundesagentur für Arbeit (BfA) (2004): *NonProfit-Sektor;* abrufbar unter: www.ruhr-unibochum.de/careerservice/pdfs/NonProfitSektor.pdf

[2] Kraus, M. & Stegarescu, D. (2005): *Non-Profit-Organisationen in Deutschland. Ansatzpunkte für eine Reform des Wohlfahrtsstaats,* Mannheim: Europäisches Zentrum für Wirtschaftsforschung; abbrufbar unter: ftp://ftp.zew.de/pub/zew-docs/docus/dokumentation0502.pdf

[3] Brugger, E. A. (2004): „Strategieentwicklung für Nonprofit-Organisationen unter der Perspektive der Corporate Governance", in: R. C. Voggensperger et al. (Hrsg.), *Gutes besser tun. Corporate Governance in Nonprofit-Organisationen* (S.271-296), Bern: Haupt.

[4] Köchlin, L. (2008). Derselbe Maßstab für alle? Rechenschaftspflicht und ethische Verhaltensstandards („Best Practice") im Nonprofitsektor, Bulletin von Medicus Mundi Schweiz Nr. 107, Februar 2008; abrufbar unter: http://www.medicusmundi.ch/mms/services/bulletin/bulletin107_2008/chapter1/16

Daher formuliert der vorliegende Artikel vier Thesen: Er grenzt zuerst aus
der Bobachtersicht der Wissenschaft die Nonprofit Governance zeitlich und
inhaltlich von der Corporate Governance ab[5], darauf aufbauend wird ein erstes
Gesamtmodell der Nonprofit Governance vorgeschlagen und dieses anschließend
kritisch durch einen Blick in die Praxis validiert. In der vierten These wird dann
die strategische Praxisrelevanz des vorgeschlagenen Modells insbesondere mit
Blick auf die zweite Kernaufgabe der Nonprofit Governance, „Transparente
Kommunikation", aus Sicht der Kommunikation der internationalen Hilfsorganisation World Vision behauptet. Der vorliegende Artikel beruht auf einer For-
schungsarbeit des Instituts für Politikwissenschaft der Universität Sankt Gallen
im Auftrag von World Vision Deutschland.[6]

**These 1a: Die Auseinandersetzung mit dem Thema „Governance" findet
immer erst als Reaktion auf große Krisen statt**

Im Gegensatz zur Nonprofit Governance ist der Begriff der Corporate Governance ein aus dem Unternehmensalltag nicht wegzudenkender Begriff. Eine mögliche Antwort darauf, warum die Auseinandersetzung mit dem Thema Governance
im Profit Sektor deutlich früher und intensiver stattfand als im Nonprofit Sektor,
liefert Clarke: Er geht davon aus, dass die Auseinandersetzung mit Governance
immer erst als Reaktion auf eine große Krise stattfindet.[7]

Im deutschen Profit Sektor zeichnete sich Ende der 90er Jahre eine solche
Krisenperiode ab, zu deren Höhepunkten die Zusammenbrüche von Holzmann
und Flowtex gehörten. Um solche Eklats in Zukunft zu vermeiden und die
Transparenz von Unternehmensleitung und -überwachung zu erhöhen, wurde die
„Regierungskommission Deutscher Corporate Governance Kodex" gegründet,
die 2002 den „Deutschen Corporate Governance Kodex" für börsennotierte Unternehmen veröffentlichte. Neben dieser Richtlinie mit Empfehlungscharakter
wurde 2002 das Transparenz- und Publizitätsgesetz (TransPuG) als Ergänzung
zum Gesetz zur Kontrolle und Transparenz im Unternehmensbereich (KonTraG)
erlassen.

Im Nonprofit Sektor blieb dagegen eine größere Anzahl spektakulärer
Skandale in den vergangenen Jahren aus. So findet Deutschland bei Gibelman
und Gelman, die in zwei internationalen Studien die Fälle publizierten Fehlver-

---

[5] Im vorliegenden Artikel wird sich „Nonprofit Governance" immer auf den Nonprofit Sektor und
„Corporate Governance" immer auf den Profit Sektor beziehen. Diese Unterteilung verwendet bspw.
auch Schuhen (2002, siehe Fußnote 10).
[6] http://www.worldvision-institut/_downloads/allgemein/Theorie_und_Praxis_2_NonProfit.pdf
[7] Clarke, T. (2007). *International Corporate Governance. A comparative approach.* New York:
Routledge

haltens von NPO von 1990-2000 und von 2001-2004 auswerten,[8] nur in zwei Fällen Erwähnung: Im Korruptionsfall des Bayerischen Roten Kreuzes 2000 und bei der deutsch-dänischen Alaska International Foundation, der die Unterstützung terroristischer Aktivitäten nachgewiesen wurde.

Mit Unicef stand Ende 2007 erstmals in Deutschland eine große NPO im Fokus negativer öffentlicher Berichterstattung, sodass erst ab diesem Zeitpunkt mit Nachdruck an der Erhöhung der Regulierungsdichte im Bereich der Nonprofit Governance gearbeitet wird. Dabei stehen insbesondere die Initiativen des Verbands Entwicklungspolitik deutscher Nichtregierungsorganisationen (VENRO) zur Erarbeitung eines umfassenden Verhaltenskodex' für seine Mitglieder sowie die Verschärfung der Richtlinien für die Vergabe des Spendensiegels des Deutschen Zentralinstituts für Soziale Fragen (DZI) im Vordergrund.

Im internationalen Vergleich liegt Deutschland damit zurück: So wurde beispielsweise in den USA schon 1994 die Organisation GuideStar gegründet, die sich der Sammlung und Bereitstellung von Informationen über NPO verschrieben hat[9], und in der Schweiz bereits 2006 der Swiss NPO Code verabschiedet[10].

Daraus leitet sich die Frage ab, warum für die konkrete Ausgestaltung der Nonprofit Governance in Deutschland nicht die *Best Practices* aus dem Profit Sektor übernommen werden können, um den internationalen ‚Rückstand' zeitnah zu verringern.

These 1b: Nonprofit Governance muss völlig anderen Rahmenbedingungen genügen als Corporate Governance

Der Grund dafür, dass Nonprofit Governance nicht als „Corporate Governance im Nonprofit Sektor" betrachtet werden kann, liegt darin, dass sich die Rahmenbedingungen, innerhalb derer ein Unternehmen arbeitet, fundamental von denen einer Nonprofit Organisation unterscheiden:

Ein erster Unterschied bezieht sich auf die **Zielebenen**. Schuhen[11] unterscheidet zwischen *Formalzielen*, zu denen beispielsweise Liquidität oder Rentabilität gehören, *Sachzielen* wie der Qualität der Produkte oder Dienstleistungen und *metaökonomischen Zielen*, z. B. der Vermittlung bestimmter Grundwerte.

---

[8] Gibelman, M. & Gelman, S. R. (2001). „Very Public Scandals: Nongovernmental Organizations in Trouble", in: *Voluntas: International Journal of Voluntary and Nonprofit Organizations, 12* (1), 49-66. Gibelman, M. & Gelman, S. R. (2004). „A Loss of Credibility: Patterns of Wrongdoing Among Nongovernmental Organizations", in: *Voluntas: International Journal of Voluntary and Nonprofit Organizations, 15* (4), 355-381.

[9] Siehe www.guidestar.org

[10] Siehe www.swiss-npocode.ch

[11] Schuhen, A. (2002). *Nonprofit Governance in der Freien Wohlfahrtspflege,* Berlin: Berliner Wissenschafts-Verlag.

Bei Unternehmen herrscht eine Dominanz der Formalziele im Sinne der Shareholder vor, d.h. das Erreichen einer hohen Rentabilität steht im Vordergrund. Grundlage für dieses Formalziel ist die Erfüllung der Sachziele (ein Unternehmen wird bei schlechter Qualität seiner Produkte wenig Gewinn generieren). Im Gegensatz dazu versucht eine Nonprofit Organisation primär, die von ihr gesetzten Sachziele zu erreichen, und erbringt die hierfür nötigen Leistungen. Ein Beispiel hierfür könnte die Ausbildung von Lehrern sein, um damit einen Beitrag zur Steigerung der Alphabetisierungsquote zu leisten. Bei kirchlich fundierten NPO spielt außerdem die Vermittlung einer bestimmten Weltanschauung oder Spiritualität als metaökonomisches Ziel eine wichtige Rolle. Um diese Sachziele erreichen zu können, ist ökonomische Leistungsfähigkeit, also ein Formalziel, notwendig; entscheidendes Abgrenzungskriterium zu Profit Organisationen ist aber, dass dieses Formalziel nicht als Endziel, sondern funktional als Bedingung für höhere Sachziele betrachtet wird.

Ein weiterer Unterschied betrifft die Frage, wer aus Sicht eines Unternehmens und einer Nonprofit Organisation die *Rolle des Principals* in der Principal-Agent-Beziehung[12] einnimmt. Zwar wird in Unternehmen im Rahmen der *Corporate Social Responsibility* Debatte zunehmend die Verantwortung eines Unternehmens gegenüber der Gesellschaft anerkannt, als Principal börsennotierter Unternehmen gelten jedoch nach wie vor die Shareholder[13]. Demgegenüber ist die Frage nach dem Principal einer NPO noch Gegenstand einer bisher ungelösten Debatte. Von den drei großen Stakeholder-Gruppen[14], denen eine NPO gegenübersteht, nämlich Geldgebern und Regulatoren, Partnern und Mitarbeitern sowie Leistungsempfängern, haben aus ethisch-moralischer Sicht alle einen starken Anspruch auf Wahrung ihrer Interessen[15]. Da eine Priorisierung nur schwer möglich scheint, spricht Ebrahim hier von „multiplen Principals".

Als nächstes Abgrenzungskriterium ist die Möglichkeit der *Erfolgsmessung* zu nennen. In Firmen ist dies anhand von Renditekennzahlen gut möglich, da zum Beispiel der *Return on Investment* quantitativ Auskunft über den Erreichungsgrad der oben genannten Formalziele gibt. Demgegenüber ist die Er-

---

[12] Eine Pincipal-Agent-Beziehung liegt vor, wenn eine Auftrag gebende Partei (Principal) eine andere (Agent) anweist, in ihrem Sinne bestimmte Handlungen durchzuführen, wobei dem Agent eine gewisse Handlungsfreiheit zugestanden wird.

[13] Ebrahim, A. (2003). „Accountability in Practice: Mechanisms for NGOs", in: *World Development, 31* (5), 813-829.

[14] Für die vorliegende Arbeit soll die klassische Stakeholder-Definition von Freeman (1984) übernommen werden. Demnach gehört zu den Stakeholdern „any group or individual who can be or is affected by the achievement of an organization's purpose" (S.53). In Freeman, R.E. (1984). *Strategic Management. A stakeholder approach.* London: Pitman Books.

[15] Brown, L. D. & Moore, M. H. (2001). „Accountability, Strategy, and International Nongovernmental Organizations", in: *Nonprofit and Voluntary Sector Quarterly, 30* (3), 569-587).

folgsmessung der von NPO gesetzten Sachziele ein höchst umstrittenes Thema: Wie soll valide gemessen werden, ob und wie beispielsweise das Ziel der Verminderung sozialer Ungleichheit erreicht wurde? Objektive Aussagen mittels klarer Kennzahlen scheinen hier äußerst schwierig[16].

Desweiteren ist im Kontext von Governance noch das Spannungsfeld „Hauptamt-Ehrenamt" von Bedeutung. In Profit Organisationen existiert dieses nicht, da sowohl die Geschäftsführung als auch der Aufsichtsrat hauptamtlich tätig sind und meistens über langjährige Expertise in ihrem Tätigkeitsfeld verfügen. In NPO sind mindestens die Mitglieder des Aufsichtsorgans ehrenamtlich tätig, in kleineren Organisationen, in denen die Trennung von Geschäftsführung und Aufsichtsorgan noch nicht klar vollzogen ist, oft auch die operativ tätige Leitung. Daraus entsteht häufig die Vermutung mangelnder Professionalität und Führungskompetenz.[17]

Ein letzter Unterschied besteht in den *Märkten,* in denen sich beide Organisationstypen behaupten müssen. Für Unternehmen, bei denen die Leistungsfinanzierer den Leistungsbeziehern entsprechen, ist dies der klassische Markt von Angebot und Nachfrage. Bei einer NPO sind die Leistungsfinanzierer jedoch zum Verzicht auf eine direkt materielle Gegenleistung bereit, während die Leistungsbezieher einseitig Hilfe empfangen. Der Markt, auf dem der Konkurrenzkampf um das Vertrauen der Öffentlichkeit und in Folge dessen um die Spendenakquisition stattfindet, ist der Meinungs- und Spendenmarkt. Auf diesem muss es einer NPO gelingen, Aufmerksamkeit auf sich zu lenken, glaubwürdig zu sein und sich von den anderen NPO zu differenzieren.[18]

Die angeführten Unterschiede im Handlungsrahmen eines Unternehmens und einer Nonprofit Organisation verdeutlichen, warum Corporate und Nonprofit Governance trotz ähnlicher Grundfragen sektorspezifisch ausgestaltet werden müssen.

These 2: **Ein Gesamtmodell verdeutlicht, dass und wie gute Nonprofit Governance eine NPO konkret bei der Erfüllung ihrer Mission unterstützt**

Zum heutigen Zeitpunkt existieren zwar Untersuchungen verschiedener Autoren zu unterschiedlichsten Aspekten der Nonprofit Governance, nach Kenntnisstand

---

[16] Davatz, A. (2004). „Corporate Governance und die Rolle der ZEWO", in: R. C. Voggensperger et al. (Hrsg.), *Gutes besser tun. Corporate Governance in Nonprofit-Organisationen* (S.97-322). Bern: Haupt.
[17] Thaler, G. O. & Voggensperger, R.C. (2004). „Gutes besser tun – aber wie?", in: R. C. Voggensperger et al. (Hrsg.), *Gutes besser tun. Corporate Governance in Nonprofit-Organisationen* (S.61-98). Bern: Haupt.
[18] Davatz (2004); Brugger (2004).

der Autoren existiert jedoch kein Gesamtmodell, das verbildlicht, wie die einzelnen Aspekte zusammenwirken und eine NPO dabei unterstützen, ihre Sachziele
zu erreichen[19]. Daher soll im Folgenden ein Vorschlag für ein solches Gesamtmodell entwickelt werden, der jedoch keinen Anspruch auf Vollständigkeit erhebt.

Um in einem ersten Schritt die wichtigsten Elemente der Nonprofit
Governance abzuleiten, wurden die Definitionen dieses Konzepts von Schuhen,
Renz, Voggensperger und Thaler, des Swiss NPO Codes und des Diakonischen
Governance Kodex gegenübergestellt.[20] Aus dieser Gegenüberstellung ergaben
sich zusammenfassend folgende Elemente als entscheidend für eine gute
Nonprofit Governance:

- Definition der Führungs- und Kontrollstrukturen
- Sicherstellung von effektiver und effizienter Arbeit
- Transparente Kommunikation
- Ausgleich aller Stakeholder-Interessen
- Risikomanagement[21]

In einem nächsten Schritt sollen diese Elemente sachlogisch zu einem Gesamtmodell angeordnet werden.

Als Startpunkt empfiehlt Drucker: „In every move, in every decision, in
every policy, the non-profit institution needs to start out by asking, Will this
advance our capacity to carry out our mission[22]?"[23] Daher soll das Gesamtmodell
darauf ausgelegt sein, darzustellen, wie die Elemente der Nonprofit Governance
konkret zur Erfüllung der Mission einer NPO beitragen können. Diese Orientie-

---

[19] Zwar findet sich unter www.governanceinternational.org ein Good Governance Modell, jenes
erscheint aber wenig anwendungsorientiert und ist in dieser Form kaum von einer NPO umzusetzen.
[20] Schuhen (2002); Voggensperger & Thaler (2004); Swiss NPO-Code (2006); Renz, P. S. (2006).
*Project Governance. What Nonprofit Organizations can learn from Corporate Governance and
Business Ethics.* Dissertation, Universität St.Gallen. Bamberg: Difo-Druck; *Diakonischer Corporate
Governance Kodex* (2005). Diakonisches Werk der Evangelischen Kirche in Deutschland (Hrsg.).
Abrufbar unter: www.diakonie-rwl.de/cms/media//pdf/service/infomaterial/Diakonie-CGK.pdf
[21] Dieses wird als eigenständiges Element aufgenommen, weil es von einigen Autoren (bspw.
Köchlin (2008) oder Brugger (2004), explizit als einzelnes Element der Nonprofit Governance ge-
nannt und sowohl im *Diakonischen Governance Kodex* (2005) als auch in der Arbeitshilfe 182 des
Verbands der Diözesen Deutschlands und der Kommission der caritativen Fragen der Deutschen
Bischofskonferenz (anrufbar unter http://www.dbk.de/imperia/md/content/schriften/dbk5. arbeitshil-
fen/ah_182_zweite_auflage.pdf) ausdrücklich empfohlen wird..
[22] Die Mission einer NPO umfasst deren Organisationszweck und die Aufgaben, die sie sich auferlegt, um diesen Zweck zu erreichen. In Sander, G. & Bauer, E. (2006), *Strategieentwicklung kurz und
klar. Das Handbuch für Non-Profit-Organisationen.* Bern: Haupt..
[23] Drucker, P.F.(1990). *Managing the Nonprofit Organization.Principles and Practices,* New York:
Harper Collins.

rung wird von anderen Autoren unterstützt: So erklären beispielsweise Voggensperger und Thaler in ihrer Definition Governance „als Grundlage für die beabsichtigte nachhaltige Sinn- und Nutzenstiftung der Organisation",[24] die in der Mission reflektiert wird. Ebenso stellen Speckbacher und Pfaffenzeller fest, dass unterschiedlichste Interpretationen des Begriffs Nonprofit Governance existieren, als „bottom line" aber folgendes Grundverständnis besteht: „Implizit wird [...] unter Governance eine Summe von Aufgaben des Board bzw. von Board und CEO verstanden, die auf die Erfüllung der Mission der Nonprofit-Organisation hin ausgerichtet sind."[25]

Um die Mission verwirklichen zu können, müssen zwei Bedingungen zwingend erfüllt sein: eine effektive und effiziente Arbeitsweise der NPO sowie ausreichende finanzielle Ressourcen zur Ermöglichung dieser Arbeit. Die Sicherung beider Bedingungen bezeichnet Schuhen als prioritäre Aufgaben der Nonprofit Governance.[26] Während der erstgenannte Aspekt *selbst* als Kernelement der Nonprofit Governance definiert wurde (s.o.), handelt es sich bei der Sicherung ausreichender finanzieller Mittel um die *Folge* eines anderen Governance-Elements, der transparenten Kommunikation. Dass diese zu Reputation und dadurch schließlich zu Spendenbereitschaft führt, belegt die Studie von Sargeant und Lee. Sie kommen zu folgendem Ergebnis: „Enhancements to the perceived quality of service provided to donors, the provision of adequate feedback to donors about how their monies have been used and the provision of data in respect of the stewardship of organisational resources would all seem likely to have a positive impact on trust."[27] Darauf aufbauend stellen sie eine positive Korrelation zwischen Vertrauen und Spendenhöhe fest. In diesem Zusammenhang ist zu erwähnen, dass demographische Vorfaktoren, beispielsweise Alter, Einkommen oder Geschlecht eine deutlichere Vorhersage über die allgemeine Spendenbereitschaft erlauben als das Vertrauen in eine Organisation. Diese Vorfaktoren sind jedoch Variablen, die von einer NPO nicht zu beeinflussen sind.[28] Da die beiden beschriebenen Governance-Elemente *Sicherstellung effektiver und*

---

[24] Voggensperger & Thaler (2004).
[25] Speckbacher, G. & Pfaffenzeller, H. (2004). „Die Governance von Nonprofit-Organisationen aus Sicht eines ökonomischen Stakeholder-Ansatzes", in: D. Witt, R. Purtschert & R. Schauer (Hrsg.), *Funktionen und Leistungen von Nonprofit-Organisationen. 6. Internationales Colloquium der NPO-Forscher* (S.187-212). Wiesbaden: Deutscher Universitäts-Verlag.
[26] Schuhen, A. (2004). „Nonprofit Governance in der Freien Wohlfahrtspflege", in: *Verbands-Management, 30* (3), 18-31.
[27] Sargeant, A. & Lee, S. (2002). "Improving public trust in the voluntary sector: An empirical analysis", in: *International Journal of Nonprofit and Voluntary Sector Marketing, 7* (1), 68-83.
[28] Sargeant, A. & Lee, S. (2004). "Trust and Relationship Commitment in the United Kingdom Voluntary Sector: Determinanats of Donor Behavior", in: *Psychology and Marketing, 21* (8), 613-635; Light (2003), zit. in: Sargeant, A. & Lee, S. (2004).

effizienter Arbeit und *Transparente Kommunikation* direkt zur Erfüllung der Mission beitragen, werden sie *Kernaufgaben* genannt. Wenn eines der beiden Elemente nicht erfüllt ist, wird eine NPO kaum ihre Mission erfüllen können.

Die drei Elemente *Definition der Führungs- und Kontrollstrukturen, Ausgleich aller Stakeholder-Interessen* und *Risikomanagement* sind nicht direkt zielführend, ihr Fehlen kann die Erfüllung der Mission aber erheblich beeinträchtigen: Ohne klar definierte Aufgabenverteilungen und Verantwortlichkeiten sind in einer Organisation effektive und effiziente Abläufe nicht möglich. Bemüht sich eine NPO nicht um den Interessenausgleich zwischen ihren multiplen Stakeholdergruppen, wird sie ihre Projekte entweder aufgrund von finanziellen oder personellen Engpässen nicht mehr ausführen können oder mit diesen nicht mehr den echten Bedürfnissen der Leistungsempfänger gerecht werden. Beachtet sie schließlich nicht die Risiken, die sowohl intern als auch extern auftreten können, besteht die Gefahr, plötzlich mit Existenz gefährdenden Problemen konfrontiert zu sein, die bei frühzeitiger Entdeckung noch mit geringem Aufwand hätten behoben werden können. Da diese drei Elemente bei den beiden Kernaufgaben immer beachtet werden müssen und auch untereinander Überschneidungen aufweisen (beispielsweise sind konfligierende Stakeholder-Interessen ein Aspekt des Risikomanagements), sollen sie als *Querschnittsaufgaben* bezeichnet werden.

Aus diesen Überlegungen ergibt sich zusammenfassend folgendes *Gesamtmodell der Nonprofit Governance:*[29]

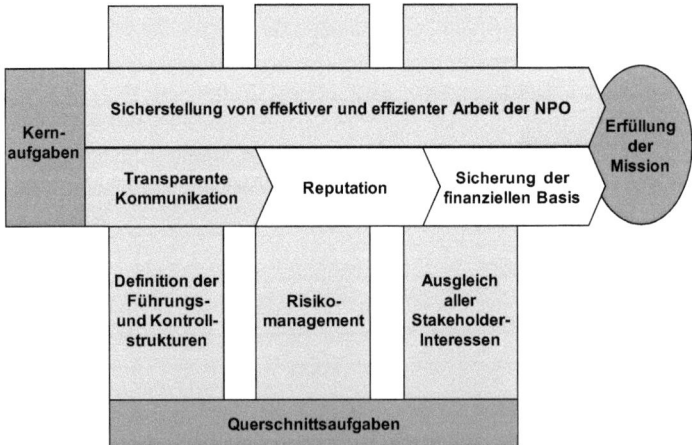

Abb.1: Gesamtmodell der Nonprofit Governance

[29] Dieses Gesamtmodell wurde durch Herrn Dr. Andres Schröer, Leiter der Forschungsabteilung des Heidelberger Centrums für soziale Investitionen und Innovationen (CSI), validiert.

These 3: Interviews mit 9 großen deutschen NPO erlauben eine erste Validierung des Gesamtmodells

Um die Vollständigkeit des Modells und die Relevanz der einzelnen Aufgaben einer ersten Prüfung zu unterziehen, wurden im Zeitraum von August bis Oktober 2009 Interviews mit Führungspersonen neun humanitärer NPO in Deutschland durchgeführt. Alle befragten Organisationen gehören gemäß dem Spendenalmanach des DZI zu den 30 größten NPO in Deutschland. Dieser Auswahl lag die Annahme zu Grunde, dass nur sehr große NPO über die finanziellen und personellen Ressourcen verfügen, die zur Implementierung aufwändiger Governance-Prinzipien erforderlich sind.[30]

Um die grundsätzliche Ausrichtung des Modells zu prüfen, wurden die NPO dazu befragt, welche Ziele sie mit der Einführung oder Erweiterung von Governance-Prinzipien in ihrer Organisation verfolgen. 6 von 9 NPO geben hier an, Nonprofit Governance-Prinzipien als konkrete Unterstützung bei der Erfüllung ihres Auftrags/Mission zu betrachten. Eine NPO fasst zusammen: Nonprofit Governance soll dazu beitragen, dass „Verein und Geschäftsstelle die satzungsgemäßen Ziele möglichst gut, mit möglichst geringen Risiken und möglichst geringem Aufwand erreichen können." Daneben werden die Optimierung der Führungsstrukturen, die Professionalisierung von Haupt- und Ehrenamt sowie die Stärkung von Transparenz und Vertrauen als Ziele einer verbesserten Governance genannt. Damit zeigt sich einerseits, dass die Mehrheit der NPO die Ausrichtung des Modells auf die Mission unterstützt, und andererseits, dass sich alle sonstigen genannten Ziele in Elementen des Gesamtmodells widerspiegeln.

Um beurteilen zu können, ob es sich dabei nur um theoretische Ziele handelt oder ob sie aktuell wirklich auf der Agenda der NPO stehen, wurden die NPO gebeten, über die letzten und die in naher Zukunft geplanten Veränderungen der Nonprofit Governance ihrer Organisation Auskunft zu geben. Die Antworten stellt die folgende Abbildung dar:

---

[30] Diese Annahme wird durch die Tatsache, dass sich bspw. der Swiss NPO-Code (2006) auch ausdrücklich an „die grösseren und grossen Hilfswerke" richtet, unterstützt.

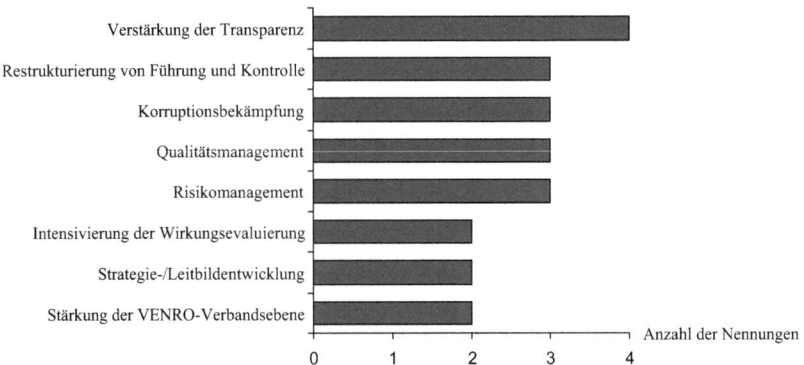

Abb.2: Zentrale aktuelle Governance-Themen

Vergleicht man diese Ergebnisse mit den Bestandteilen des vorgeschlagenen Gesamtmodells der Nonprofit Governance, verstärkt sich die Tendenz, die sich schon bei der vorhergehenden Frage abzeichnete: Alle Elemente stehen auf der Agenda der befragten NPO und haben somit eine hohe aktuelle Relevanz:

Element des Gesamtmodells der Nonprofit Governance (vgl. Abb.1)	Entsprechung auf der Agenda der befragten NPO (vgl. Abb. 2)
Sicherstellung effektiver und effizienter Arbeit	Intensivierung der Wirkungsevaluierung Qualitätsmanagement
Transparente Kommunikation	Verstärkung der Transparenz
Definition der Führungs- und Kontroll-strukturen	Restrukturierung von Führung und Kontrolle
Risikomanagement	Risikomanagement Korruptionsbekämpfung
Ausgleich aller Stakeholder-Interessen	Strategie-/Leitbildentwicklung

Natürlich können die Interviews aufgrund ihrer geringen Anzahl keine umfassende Validierung des vorgeschlagenen Gesamtmodells bieten. Sie bestätigen aber, dass zumindest für eine ausgewählte Gruppe der größten NPO Deutschlands die Grundausrichtung des Modells mit deren praktischen Ansprüchen übereinstimmt und für sie die Elemente des Gesamtmodells eine hohe Relevanz haben.

These 4: **Transparente Kommunikation leistet den strategisch entscheidenden Beitrag zur Erfüllung der Mission einer spendensammelnden NGO**

Bereits aus der distanzierteren Sicht der Wissenschaft wurden effektives und effizientes Arbeiten und transparente Kommunikation als die beiden Kernaufgaben von guter Nonprofit Governance identifiziert. Im vierten und letzten Abschnitt soll der Blick noch ein Mal aus der betroffenen Perspektive einer existentiell auf Kommunikation und auf Marketing angewiesenen Hilfsorganisation wie World Vision fokussiert werden. Die Frage, die beantwortet werden soll, lautet: Welchen Beitrag leistet transparente Kommunikation zur Missionserfüllung einer auf nichtstaatliche Unterstützung angewiesenen NGO?

Die kontroverse Diskussion hierzu innerhalb World Vision ist symptomatisch für die gesamte Branche der Entwicklungshilfe: Für die im Programmbereich tätigen Mitarbeitenden ist der Erfolgsfaktor schlechthin eine qualitativ gute Projektarbeit. Die einfache Formel der Entwicklungshelfer heißt: „Gute Projekte garantieren gute Spendeneinnahmen." Zwar ist diese Formel auf den ersten Blick richtig, der Teufel steckt dabei allerdings im Detail, im zweiten und dritten Blick, hin zu den Implikationen der obigen Formel: Für Programmverantwortliche stellt sich die Frage der transparenten Kommunikation wenn überhaupt erst nachgeordnet. „Zuerst brauchen wir gute Projektarbeit vor Ort." Und wenn die nicht gut ist, dann bedeutet „transparent", dass dem Unterstützer in Deutschland detailliert und genau erklärt wird, dass Entwicklungshilfe ein schwieriges Geschäft ist und dass die Projektergebnisse oft nicht so sind, wie von den Experten gewünscht und erwartet. Dass der dadurch verunsicherte Spender dabei oftmals für immer der NGO den Rücken kehrt, wird entweder ignoriert oder billigend in Kauf genommen.

Demgegenüber ist für die Berufsgruppe der Marketing- und Kommunikationsexperten der Erfolgsfaktor ebenso eindeutig, nur eben der andere: emotional packende, intensive Beziehungsaufbauarbeit zwischen den Projekten und ihren Förderern. Die Erfolgsformel lautet hier: „Gutes Marketing ermöglicht gute Projekte." Auch hier scheint die Formel nur auf den ersten Blick stimmig, denn: „Was passiert, wenn der Kunde Spender im Laden der Projektarbeit nicht das kaufen kann, was er im Schaufenster des Marketings gezeigt bekommen hat?" Wie mit Misserfolgen oder nicht eintreten wollenden Erfolgen aus Marketingsicht umgehen, ist hier das Problem. Die Lösung zumindest aus Sicht von World Vision lautet: World Vision Deutschland hat sich ein klares strategisches Ziel bis 2012 gesetzt: „Paten, Spender und Geldgeber werden noch besser als bisher über Erfolge und Herausforderungen der Projektarbeit informiert."

Das eben vorgeschlagene Gesamtmodell einer guten Nonprofit Governance kann und soll diese falsche Alternative „Gute Programme" versus „Gutes Marketing" aufbrechen. Beides sind die Kernaufgaben einer erfolgreichen NGO, beide müssen mit größter Sorgfalt beachtet und umgesetzt werden.

Allerdings zeigt das Modell und insbesondere seine Herleitung auch, dass spätestens seit der Unicef-Krise im Jahr 2008 die besondere Bedeutung der transparenten Kommunikation für den unternehmerischen Erfolg einer spendensammelnden Organisation in Deutschland sich ein für allemal verändert hat, ihr Gewicht sich gegenüber der Tatsache guter Programmarbeit entscheidend verschoben hat. Die Unicef-Krise war nach Meinung der Verfasser in ihrer Außenwirkung zuerst eine Kommunikationskrise, und erst dadurch von ihren Ursachen her auch eine Governance-Krise. Mit anderen Worten: Der Unternehmensleitung von Unicef Deutschland war im Grunde nicht das (tatsächliche) Fehlen von Governance-Regeln zum Verhängnis geworden, sondern ihr aus Mediensicht dilettantischer Umgang mit den gerade über die Medien erhobenen (allerdings berechtigten) Vorwürfen schlechter Corporate Governance.

Insofern erhärtet sich in der Rückschau auf die Unicef-Krise die letzte These der besonderen Bedeutung transparenter Kommunikation als einem entscheidenden Erfolgsfaktor von Good Nonprofit Governance.

Judith Dittmer ist MBA-Studentin an der Pariser Sorbonne-Universität; zum Zeitpunkt des Schreibens dieses Beitrags war sie Studentin der Universität Sankt Gallen/Schweiz; *Dr. Hartmut Kopf*, Theologe und Kommunikationsexperte, ist Leiter des World Vision Instituts für Forschung und Entwicklung. Zuvor leitete er u.a. die Öffentlichkeitsarbeit verschiedener diakonischer Einrichtungen innerhalb der evangelischen Kirche in Baden-Württemberg und Rheinland-Pfalz.

Kurt Bangert

Wie Aufsichtsorgane von Spendenwerken ihrer Kontrollfunktion gerecht werden.
Oder: Das Friedrichsdorfer Modell

Wer sich in das Aufsichtsorgan eines Hilfswerks oder einer Nichtregierungsorganisation wählen lässt, mag sich nicht nur geehrt fühlen, sondern geht damit auch eine wichtige Verpflichtung ein. Doch nicht jeder, der so berufen wird, ist sich von vornherein der vollen Tragweite dieser Verantwortung bewusst. Das mag dann nicht weiter tragisch sein, wenn es um kleine und kleinste Vereine geht, in deren Geschäft man sich relativ rasch einfühlen und einarbeiten kann, aber zuweilen handelt es sich um Aufsichtsorgane von großen Organisationen mit Einkünften im zweistelligen Millionenbereich. Da kann es für das Wohl solcher Werke von entscheidender Bedeutung sein, wenn die Mitglieder solcher Aufsichtsorgane ihre Arbeit professionell, fachkompetent und gewissenhaft durchführen und möglichst genau wissen, welche Aufgaben sie abzuarbeiten haben. Je größer der Verein und je mehr Gelder eingenommen und ausgegeben werden, desto wichtiger ist die vom Aufsichtsorgan wahrzunehmende Kontrollfunktion. Allgemein kann man sagen, dass eine Organisation nur so gut sein kann wie dessen Aufsichtsorgan seiner Überwachungsfunktion gerecht wird. Nachfolgend soll zunächst die Organisationsstruktur im gemeinnützigen Bereich angesprochen, dann die Besetzung, Arbeitsweise und Aufgabenstellung eines Aufsichtsorgans beschrieben werden; und zuletzt wird auch noch die Frage nach der Selbstevaluation des Organs gestellt.

Die Struktur der Organisation

Bei kleineren Vereinen ist es meist so, dass der ehrenamtliche Vorstand das operative Geschäft führt und verantwortet, während die Mitgliederversammlung als Aufsichtsorgan fungiert. Da die Mitgliederversammlung in der Regel jedoch nur einmal jährlich zusammen kommt, um den Bericht des Vorstands entgegen zu nehmen und ihm die Entlastung zu erteilen, sind ihre Handlungsspielräume begrenzt. Somit kann die Mitgliederversammlung nur bedingt Aufsicht führen und nur eine begrenzte Kontrolle ausüben.

Bei größeren Vereinen wird vom ehrenamtlichen Vorstand oft ein hauptamtlicher Geschäftsführer berufen, der wiederum andere Mitarbeiter einstellt, die ihm zuarbeiten. In einem solchen Fall berichtet der Geschäftsführer an den Vorstand, der nach wie vor die Hauptverantwortung trägt und dafür auch juristisch haftet, auch wenn er das Tagesgeschäft zum großen Teil der Geschäftsführung überlässt.

Weil in dieser Konstellation die Mitgliederversammlung mit der Wahrnehmung ihrer Aufsichtsfunktion meist überfordert ist, nimmt der Vorstand im Grunde eine Doppelfunktion wahr: einerseits als verantwortliches ausführendes Organ (das gleichwohl das Tagesgeschäft zumindest teilweise delegiert hat) und andererseits als dasjenige Gremium, das die Geschäftsführung und die operationellen Vorgänge überwachen muss. Je größer eine Organisation, desto fragwürdiger wird diese Struktur, insbesondere deshalb, weil keine saubere Trennung von Leitung und Aufsicht mehr gegeben ist. Doch gerade diese Trennung gehört zu den Grundprinzipien nicht nur von guter Unternehmensführung, sondern auch von *non-profit governance*, also der Organisationsführung von gemeinnützigen Werken. Einige Organisationen unterteilen ihren Vorstand zwar in einen allgemeinen und einen geschäftsführenden, doch auch damit ist die Trennung zwischen Aufsicht und Leitung nur unzureichend gelöst.

Die Unicef-Krise von 2007/2008 war nach Überzeugung von Fachleuten weniger eine Krise von Missmanagement und Misswirtschaft, sondern von unscharfen Organisationsstrukturen. „Die Geschäftsführung teilen sich der Vorstand, der geschäftsführende Vorstand und der bestellte Geschäftsführer", so Rainer Rösl, Wirtschaftsprüfer und Berater von gemeinnützigen Organisationen, über Unicef. „Ein Aufsichtsorgan ist nicht vorgesehen." Als Aufsichtsorgan konnte sich der Vorstand nicht verstehen, da er laut Vereinsrecht für die Führung der Geschäfte zuständig war. „Diese Verantwortung ändert sich auch nicht dadurch, dass sich der ehrenamtliche Vorstand eines hauptamtlichen Geschäfsführers bedient", so Rösl weiter.[1] Dieser unscharfen (beziehungsweise nicht vorhandenen) Trennung von Leitung und Aufsicht war es dann auch zu verdanken, dass Geschäftsführung und Vorstand von Unicef nicht mit einer Stimme in der Öffentlichkeit sprachen, sondern sich gegenseitig beschuldigten, was die Medienkrise nur noch verschlimmerte.

Inzwischen haben bei Unicef neue Personen das Heft des Handelns in die Hand genommen. Gleichwohl hätte man sich für Unicef Deutschland gewünscht,

---

[1] Interview der Frankfurter Rundschau vom 18.12.2007, nachzulesen unter: http://www.fr-online.de/in_und_ausland/politik/dossiers/der_fall_unicef/1260287_Unicef-Deutschland-hat-kein-Aufsichtsorgan.html (Stand 15.01.2009)

dass es sich auch organisatorisch ganz neu aufgestellt hätte, um eine sauberere Trennung von Leitung und Aufsichtsgremium zu ermöglichen, statt lediglich Personal auszutauschen. Ob die Aufsplittung in einen allgemeinen und einen geschäftsführenden Vorstand ausreicht, wird abzuwarten sein.

Weil die Trennung von Leitung und Aufsicht so wichtig und auch nach außen hin transparent gemacht werden sollte, ist allen größeren Nichtregierungsorganisationen anzuraten, sich so umzustrukturieren, dass sie zwischen dem Leitungsgremium und der Mitgliederversammlung noch ein gesondertes Aufsichtsgremium einfügen, das keinerlei Leitungsfunktion mehr zu übernehmen hat und sich voll auf seine Kontrollfunktion konzentrieren kann. Was im Unternehmensbereich schon länger gang und gebe war, das hat sich erst allmählich im gemeinnützigen Bereich durchgesetzt.

Der Verband Entwicklungspolitik der Nichtregierungsorganisationen sieht in seinem 2008 verabschiedeten VENRO Verhaltenskodex zu Transparenz, Organisationsführung und Kontrolle vor, dass Organisationen ab einer Größe von 50 hauptamtlichen Mitarbeitern oder Gesamteinnahmen von zehn Millionen Euro ein zusätzliches Aufsichtsorgan zwischenschalten sollen, welches die laufende Kontrolle der Leitung übernimmt. Viele große Organisationen haben diesen Umstrukturierungsprozess bereits durchlaufen.[2] Andere dürften folgen. Bei den größeren Werken gibt es also in der Regel einen hauptamtlichen Vorstand mit meist zwei oder drei Mitgliedern sowie ein Aufsichtsorgan, das Aufsichtsrat, Verwaltungsrat, Missionsrat oder Präsidium heißen kann und dessen Hauptaufgabe die Kontrolle der Organisationsleitung ist. Die Mitgliederversammlung behält weitgehend ihre bisherige Funktion bei. Sie wählt die Mitglieder des Aufsichtsorgans, nimmt die Berichte von Vorstand und Aufsichtsorgan entgegennehmen und entscheidet über deren Entlastung.

Die Besetzung des Aufsichtsorgans

Die Berufung und Wahl der Mitglieder eines Aufsichtsorgans ist von entscheidender Bedeutung für das Wohl einer Organisation. In Bezug auf diese Berufung stellt sich vor allem die Frage nach den Kriterien der Berufung. Sollen sie die verschiedenen *Stakeholders*, also die unterschiedlichen Interessengruppen, vertreten? Oder sollen sie vornehmlich aufgrund ihrer Fachkompetenz und Erfahrung berufen werden? Wenn für die Funktionalität der Organisation unterschiedliche Interessengruppen von großer Bedeutung sind, dürfte es sich naheliegen, aus diesen Gruppen Repräsentanten ins Aufsichtsgremium zu berufen oder zu

---

[2] So etwa die Christoffel-Blindenmission (2002), World Vision Deutschland (2007) oder die Deutsche Welthungerhilfe (2008).

entsenden, damit deren Interessen ausreichend gewahrt werden. Aber auch in solchen Fällen ist anzuraten, diese Interessenvertreter auch nach Fachkompetenz und beruflicher Diversifizierung zu berufen, damit neben *Stakeholder*-Interessen auch ausreichende Expertise und Erfahrung vorhanden sind, um die Organisationsleitung kompetent beraten und kontrollieren zu können. Bei Hilfswerken hat es sich im Allgemeinen bewährt, wenn Fachbereiche wie Betriebswirtschaft, Finanzen, Recht, Steuern, Personal und (bei entwicklungspolitischen Hilfswerken) auch das Fachgebiet der Entwicklungszusammenarbeit vertreten sind. Nicht immer werden Spendenwerke jedoch in der Lage sein, den gewünschten Kompetenzmix hinzubekommen; er ist aber in jedem Fall anzustreben.

Ein weiteres Kriterium für die Wahl zum Aufsichtsorgan sollte die Abwesenheit von Interessenkonflikten sein. Wer von Geschäften mit der zu beaufsichtigenden Organisation profitieren könnte, gehört normalerweise nicht in dessen Aufsichtsgremium, weil er möglicherweise wenig Interesse daran hätte, etwa bei Warenbeschaffungen saubere Ausschreibungen einzufordern. Auch würde sich eine solche Person schwertun, Interessenkonflikte von Mitgliedern des Aufsichtsorgans oder der Geschäftsführung zu bemängeln, weil sie sich dann selbst unglaubwürdig machen könnte. Wer Kontrolle ausübt und hohe ethische Standards anmahnt, muss sich selbst eines unzweifelhaften ethischen Verhaltens befleißigen. Wo dennoch potentielle Interessenkonflikte entstehen sollten, müsste das entsprechende Mitglied dies selbst offenlegen und bei Entscheidungen, die ihm Vorteil verschaffen könnten, sich der Stimme enthalten. In Bezug auf eine mögliche Honorierung von ehrenamtlichen Aufsichtsorgansmitgliedern für Tätigkeiten, die nicht zu ihrer ehrenamtlichen Tätigkeit gehören, ist Fuchs und Koch zuzustimmen, wenn sie auf der Basis diverser Gerichtsurteile hierzu feststellen:

> „Liegt die Tätigkeit des Mitglieds des Aufsichtsgremiums außerhalb dessen, was er [sic] aus seiner Funktion schuldet (vgl. u.a. Urteil des BGH vom 25.3.1991), so kann er dafür grundsätzlich eine gesonderte Honorierung verlangen. Voraussetzung hierfür ist jedoch eine entsprechend differenziert ausgestaltete Vereinbarung. Derartige Beratungstätigkeiten sind beispielsweise die konzeptionelle Unterstützung bei Umstrukturierungen oder Begleitung von Akquisitionsvorhaben ohne Eingreifen in das operative Geschäft."[3]

Ein weiteres unentbehrliches Kriterium für die Wahl von Aufsichtsorgansmitgliedern wäre ihr potentielles Engagement, und zwar nicht nur in Bezug auf

---

[3] Rüdiger Fuchs und Heinz Joachim Koch: „Rollenverständnis von Aufsichtsgremien gemeinnütziger Organisationen, S. 103; abrufbar unter: http://www.solidaris.de/publikationen/download/Fuchs_Koch.pdf

den notwendigen Zeitaufwand für Sitzungen des Organs, sondern auch im Hinblick auf ein allgemeines Eintreten für die Organisation und hinsichtlich einer möglichen Einflussnahme bei Interessengruppen, zu denen diese Mitglieder Zugang haben. Zum persönlichen Engagement gehört auch die notwendige Überzeugung für das, wofür die Organisation steht und was sie tut.

Ein Aufsichtsorgansmitglied sollte sich nicht nur mit den Zielen und Grundsätzen der Organisation identifizieren können, sondern auch in der Lage sein, eine gewisse Distanz zu ihr zu wahren, um die zu kontrollierende Arbeit der Leitung mit einer gesunden Mischung aus Wohlwollen und Skepsis zu betrachten, einer Skepsis, die nötig ist, um im Bedarfsfalle kritische Nachfragen zu stellen und sich bei Verdacht auf missbräuchliches Verhalten nicht mit beschwichtigenden Antworten zufrieden zu geben.

Schließlich sind noch die Fragen zu stellen, wie die Mitglieder in das Aufsichtsorgan gewählt werden, wie lange ihre Amtszeit sein soll und wie viele Mitglieder das Aufsichtsorgan haben soll.

Die Wahl der Mitglieder des Aufsichtsorgans ist eine der Hauptaufgaben der Mitgliederversammlung des Vereins. Vorschläge und Ernennungen kommen in der Regel aus dem Kreis der Vereinsmitglieder oder aus dem Aufsichtsorgan selbst. Letzteres ist insofern problematisch, als es Vetternwirtschaft begünstigt. Sinnvoll ist es darum, einen Nominierungsausschuss zu berufen, der Kandidaten benennt, die das Aufsichtsgremium der Mitgliederversammlung zur Wahl vorschlägt. Es ist selbstredend, dass dem Nominierungsausschuss kein Aufsichtsorgansmitglied angehören sollte.

Normalerweise werden Aufsichtsorgansmitglieder auf drei (höchstens vier) Jahre gewählt, und sie können zwei oder maximal drei Mal wiedergewählt werden. Das liefe auf eine Begrenzung der Amtszeit auf insgesamt neun oder höchstens 16 Jahren hinaus.

Die Zahl der Mitglieder des Aufsichtsorgans sollte nach Möglichkeit sieben nicht unterschreiten, es dürfen ruhig mehr, sollten aber nur in Ausnahmefällen weniger sein: fünf ist als absolute Untergrenze anzusehen.

Die Arbeitsweise des Aufsichtsorgans

Die Arbeit des Aufsichtsorgans findet vorwiegend in Sitzungen statt. Um seiner Aufsichtspflicht voll nachzukommen, wird das Gremium in der Regel mindestens vier Sitzungen pro Jahr benötigen. Dabei sollten für diese Sitzungen mindestens sechs Stunden angesetzt werden. Angesichts der beruflichen Verpflichtungen der Aufsichtsorgansmitglieder empfiehlt es sich, die Sitzungen ein Jahr im Voraus zu terminieren. Für die vier Sitzungen schlagen Fuchs/Koch folgende Schwerpunktsetzung vor:[4]

1. Quartal: Bilanzsitzung (Jahresabschluss; Risikomanagement)
2. Quartal: Strategie, mehrjährige Vorschau mit finanziellen Eckdaten, Investitionen
3. Quartal: Unternehmensorganisation, Personal- und Managemententwicklung
4. Quartal: Unternehmensplanung und Budget für das kommende Geschäftsjahr

Weil für die Sitzungen selbst nur eine begrenzte Zeit zur Verfügung steht, sind die Sitzungen gut vor- und nachzubereiten. Das heißt, dass alle Mitglieder die ihnen im Vorhinein zur Verfügung gestellten Unterlagen und Berichte gründlich und kritisch lesen sollten. „Bei Unklarheiten, Zweifeln oder Bedenken ist das Mitglied verpflichtet, zusätzliche Informationen anzufordern, bis aus seiner Sicht die Mängel behoben und die Bedenken ausgeräumt sind."[5] Im Nachhinein sollten auch die Protokolle sorgfältig gelesen werden, vor allem im Hinblick darauf, ob die dort festgehaltenen Beschlüsse den Entscheidungen entsprechen, die das Mitglied mit verantwortet hat.

Rechnet man die Sitzungen sowie die Vor- und Nacharbeit zusammen, so ist ein Zeitaufwand von etwa acht Tagen für ein ordentliches Mitglied anzusetzen. Für den Vorsitzenden dürfte gut der doppelte Aufwand nötig sein, weil dieser den Kontakt zur Geschäftsführung pflegen muss, mit den vom Aufsichtsgremium gegebenenfalls eingesetzten Ausschüssen kommunizieren wird und weil er zusammen mit dem Geschäftsführer auch die Mitgliederversammlung zu organisieren hat.

Der Vorsitzende hat sicherzustellen, dass möglichst alle Aufsichtsorgansmitglieder bei den Sitzungen anwesend sind, die Tagesordnung und die für die anstehenden Beschlüsse notwendigen Unterlagen rechtzeitig bei den Mitgliedern eintreffen, bei Bedarf Sachverständige und andere Auskunftspersonen eingeladen werden, dass die auf der Tagesordnung stehenden Gegenstände ausreichend und sachlich diskutiert werden und dass Störungen oder unsachliche Diskussionsbeiträge unterbunden werden. Der Vorsitzende ist auch für die sachgerechte Protokollierung und – zusammen mit der Geschäftsführung – für die ordnungsgemäße Delegierung der Beschlüsse zu ihrer Umsetzung zuständig.

---

[4] Rüdiger Fuchs und Heinz Joachim Koch: „Zum Rollenverständnis von Aufsichtsgremien gemeinnütziger Organisationen", S. 102, abrufbar unter: http://www.solidaris.de/publikationen/download/Fuchs_Koch.pdf
[5] Fuchs und Koch, S. 95.

Von entscheidender Bedeutung für die Effizienz und Effektivität eines Aufsichtsgremiums ist das Nachhalten von Beschlüssen. Es nützt nichts, richtige Entscheidungen zu treffen, wenn nicht lückenlos dokumentiert und kontrolliert wird, ob, wann und wie die getroffenen Beschlüsse umgesetzt werden bzw. wurden. Insofern dient das Protokoll nicht nur der Kontrolle der ordnungsgemäßen Beschlüsse, sondern auch dem Nachhalten ihrer Umsetzung.

Die Aufgaben des Aufsichtsorgans

Wichtigste Aufgabe des Aufsichtsorgans einer gemeinnützigen Organisation ist die Beratung, Beaufsichtigung und Kontrolle der Leitung und ihrer Arbeit. Außerdem obliegt dem Organ die Durchführung der Mitgliederversammlung des Vereins. Die Aufgaben werden nachfolgend im einzelnen besprochen:

Beachtung der Strukturen
Obwohl dies nicht zu den eigentlichen Kontrollfunktionen zu rechnen ist, gehört die Frage der Organisationsstrukturen, wie sie oben bereits angesprochen wurde, durchaus auch zu den Aufgaben eines Aufsichtsgremiums. Es kann sein, dass die Organisation aufgrund ihres Wachstums an Finanzvolumen oder Mitarbeitern inzwischen in ganz neue, vielleicht unerwartete Größenordnungen gestoßen ist, für welche die bisherige Struktur nicht mehr ausreicht, so dass eine Umstrukturierung geraten erscheint. Insofern sollte dieses Thema wenigstens alle drei-vier Jahre auf die Tagesordnung gesetzt und mit dem Vorsatz diskutiert werden, die jeweils optimale Struktur für Funktion, Effektivität und Effizienz der Organisation zu finden.

Bestellung, Überwachung und Abberufung der Geschäftsführung
Neben der Bestellung und gegebenenfalls Abberufung der Geschäftsführung (bzw. des geschäftsführenden Vorstandes) ist die Kontrolle dieses Leitungsorgans die Hauptaufgabe des Aufsichtsgremiums. Diese Kontrollfunktion sollte jedoch in einer freundlichen und kooperativen Weise geschehen und möglichst nicht auf konfrontativem Wege, denn nur wenn Leitung und Aufsicht eng und einvernehmlich zusammen arbeiten, kann diese Arbeitsgemeinschaft das Wohl der Organisation befördern. In den seltenen Fällen, in denen permanente *Troublemaker* im Aufsichtsorgan sitzen, die Geschäftsführer oder Vorstand ständig vorzuführen wünschen, wird man nach Auswegen suchen, solche Unruhestifter in die Schranken zu weisen oder abzuwählen. Allerdings sollte man kritisches Nachfragen und beharrliches Aufdecken von ungeklärten Sachverhalten nicht als

Unruhestiftung brandmarken, sondern mit größtmöglicher Offenheit und Transparenz und entsprechenden Klarstellungen beantworten.

Die beste Art der Überwachung der Leitung wird dadurch gewährleistet, dass die Leitung bei Entscheidungen von grundlegender Bedeutung das Aufsichtsgremium schon im Vorfeld einbezieht, so dass solche Entscheidungen gemeinsam getragen werden. Das ist allemal besser als das Aufsichtsgremium nur im Nachhinein über bereits vollzogene Entscheidungen zu informieren. Diese frühzeitige Einbindung des Aufsichtsorgans bei wichtigen Vorgängen motiviert nicht nur, sondern schafft Vertrauen.

Die Mitglieder des Aufsichtsorgans werden ihrer Kontrollfunktion nur dann umfänglich gerecht, wenn sie, um eine OECD-Formulierung[6] zu zitieren, „in voller Sachkenntnis, in gutem Glauben, mit angemessener Sorgfalt und im besten Interesse" der Organisation handeln.

Geschäftsordnung
Jede Organisation benötigt früher oder später eine angemessene Geschäftsordnung. In dieser können und sollten Grundsätze, Aufgaben, Abläufe, Vorgehensweisen, Beschlussfassungen usw. geregelt werden. Sie kann die Zusammenarbeit zwischen den Organisationsgremien regeln, aber auch Haushaltsplanungen, Finanzabwicklungen, Führungsgrundsätze, Gehaltsstrukturen, Reisekosten und Spesen, Warenbeschaffung und Umweltschutz regulieren, um nur die wichtigsten Themenfelder zu erwähnen. In vielen Fällen wird man sich auf eine allgemeine Geschäftsordnung festlegen, der diverse Anhänge oder detailliertere Richtlinien angefügt werden.

Es kann auch hilfreich sein, wenn sich das Aufsichtsorgan selbst eine eigene Geschäftsordnung gibt oder ein Handbuch erstellt, worin Aufgaben und Arbeitsweisen des Gremiums festgeschrieben werden. Darin sollte auch die Zusammenarbeit zwischen Aufsichtsorgan und Leitungsgremium angesprochen werden. Wichtig wäre auch festzuschreiben, welche Entscheidungen der Leitung zustimmungspflichtig sein sollen. Ein gelegentlicher Blick in ein solches Regelwerk könnte helfen, die richtigen Themen zur rechten Zeit auf die Tagesordnung zu setzen.

Festlegung oder Überprüfung der Zielsetzungen
Von grundsätzlicher Bedeutung ist die Beschäftigung mit den Zielen der Organisation. Diese mögen im Allgemeinen bereits unzweideutig vorgegeben sein, doch mag es notwendig werden, sie im Laufe der Zeit zu präzisieren, zu beschränken, zu ergänzen oder zu modifizieren, um veränderten gesellschaftlichen

---

[6] OECD-Grundsätze der Corporate Governance, S. 27. Siehe: www.oecd.org

und organisatorischen Gegebenheiten besser gerecht werden zu können. Oft zeigt sich, dass Bereiche, in die man sich hineingewagt hat, nicht mehr kompetent genug abgedeckt werden können oder dass sich für wünschenswerte Aktivitäten keine Gelder akquirieren lassen, so dass sich notwendigerweise eine Beschränkung der Zielsetzung anbietet. Es kann durchaus den Erfolg und die Wirksamkeit einer Organisation erhöhen, wenn man beschließt, gewisse Dinge nicht zu tun. „Strategy is not only what the organization intends to do, but also what it decides *not to do*", so Porter.[7] Eine Präzisierung, Beschränkung oder Modifizierung der Zielsetzung kann vor allem deshalb notwendig sein, um das erwünschte Erreichen der Ziele messbarer zu machen und damit die Wirksamkeit der Organisation insgesamt zu erhöhen und transparenter zu machen.

Mittragen der strategischen Ausrichtung
Für die Entwicklung und Umsetzung der zur Erreichung der satzungsgemäßen Ziele notwendigen Strategie ist die Leitung der Organisation verantwortlich. Darin hat sie ihre eigentliche Führungsaufgabe zu sehen. Allerdings ist es die Verantwortung des Aufsichtsgremiums, die Strategie mitzutragen, ihre Umsetzung zu begleiten, den Erfolg der Strategie zu bewerten und notfalls eine Änderung der strategischen Ausrichtung anzumahnen, wenn auf die bisherige Weise die Ziele nicht oder nur in unzureichendem Maße erreicht wurden.

Aber wie sollen Mitglieder eines Aufsichtsgremiums, zumal viele von ihnen keine professionellen Strategen sind, die ihnen vorgelegten Strategiepapiere begutachten oder gar kritisieren – insofern ihnen überhaupt ein Strategiepapier vorgelegt werden sollte? Zumal sich viele Nichtregierungsorganisationen durchaus schwer tun mit der Erstellung von sachgerechten Strategien. Das ist auch die Erfahrung von R.S. Kaplan, der beklagt: „Die meisten Dokumente enthalten nach der Formulierung von Mission und Vision lediglich eine Liste von Programmen und Initiativen, statt die Ergebnisse aufzuführen, welche die Organisation zu erreichen versucht."[8] Eine Strategie sollte nicht nur die Programme und taktischen Methoden beschreiben, sondern möglichst auch Zielvorgaben machen und Erfolgsindikatoren benennen, an denen der Erfolg später gemessen werden kann.

Dies ist bei gemeinnützigen Organisationen deshalb so wichtig, weil es nicht, wie bei Wirtschaftsunternehmen, vorwiegend um Umsatz- und Gewinn-

---

[7] M. Porter, „What is Strategy?" *Harvard Business Review*, Nov.-Dec. 1996, S. 61-78, zitiert nach: Robert S. Kaplan, "Strategic Performance Measurement and Management in Nonprofit Organizations", in: *Nonprofit Management & Leadership*, 11 (3), Spring 2001, S. 358.
[8] Robert S. Kaplan, „Strategic Performance Measurement and Management in Nonprofit Organizations", in: *Nonprofit Management & Leadership*, 11 (3), Spring 2001, S. 358. Orginaltext: "Most of the documents, once the mission and vision are articulated, consist of lists of programs and initiatives rather than the outcomes the organization is trying to achieve."

maximierung geht, sondern oft um ganz anders geartete Ziele und zu bewertende Bereiche: Da sind zum einen die Leistungsempfänger, denen geholfen werden soll; da sind Spender und Geldgeber, die zufriedengestellt werden wollen; da sind Mitarbeiter, von denen manche ehrenamtlich tätig sind und die motiviert bleiben wollen; da ist die Öffentlichkeit, die nach Transparenz bezüglich des Handelns der Organisation verlangt; aber da sind auch die elementaren Zwänge von Einkünften und Spenden, die eingefahren werden müssen, ebenso wie die allgemeinen Ansprüche von Effizienz, Qualität und Wirksamkeit, die es zu erfüllen gilt. Das alles sind Bereiche, die das Aufsichtsgremium im Auge behalten muss, will es seiner Kontrollfunktion umfassend gerecht werden.

Sicherstellung der Wirtschaftlichkeit
Das Aufsichtsorgan hat darüber zu wachen, dass die Organisation und ihre Leitung wirtschaftlich arbeitet. Nach dem VENRO Verhaltenskodex wird unter Wirtschaftlichkeit „das Verhältnis zwischen dem erreichen Ziel beziehungsweise der erreichten Wirkung und den dafür eingesetzten Ressourcen verstanden". Es geht also um ein möglichst günstiges Verhältnis zwischen Zielerreichung und Mitteleinsatz. VENRO-Mitglieder haben es sich zur Auflage gemacht, ihre „Mittel zielorientiert, zweckmäßig, sparsam und nur in dem zur Erfüllung der Aufgaben notwendigen Umfang einzusetzen".[9] Wirtschaftlichkeit ist gleichzusetzen mit effizientem Handeln.

Für viele Aufsichtsorgansmitglieder stellt sich das Thema der Effizienz jedoch oft nicht, solange sie den Eindruckt haben, dass die Organisation *effektiv* arbeitet, also seine gesteckten Ziele durchaus erreicht. Effektivität ist aber nicht dasselbe wie Effizienz und Wirksamkeit nicht gleichzusetzen mit Wirtschaftlichkeit. Jahrestätigkeitsberichte, in denen das Erreichen von Zielen beschworen wird, sagen oft nichts darüber aus, wie effizient die Organisation zu Werke ging, um diese Ziele zu erreichen.

Meist wird in Punkto Effizienz nur ein einziges Kriterium ins Auge gefasst, nämlich die „Werbe- und Verwaltungskosten" (auch engl. als *overhead* bezeichnet). Die Höhe der Werbe- und Verwaltungskosten (die immer zusammen angegeben werden sollten!) bestimmt nämlich, wieviel der eingegangenen Mittel tatsächlich in die satzungsgemäßen Zwecke fließen kann. Diese Werbe- und Verwaltungskosten sind von großer Bedeutung, zumal dieser Ausgabenposten eines der Kriterien ist, nach denen das Deutsche Zentralinstitut für soziale Fragen (DZI) sein Spendensiegel vergibt. Doch ist die Errechnung dieser Kosten relativ kompliziert und für viele Laien undurchschaubar, zumal das DZI eine relativ hohe Obergrenze (nämlich 35%) angesetzt hat, die von vielen Organisationen

---

[9] VENRO Verhaltenskodex, S. 8.

auch erreicht wird. Ob aber mit einem (nach DZI-Richtlinien) vertretbaren Verhältnis zwischen *overhead* und Programmkosten in jedem Fall schon das optimal erreichbare Maß an Effizienz erreicht ist, darf bezweifelt werden. Um die Wirtschaflichkeit zu messen, bedarf es – je nach Arbeitsbereich – unterschiedlicher Kriterien und Kennzahlen, deren Festlegung und Messung das Aufsichtsorgan anmahnen sollte. Nur durch die Bemessung solcher Kriterien wird man über einen Verlauf von mehreren Jahren überhaupt sagen können, ob in Punkto Wirtschaftlichkeit Fortschritte gemacht werden. Nur durch allgemein vereinbarte Kennzahlen kann sich eine gemeinnützige Organisation auch sinnvoll mit anderen Werken vergleichen.

Sicherstellung der Wirksamkeit
Ist schon eine Bestandsaufnahme der *Wirtschaftlichkeit* schwierig, so dürfte die Feststellung der *Wirksamkeit* einer gemeinnützigen Organisation, zumal von Hilfswerken der Entwicklungszusammenarbeit, sich noch schwieriger gestalten. Denn erstens ist es nahezu unmöglich, die Wirksamkeit im Nonprofit-Bereich zu definieren, und zweitens ist auch die Wirkungsbeobachtung von Hilfsprojekten ein schwieriges Unterfangen. Es gibt kaum einen Konsens darüber, was Wirksamkeit im gemeinnützigen Umfeld sein soll,[10] und dort, wo man die Wirksamkeit zu erfassen versucht, stößt man im Allgemeinen auf große Probleme bei der Erfassung von *outcome indicators*, also Wirkungsindikatoren.

Aus der Sicht von Aufsichtsgremien muss darauf hingewiesen werden, dass es deutliche Hinweise darauf gibt, dass die Wirksamkeit einer Organisation direkt mit der Wirksamkeit von Aufsichtsorganen zusammen hängt. „Nonprofit organizational effectiveness is strongly related to board effectiveness", schlussfolgern Herman & Renz aufgrund diverser Untersuchungen.[11] Eine effektive Organisation hat meist auch ein effektives Aufsichtsorgan. Ob diese Korrelation allerdings vom Aufsichtsorgan ausgeht (das für ein effektives Management sorgt) oder von einem effektiven Management initiiert wurde (das sich u.a. auch um ein effektives Aufsichtsorgan kümmert), muss dahingestellt bleiben.[12]

In jedem Fall muss die Frage der Wirkungsorientierung und Wirkungsbeobachtung eines der wichtigen Aufgaben eines Aufsichtsorgans sein. Dabei muss man wissen, dass Wirkung nicht gleichzusetzen ist mit der erfolgreichen Durch-

---

[10] „How to conceive and measure nonprofit organizational effectiveness ist an issue about which there is no scholarly consensus", heißt es bei Robert D. Herman and David O. Renz, "Board Practices of Especially Effective and Less Effective Local Nonprofit Organizations", S. 13. Presented at the 1997 annual meeting of the Association for Research on Nonprofit Organizations and Voluntary Action, December 4-6, 1997, Indianopolis. Nachzulesen unter: http://www.nonprofitresearch.org/usr_doc/16162.pdf (Stand: 15.01.2009).
[11] Ebda.
[12] Ebda.

führung von Aktivitäten. Effektivität und Wirkung muss nicht nur als erfolgte Leistung, sondern vor allem als direkte Wirkung (oder besser noch: indirekte Wirkung) verstanden werden. Zur Veranschaulichung: Der erfolgreiche Bau einer Gesundheitsstation samt Abschlussbericht und zufriedenstellender Abrechnung konstituiert zunächst nur eine (erfolgte) Leistung. Wenn die Bevölkerung den Gesundheitsdienst auch tatsächlich nutzt, können wir von einer direkten Wirkung sprechen. Sollte sich durch diesen in Anspruch genommenen Gesundheitsdienst die Gesundheitssituation messbar verbessern (indem etwa die Kindersterblichkeit sinkt und die Lebenserwartung steigt), so sprechen wir von indirekter Wirkung. (Im englischen sprechen wir sinngemäß von *output, outcome* und *impact.*) *Output* ist leichter zu konstatieren als *outcome*. Am schwierigsten ist es, den *impact* zu messen. Aber letztlich kommt es gerade darauf an. Dass die Gesundheitsstation fertig ist, lässt sich leicht belegen. Ob sie genutzt wird, lässt sich auch noch leicht erfassen. Ob jedoch die Kindersterblichkeit in der Region wirklich abgesenkt werden konnte, lässt sich naturgemäß nur zeitversetzt und nur mit Hilfe von vergleichenden Erhebungen über mehrere Jahre feststellen.

Trotz dieser Schwierigkeiten muss es das Anliegen des Aufsichtsorgans bleiben, solche langfristigen Wirkungen zu beobachten und auch dokumentieren zu lassen. Der VENRO-Verhaltenskodex sieht vor, dass jedes Mitglied „eine gemessen am eigenen Mandat und den zur Verfügung stehenden Ressourcen adäquate Vorgehensweise der Wirkungsbeobachtung" entwickelt. „Nutzen und Kosten müssen dabei in einer angemessenen Relation stehen."[13]

Zustimmung zum Haushaltsplan

Die Zustimmung zu dem vom Leitungsgremium vorgelegten Haushaltsentwurfs ist eine weitere wichtige Aufgabe des Aufsichtsgremiums einer gemeinnützigen Organisation. Diese Aufgabe ist nicht auf die leichte Schulter zu nehmen. Die Zustimmung sollte davon abhängig gemacht werden, (1) ob der vorgesehene Haushaltsplan von ausreichenden Einkünften abgedeckt ist; (2) ob er ein angemessenes Verhältnis von Ausgaben für satzungsgemäße Zwecke im Vergleich zu den Werbe- und Verwaltungskosten aufweist, wobei sich Leitung und Aufsichtsorgan darauf verständigen sollten, was mit „angemessen" konkret gemeint sein soll; und (3) ob die zu finanzierenden Projekte sachlich plausibel begründet sind. Ein wichtiges Kriterium zur Beurteilung des neuen Haushaltsentwurfs wird auch sein, ob der abgelaufene Haushalt kongruent ist mit den tatsächlich zu Buche stehenden Ausgaben. Liegen diese Ausgaben bei vielen Budgetposten deutlich unter den veranschlagten Haushaltsposten, so ist von einer chronischen Überbudgetierung auszugehen; liegen sie häufig darüber, ist entweder von einer Un-

---

[13] VENRO Verhaltenskodex, S. 10.

terbudgetierung oder einer mangelhaften Haushaltsdisziplin auszugehen, die dann einzufordern wäre.

Sicherstellung eines verantwortlichen Finanzgebarens
Wo mit viel Geld umgegangen wird, da lauern nicht nur Korruption und Veruntreuung, sondern viel öfter Laschheit und unnötige Großzügigkeit. Fremdes Geld lässt sich leichter ausgeben als eigenes. Die Überwachung der Finanzpolitik einer Organisation gehört zu den vordringlichsten Aufgaben eines Aufsichtsorgans. Hierüber ließen sich ganze Bücher schreiben. Und manche Organisationen haben umfangreiche finanzielle Regelwerke geschaffen, nach denen zu verfahren ist.[14] Da muss sich das Augenmerk eines Aufsichtsorgans auf einige wichtige Parameter beschränken. Es hat zu gewährleisten, dass die Organisation ein integres Buchführungs- und Rechnungslegungssystem hat, dass angemessene Kontrollvorkehrungen getroffen werden (Vieraugenprinzip, Doppelunterschrift etc.), ausreichende Rücklagen gebildet werden und die nötige Liquidität gesichert ist, um die Handlungsfähigkeit der Organisation aufrecht zu erhalten.

Zur Kontrolle des Finanzgebarens der Organisationsleitung gehört auch ein finanzielles Risikomanagement einschließlich der Geldanlagen. Eine der wichtigsten Sachverhalte, die es zu überwachen gilt, ist die Frage, ob die verfügbaren Mittel zweckentsprechend ausgegeben wurden. Auch eine ordentliche Jahresrechnung[15] und der Rechnungsprüfungsbericht eines unabhängigen Rechnungsprüfer sind einzufordern und zu bewerten. Dabei sollte sich das Aufsichtsgremium jedoch nicht von einem „uneingeschränkten Testat" (engl. *unqualified opinion*) des Rechnungsprüfers blenden lassen, da dieser lediglich die Aufgabe hat, ein realistisches Bild von der Vermögens- und Ertragslage der Organisation zu erstellen. Der Rechnungsprüfer bewertet nicht die Zweckmäßigkeit der Ausgaben oder die Wirtschaftlichkeit der Organisation insgesamt. Dies zu tun obliegt dem Aufsichtsgremium, das sich ohne weiteres eines Finanzausschusses bedienen kann, der sich die Details genauer ansieht und dem Aufsichtsorgan Bericht zu erstatten hat. Ohne einen solchen Finanzausschuss dürfte das Aufsichtsorgan angesichts seines eher seltenen Zusammentretens seiner Aufsichtspflicht nicht in agemessener Weise gerecht werden. Kritische Beobachtungen des Rechnungsprüfers oder des Finanzausschusses sind in jedem Fall sehr ernst zu nehmen.

Sicherstellung einer ethisch verantwortbaren Spendenwerbung
Bei Organisationen, die auf Spenden angewiesen sind, spielt zur Aufrechterhaltung der Erträge die Spendenwerbung eine große Rolle. Oft wird der Erfolg der

---

[14] Das *World Vision International Finance Manual* beispielsweise umfasst ausführliche 50 Kapitel.
[15] Die Jahresrechnung stellt in detaillierter Form die Einnahmen, Ausgaben, das Vermögen, die Rücklagen und die Verbindlichkeiten zum Abschluss eines Finanzjahres dar.

Organisation und die Qualität des Managements vor allem am Spendeneingang gemessen. Werden genügend Spenden generiert, geht es der Organisation gut, macht die Geschäftsführung ihre Sache offenbar richtig. Aber so einfach ist es leider nicht. Erstens gibt es noch andere Qualitätsmerkmale als Finanzzahlen und Spendenaufkommen (etwa die schon angesprochene Wirkungsorientierung), und zweitens sollte die Qualität der Werbung und die Arbeit der Marketing-Abteilung nicht ausschließlich an ihrem pekuniären Erfolg und dem *Return on Investment* gemessen werden. Ein Aufsichtsgremium, das seine Kontrollpflichten erst nimmt, wird sich nicht nur die Finanzzahlen und Spendeneingänge vorlegen lassen, sondern auch die Werbemittel, mit denen die Organisation an die Öffentlichkeit geht: Werbebriefe, Beilagen, Anzeigen, Plakate, TV-Spots usw. Und da sind durchaus auch einige Fragen angebracht:

Es ist zu fragen: Welche Botschaften werden da transportiert? Sind es Botschaften, mit denen man sich identifizieren kann und will? Oder werden auch fragwürdige Botschaften vermittelt, die der Korrektur bedürfen? Dann ist da die Frage nach der Wahrhaftigkeit und Transparenz. Auch die Frage nach der Wahrung der Menschenwürde muss gestellt werden. „Fundraising soll glaubwürdig und redlich sein, sowohl in Bezug auf die Instrumente der Mittelbeschaffung als auch hinsichtlich der kommunizierten Inhalte", heißt es im VENRO-Verhaltenkodex.[16] Und im VENRO-Kodex „Entwicklungsbezogene Öffentlichkeitsarbeit" (EBÖ) heißt es unter dem Stichwort „Verpflichtung gegenüber der Menschenwürde": „EBÖ achtet die Würde des Menschen in besonderer Weise: Sie geht davon aus, daß Menschen auf allen Kontinenten Subjekte ihres Handelns und nicht Objekte von Hilfe sind. Sie zeigt dies in allen Äußerungsformen wie Wort, Bild und Ton."[17] Weil bei der Spendenwerbung gerne Kinder abgebildet werden, die emotionale Sympathie erwecken, ist darauf zu achten, „dass sie nicht in Situationen abgebildet werden, die für sie herabsetzend sind (etwa schwer von Hunger und Krankheit gezeichnet oder kaum bekleidet)".[18]

Die Kommunikation mit den Spendern und der Öffentlichkeit sollte die Wirksamkeit eigener Bemühungen realistisch einschätzen und nicht idealisieren. Dabei ist durchaus davon auszugehen, dass Werbung vereinfacht und emotionalisiert, um erfolgreich zu sein, „aber sie überlistet oder überfordert die angesprochene Zielgruppe nicht mit Worten oder Bildern".[19] Vereinfachende Werbung kann und sollte auch aufgefangen und ausgeglichen werden durch andere, um-

---

[16] VENRO-Verhaltenskodex, S. 6.
[17] VENRO-Kodex „Entwicklungsbezogene Öffentlichkeitsarbeit", S. 2.
[18] Siehe Manual zum VENRO-Kodex „Entwicklungsbezogene Öffentlichkeitsarbeit", Erläuterung zu Kodex II,2: Verpflichtung gegenüber der Menschenwürde.
[19] VENRO-Kodex „Entwicklungsbezogene Öffentlichkeitsarbeit", S. 4.

fangreichere, informative, transparente und selbstkritische Kommunikationsformen.

Sicherstellung der Informationspflicht

Vereine oder andere *nonprofit* Organisationen, die sich die Möglichkeit steuerbegünstigter Zuwendungen zunutze machen, sind für Aufgaben als gemeinnützig anerkannt, an deren sachgemäßer Erfüllung die Öffentlichkeit ein berechtigtes Interesse hat. Damit einher geht deshalb auch der öffentliche Anspruch auf Information. Wer meint, die öffentlichen Informationen einer Spendenorganisation beschränkten sich allein auf die Spendenwerbung, hat noch nicht ausreichend realisiert, zu welchen Rechenschaftspflichten eine gemeinnützige Organisation moralisch und gesetzlich verpflichtet ist. Zu Recht heißt es im VENRO-Verhaltenskodex: „VENRO-Mitglieder stellen Informationen bereit und führen einen offenen Dialog mit der Öffentlichkeit und den Förderern. Sie unterstützen den mündigen Spender, der sich selbständig informiert." Und weiter: „Transparente Kommunikation dient der Spenderwerbung, dem Nachweis über den Einsatz der Gelder sowie der Erfüllung des entwicklungspolitischen Bildungsauftrags der Mitglieder."[20]

Nicht nur die allgemeine Öffentlichkeit hat einen Anspruch darauf, über die Arbeit, die Finanzen und die Strukturen von gemeinnützigen Organisationen informiert zu werden, sondern auch die Medien, die Behörden (einschließlich des Finanzamtes) und auch die Geldgeber und Spender. Natürlich unterscheiden sich Informationen in Umfang und Duktus je nachdem, welche Zielgruppe angesprochen ist; gleichwohl müssen diese Informationen konsistent und kohärent sowie klar und wahr sein.

Eines der wichtigsten Instrumente der Rechenschaftslegung einer Organisation ist der Jahresbericht, für dessen Qualitätsbewertung vor wenigen Jahren der Transparenzpreis von PricewaterhouseCooper ins Leben gerufen wurde (siehe dazu den Artikel von Lothar Schruff und Jan Simon Busse (S. 81)).

In Bezug auf Informationspflichten unterscheidet man gerne zwischen Bring- und Holschuld. Es gibt grundlegende Basisinformationen (wie den Jahresbericht), welche die Organisation bereitwillig und unaufgefordert zur Verfügung stellen sollte, aber auch andere Informationen, welche auf Wunsch und Verlangen bereit gehalten werden sollten. Für Letzteres eignen sich heutzutage die einschlägigen Internetseiten einer Organisation, deren Informationsgehalt ein Maßstab für Transparenz und Offenheit bildet.

Einen besonders hohen Informationsbedarf hat das Aufsichtsgremium. Nur wenn es von der Leitung möglichst umfassend informiert wird, kann es seiner

---

[20] VENRO-Verhaltenskodex, S. 5.

Aufsichtspflicht in angemessener Weise gerecht werden. Aber auch für die Arbeit des Aufsichtsgremiums gilt das Prinzip der Bring- und Holschuld. Die Leitung kann für viel Vertrauen sorgen, wenn sie das Aufsichtsgremium ausführlich mit Informationen versorgt. Aber es sollte nicht als Misstrauen, sondern als Verantwortungsbewusstsein gewertet werden, wenn die Mitglieder des Aufsichtsorgan zusätzliche Informationen und Dokumente anfordern.

Sicherstellung einer guten Personalführung
Nur wenn Mitarbeiter gut geführt werden, werden sie a) am für sie passenden Arbeitsplatz sitzen und b) ihre optimale Leistung erbringen. Dass Mitarbeiter gut geführt werden, sollte vom Aufsichtsgremium nicht als selbstverständlich vorausgesetzt werden. Vielmehr gilt es, diesbezüglich wenigstens einmal im Jahr einige kritische Fragen zu stellen und notfalls Änderungen in der Mitarbeiterführung einzufordern. Aufmerksamkeit verdient als erstes der Bewerbungsprozess und die dazu herangezogenen Auswahlmethoden und Einstellungskriterien. Des weiteren ist zu fragen, ob es regelmäßige Mitarbeitergespräche gibt, die zum Wohl der Mitarbeiter und der Organisation ausgewertet werden. Auch die Frage nach der Bewertung von Vorgesetzten muss gestellt werden. Hierzu eignet sich eine so genannte 360-Grad-Beurteilung, bei der Führungskräfte anonym von übergeordneten Chefs, gleichgestellten Kollegen und untergeordneten Mitarbeitern bewertet werden.

Das besondere Augenmerk, das ein Aufsichtsgremium auf Personalfragen richten sollte, ergibt sich nicht zuletzt aus dem Umstand, dass die Mitarbeiter – anders als dies bei Aufsichtsräten von Wirtschaftsunternehmen der Fall ist – keinen Vertreter ins Aufsichtsorgan entsenden können. Somit ist das Mitspracherecht von Mitarbeitern auf dieser Ebene praktisch nicht vorhanden. Folglich sollte sich das Aufsichtsgremium dieser Verantwortung in besonderem Maße bewusst sein.

Noch völlig unterentwickelt im deutschen Raum ist bei gemeinnützigen Organisationen die Möglichkeit einer neutralen Beschwerdeinstanz, einer so genannten Ombudsperson, bei der Mitarbeiter Bedenken anbringen können hinsichtlich der Art und Weise, wie die Leitung ihre Geschäfte führt. Es ist nicht immer davon auszugehen, dass Mitarbeiter bei ihren Vorgesetzten Gehör finden oder, wenn doch, dass daraus die notwendigen Konsequenzen gezogen werden. Eine neutrale, übergeordnete, vom Aufsichtsgremium berufene Ombudsperson kann hier Abhilfe schaffen. Der VENRO-Verhaltenskodex begründet den geschützten Umgang mit Beschwerden so: „Das Anbringen und Anhören von konstruktiver Kritik ist genauso Bestandteil der Organisationskultur wie ein vertrauensvoller und geschützter Umgang mit internen Beschwerden über tatsächliche oder vermutete a) Verstöße gegen Satzung, Geschäftsordnung oder interne Regelungen eines VENRO-Mitglieds, b) Verschwendung, zweckfremde Mittelverwendung oder Korruption sowie c) Verstöße gegen diesen Kodex." Aufsichtsgremien sollten solche Beschwerdeinstanzen einführen und dafür gerade stehen, dass wenn ein Mitarbeiter sich um das Wohl der Organisation sorgt und deswegen beschwert, dies nicht zu seinem Nachteil gereicht.

Risikomanagement
Eine der vordringlichsten Aufgaben eines Aufsichtsorgans ist das Risikomanagement. Risiken zu „managen" heißt vor allem: sich möglicher Risiken bewusst zu sein, ihr mögliches oder wahrscheinliches Eintreten einzuschätzen und sie durch vorbeugendes Handeln so weit wie möglich zu minimieren. Entfaltet sich ein Risiko zu einer Krise, ist allerdings kein Risikomanagement mehr gefragt, sondern ein unverzügliches und effizientes Krisenmanagement, bei der Leitung und Aufsichtsorgan eng zusammenwirken sollten.

Welche Risiken sind zu beobachten? Risiken können nach internen und externen Risiken unterschieden werden. Zu internen Risiken gehören vor allem die durch schlechtes Finanzgebaren hervorgerufenen Risiken: etwa zu hohe Verwaltungskosten, Überziehung des bewilligten Haushalts, unvorhergesehene Liquiditätsengpässe oder durch erfolglose Werbung verursachte Einnahmenrückgänge. Andere interne Risiken wären: Korruption, Veruntreuung und Interessenkonflikte, Ineffizienz und Ineffektivität, schlechtes allgemeines Management sowie mangelnde Aufsicht und Kontrolle. Zu den externen Risiken können gehören u.a.: eine Wirtschafts- oder Finanzkrise, dramatische Wechselkursschwankungen, Medienkrisen mit den nach sich ziehenden Folgen von Imageschäden, sowie Umbrüche am Spendenmarkt und ein verändertes Spenderverhalten mit der Folge von Spendeneinbußen. Auch eine Verschlechterung der Rahmenbedingungen in den Einsatzländern, in denen die Organisation tätig ist, ist zu den externen Risiken hinzuzurechnen, weil dadurch bereits erzielte Entwicklungserfolge gefährdet werden. Zum Risikomanagement gehört auch die Frage, ob die Organisation die für ihr Arbeitsfeld zuständigen Verhaltenskodizes einhält. Im Falle von entwicklungspolitischen Nichtregierungsorganisationen beispielsweise wäre dies vor allem der neu entwickelte VENRO-Verhaltenskodex. Für andere Organisationstypen gibt es andere Standards. Eine festgestellte Nichteinhaltung solcher Verhaltensnormen kann bereits viel über vernachlässigte und heraufbeschworene Risiken aussagen. Jedenfalls bedürfen die oben erwähnten Risiken einer kontinuierlichen Beobachtung, damit gegebenenfalls rasch reagiert werden kann, wenn der Krisenfall eintritt und es darum geht, die negativen Auswirkungen zu minimieren.

Das Sechs-Perspektiven-Modell

Bei der Vielzahl von Aufgaben, die das Aufsichtsorgan einer gemeinnützigen Organisation zu übernehmen hat, ist offensichtlich, dass nicht jedes Mitglied alle diese Aufgaben ständig „auf seinem Schirm" haben kann, um zum notwendigen und geeigneten Zeitpunkt die richtigen Fragen zu stellen und eingreifen zu können. Aus diesem Grund ist anzuraten, dass die unterschiedlichen Kontrollaufgaben und gebündelt und schwerpunktmäßig auf die verschiedenen Gremiumsmitglieder verteilt werden – und zwar je nachdem, wofür sie sich als fachkompetent erachten.

Um dies zu ermöglichen, habe ich das „Friedrichsdorfer Modell" entworfen, das die Kontrollaufgaben grob in sechs Perspektiven oder Aufgabenbereiche aufteilt, nach denen das Aufsichtsorgan die Arbeit der Organisation begutachtet und entsprechend der man auch die Kontrollaufgaben im Aufsichtsorgan verteilen könnte:

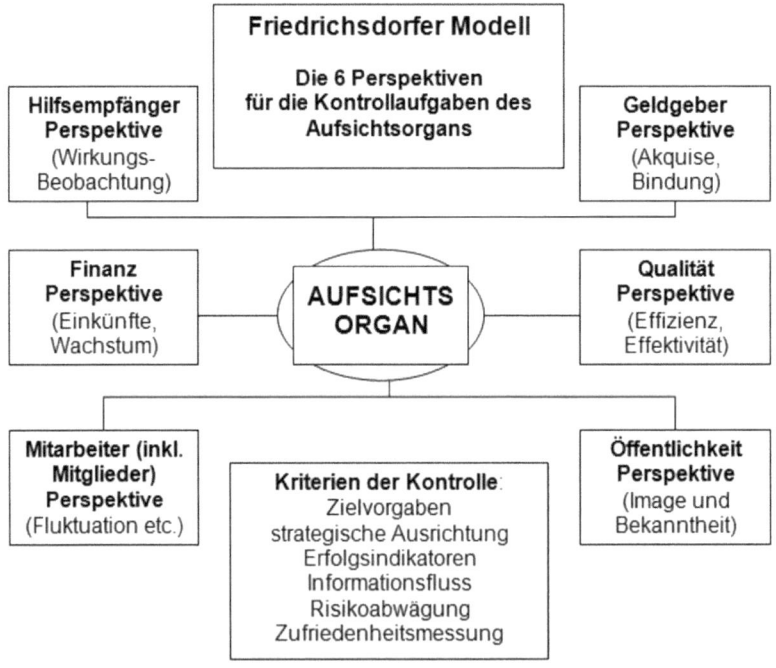

Grafik: Das Friedrichsdorfer Modell der sechs Perspektiven (© Kurt Bangert)

Nach dem Friedrichsdorfer Modell würde eines der Mitglieder des Aufsichtsorgans sich schwerpunktmäßig vor allem darum kümmern, ob die satzungsgemäßen Ziele und Zielgruppen erreicht werden und wie effektiv dies geschieht. Ein anderes Mitglied nimmt die Geldgeber und Spender in den Blick und fragt danach, wie erfolgreich sie akquiriert werden, ob sie der Organisation die Treue halten und ob sie mit der Arbeit der Organisation und den ihnen zur Verfügung gestellten Informationen zufrieden sind. Ein drittes Mitglied würde sich intensiv in die Finanzfragen einarbeiten, während ein viertes Mitglied seine Perspektive auf allgemeine Fragen der Wirtschaftlichkeit und Wirksamkeit innerhalb der Organisation richten sollte. Ein fünftes Mitglied fragt nach Personalangelegenheiten und nach der Zufriedenheit von Mitarbeitern und auch Vereinsmitgliedern. Diese Person könnte gegebenenfalls auch als Ombudsperson fungieren, um Beschwerden von Mitarbeitern vertraulich entgegen zu nehmen. Und schließlich kümmert sich ein sechstes Mitglied vorwiegend um das Verhältnis der Organisation zur Öffentlichkeit, wobei man hier zwischen allgemeiner Öffentlichkeit und der Fachöffentlichkeit unterscheiden könnte; dazu wären Fragen nach Kompetenz, Reputation und Bekanntheit zu zählen.

Hat man ein Aufsichtsgremium von sieben Personen, so könnte der Vorsitzende seine übrigen sechs Mitglieder bitten, sich für diese sechs Perspektiven entsprechend ihrer jeweiligen Fachkompetenz einzusetzen. Ein Entwicklungsfachmann etwa würde sich um die Projekte kümmern, ein Fundraiser um die Geber-Perspektive, ein Finanzfachmann um die Finanz-Perspektive, ein Unternehmensberater um Qualitäts- und Effizienzfragen, ein Personalfachmann um Personalangelegenheiten und ein PR-Fachmann um Imagefragen. Der Vorsitzende wäre für allgemeine Belange zuständig.

Doch so sauber wird man diese Aufteilung im Einzelfall nicht immer hinbekommen. Immerhin wäre dieses Modell zumindest der anzustrebende Idealfall, an dem man sich orientieren könnte. Die sechs Perspektiven mögen übrigens nicht auf jede gemeinnützige Organisation in gleicher Weise anwendbar sein, aber doch für viele. Man könnte das Modell jeweils auf die eigenen Bedürfnissen anpassen und entsprechend modifizieren. Wichtig ist, dass sich das Aufsichtsgremium seiner Kontrollfunktion konkret bewusst wird und weiß, um welche fassbaren Bereiche es sich zu kümmern hat. Durch seine Vereinfachung wird das Modell ein leicht handhabbares Muster.

Selbstevaluation

Selbstevaluationen von Aufsichtsorganen gemeinnütziger Organisationen sind in Deutschland bislang kaum üblich. Der VENRO Verhaltenskodex enthält dazu keine Empfehlung. Auch in der Unternehmenspolitik sind Selbstevaluationen hierzulande eine noch relativ junge Erscheinung. Anders als in Deutschland hat die so genannte *Board Performance Evaluation* in den USA schon eine längere Tradition. Der 2002 verabschiedete Deutsche Corporate Governance Kodex (DCGK) für große Unternehmen enthält unter Ziffer 5.6 immerhin eine Soll-Bestimmung zum Thema Effizienzprüfung mit folgendem kurzen Text: „Der Aufsichtsrat soll regelmäßig die Effizienz seiner Tätigkeit überprüfen."[21] Der Kodex macht jedoch keine Aussage über Art und Häufigkeit einer solchen Effizienzprüfung. Allerdings sieht der Gesetzgeber vor, dass Aufsichtsrat und Vorstand jährlich erklären, dass dem DCGK „entsprochen wurde und wird oder welche Empfehlungen nicht angewendet wurden oder werden."[22] Eine solche Entsprechungserklärung muss somit eine Abweichungserklärung für diejenigen Fälle beinhalten, bei denen dem Kodex nicht entsprochen wurde oder wird. (Übrigens ist der im DCGK erscheinende Begriff der „Effizienzprüfung" etwas irreführend, da es vor allem um die Prüfung von „Effektivität" bzw. „Wirksamkeit" des Gremiums geht.)

Für gemeinnützige Organisationen besteht eine solche gesetzliche Verpflichtung zur Selbstevaluation noch nicht. Dennoch ist auch dem gemeinnützigen Sektor zu empfehlen, sich dieses Prinzip zu eigen zu machen, um die Wirksamkeit der Aufsichtsorgane und derjenigen der Organisationen zu erhöhen.

Wie könnte eine solche Selbstprüfung oder Selbstevaluation aussehen und wie oft sollte sie durchgeführt werden?

Zunächst ist zu sagen, dass das Aufsichtsorgan selbst für diese Prüfung zuständig ist und nicht etwa das Leitungsgremium. Das Aufsichtsorgan muss selbst festlegen, was geprüft werden soll, wie geprüft werden soll und wie das Ergebnis verwertet werden soll.

Die Prüfungsgegenstände ergeben sich im Wesentlichen aus den oben beschriebenen Aufgaben des Aufsichtsorgans. Eine Selbstevaluation hat zu untersuchen, ob die genannten Aufgaben in ausreichendem Maße wahrgenommen werden oder ob Defizite erkennbar sind, die es abzustellen gilt. Ein gutes Beispiel für die Aufgabenstellung einer Selbstevaluation befindet sich in der Geschäftsordnung des Aufsichtsrats der ThyssenKrupp AG:

„Der Aufsichtsrat überprüft einmal jährlich die Effizienz seiner Tätigkeit. Gegenstand der Effizienzprüfungen sind neben vom Aufsichtsrat festzulegenden qualitativen Kriterien insbesondere die Verfahrensabläufe im Aufsichtsrat und der Informationsfluss zwischen den Ausschüssen und dem Plenum sowie die rechtzeitige und

---

[21] Deutscher Corporate Governance Kodex, S. 12. Siehe unter: http://www.corporate-governance-code.de/ger/download/D_Kodex%202008_final.pdf (Stand Januar 2009)
[22] §161 des Deutschen Aktiengesetzes. Siehe: http://www.buzer.de/gesetz/4702/a65187.htm

inhaltliche ausreichende Informationsversorgung des Aufsichtsrats. Dafür legt der Aufsichtsrat Informations- und Berichtspflichten des Vorstands näher fest."

Diese Verordnung könnte man sinngemäß auf Aufsichtsorgane von gemeinnützigen Organisationen übertragen.

Die Art der Prüfung kann vom Aufsichtsorgan selbst bestimmt werden. Es kann entscheiden, ob es dazu Fragebögen, Checklisten und Scoringsysteme benutzt oder individuelle Interviews führt bzw. führen lässt – oder eine Mischung von beidem bevorzugt. Auch kann man sich für eine rein interne Prüfung entscheiden oder sich der Hinzuziehung eines externen Beraters bedienen, der dann aber nicht als „Oberkontrolleur", sondern eher als *facilitator* oder Hilfsperson fungieren würde. Eine solche externe Hilfsperson sollte sich auszeichnen durch Erfahrung, Branchenkenntnis und Neutralität. Der Einsatz dieser Person hätte den Vorteil, dass man den subjektiven Selbsteindruck des Gremiums mit einer Außenperspektive vergleichen kann. „Außerdem beweist die Hinzuziehung eines Beraters in der Außendarstellung die Ernsthaftigkeit der Evaluation", meint dazu Sebastian Sick, der für die Hans Böckler Stiftung einen sehr nützlichen „Leitfaden zur Evaluation" für Unternehmen geschrieben hat, den man auch gemeinnützigen Organisationen wärmstens empfehlen kann.[23]

Die Häufigkeit solcher Selbstevaluationen ist eine offene Frage. Es empfiehlt sich aber, eine gründliche Prüfung alle drei Jahre unter Hinzuziehung eines externen Beraters durchzuführen und das Thema „Selbstprüfung" zwischendurch einmal jährlich zur letzten Sitzung des Aufsichtsorgans auf die Tagesordnung zu setzen, um die Arbeit eines zu Ende gehenden Jahres zu reflektieren.

Schluss

Aus meiner persönlichen Erfahrung mit Vorständen und Aufsichtsorganen habe ich die Erkenntnis gewonnen, dass eine Organisation nur so gut ist wie sein Aufsichtsorgan. Lässt die Arbeit der Organisation Defizite erkennen, ist die Wahrscheinlichkeit groß, dass diese ihren Ursprungsort im Aufsichtsorgan haben. Umgekehrt wird sich das Bemühen eines Aufsichtsorgans, die Qualität seiner eigenen Arbeit ständig zu verbessern und weiterzuentwickeln, unweigerlich in der verbesserten Effizienz und Effektivität der ganzen Organisation niederschlagen.

---

[23] Sebastian Sick: „Die Effizienzprüfung des Aufsichtsrats. Ein Leitfaden zur Evaluation" (Arbeitshilfe für Aufsichtsräte), Hans Böckler-Stiftung: Düsseldorf 2003, S. 10. Der Leitfaden ist abrufbar unter: http://www.boeckler.de/pdf/p_ah_araete_16.pdf

„Über alles andere können wir streiten. Aber Qualität darf nicht Gegenstand unserer Auseinandersetzungen sein. " (Lee Iacocca)

Kurt Bangert ist Forschungsleiter im World Vision Institut für Forschung und Innovation; zuvor war er u.a. Regionalreferent und Regionalbeauftragter Südostasien/Pazifik der Christoffel-Blindenmission (CBM) sowie Leiter der Öffentlichkeitsarbeit und Pressesprecher bei World Vision Deutschland. Er ist Autor und Herausgeber mehrerer Bücher sowie zahlreicher Artikel und Fachpublikationen im Bereich der Entwicklungszusammenarbeit.

Teil II
Transparenz und Informationspflicht

Lothar Schruff / Jan Simon Busse

Die Informationspflicht zur Spendenverwendung
Die Rechnungslegung spendensammelnder Organisationen als Informations- und Kontrollinstrument für Spender

Im Mittelpunkt dieses Beitrags steht die Frage, welchen Stellenwert die Rechnungslegung bei der Erfüllung der Informationspflicht von Spendenorganisationen gegenüber ihren Spendern hat und inwieweit sie relevante Informationen liefert, um Spender bei ihrer Spendenentscheidung und im Rahmen der Rechenschaft zu unterstützen.

1 Hintergrund

Im öffentlichen Leben der Bundesrepublik Deutschland und über ihre Grenzen hinaus spielen spendensammelnde Organisationen wie Brot für die Welt, Kindernothilfe, Greenpeace oder Deutsche Krebshilfe eine wichtige Rolle. Die in Deutschland kursierenden Zahlen zum jährlichen Spendenaufkommen schwanken dabei zwischen 2,6 und 7 Milliarden Euro.[1]

Überwiegend treten spendensammelnde Organisationen in Deutschland in der Rechtsform des eingetragenen Vereins auf und sind in der Regel aus steuerlicher Sicht gemeinnützig.[2] Wesentliche Finanzierungsquellen solcher Organisationen können neben der Vereinnahmung von Spenden die Einnahme aus öffentlichen Zuschüssen, Mitgliedsbeiträgen und Bußgeldern sein. Darüber hinaus können spendensammelnde Organisationen durch die Unterhaltung eines wirtschaftlichen Geschäftsbetriebs oder Zweckbetriebs sowie aus der Vermögensverwaltung Überschüsse erwirtschaften, die zusätzlich zur Erfüllung satzungsmäßiger Zwecke eingesetzt werden.[3] Gleichwohl stellt für eine Vielzahl solcher Organisa-

---

[1] Vgl. Deutsches Zentralinstitut für soziale Fragen (Hrsg.), DZI Spenden-Almanach 2008/09, Berlin 2008, S. 6.

[2] Vgl. Busse/Wellbrock, ZögU 2008, S. 174f. Zum Gemeinnützigkeits- und Spendenrecht vgl. im Detail Hüttemann, *Gemeinnützigkeits- und Spendenrecht*, Köln 2008.

[3] Vgl. Halfar, in: Arnold/Maelicke (Hrsg.), *Lehrbuch für Sozialwirtschaft*, Baden-Baden 1998, S. 410ff.

tionen die Sammlung von Spenden die Haupteinnahmequelle dar, so dass die Spendenhöhe maßgeblich mit über den Umfang der satzungsmäßigen Arbeit entscheidet.[4]

Auf Seiten der Spender besteht ein Informationsbedürfnis gegenüber den spendensammelnden Organisationen.[5] Die Rechnungslegung einer Organisation kann dabei den Spendern als eine Informationsquelle dienen.[6] Für spendensammelnde Organisationen in der Rechtsform des eingetragenen Vereins gelten in Deutschland die Vorschriften des Bürgerlichen Gesetzbuches (BGB). Hinsichtlich der Rechnungslegung findet sich lediglich in § 27 Abs. 3 BGB ein Verweis auf die für den Auftrag geltenden Vorschriften der §§ 664-670 BGB, wonach der Vorstand gemäß § 666 BGB verpflichtet ist, gegenüber den Mitgliedern Rechenschaft über die Geschäftsführung abzulegen. Der Umfang der Rechnungslegung erstreckt sich entsprechend § 259 Abs. 1 BGB auf eine geordnete Zusammenstellung der Einnahmen und Ausgaben.[7] Zusätzlich ist der Vorstand verpflichtet, in gewissen Abständen oder nach Anforderung der Vereinsmitglieder ein Vermögensbestandsverzeichnis gemäß § 260 Abs. 1 BGB vorzulegen.[8] Dagegen sind weder weitere Rechnungslegungsinstrumente wie Bilanz und Gewinn- und Verlustrechnung aufzustellen noch zusätzliche Erläuterungen zu geben.[9]

Somit tendieren die Rechnungslegungsvorschriften des BGB zu Minimalstandards.[10] Handelsrechtliche Rechnungslegungsvorschriften sind für solche Organisationen regelmäßig nicht verpflichtend.[11] Dennoch wendet eine Vielzahl spendensammelnder Organisationen in der Rechtsform des eingetragenen Vereins freiwillig oder gemäß ihrer Satzung das HGB-Rechnungslegungssystem an.[12]

---

[4] Vgl. Schneider, WiSt 1995, S. 625; Priller/Sommerfeld, *Wer spendet in Deutschland? Eine sozialstrukturelle Analyse*, Berlin 2005, S. 4.

[5] Vgl. Löwe, *Rechnungslegung von Nonprofit-Organisationen*, Berlin 2003, S. 79ff.

[6] Vgl. Cooper, *Nonprofit-Marketing von Entwicklungshilfe-Organisationen*, Wiesbaden 1994, S. 82f.

[7] Vgl. Siegel, *Rechnungslegung und Transparenzdefizite bei Vereinen und Stiftungen*, Köln 2007, S. 196 f.; Lutter, BB 1988, S. 490 f.

[8] Vgl. Hoppen, in: Schauhoff (Hrsg.), *Handbuch der Gemeinnützigkeit*, 2. Aufl., München 2005, § 18, Rz. 2.

[9] Vgl. Lutter, BB 1988, S. 490 f.

[10] Weitere Rechnungslegungsvorschriften ergeben sich aus dem gemeinnützigkeitsrechtlichen Teil der Abgabenordnung (§§ 51-68 AO) (vgl. Hoppen, in: Schauhoff (Hrsg.), a.a.O. (Fn. 8), § 18, Rz. 12f.). Aufgrund des Steuergeheimnisses sind diese Informationen jedoch grundsätzlich für Spender nicht zugänglich.

[11] Vgl. Wallenhorst, in: Troll/Wallenhorst/Halaczinsky (Hrsg.), *Die Besteuerung gemeinnütziger Vereine, Stiftungen und der juristischen Person des öffentlichen Rechts*, 5. Aufl., München 2004, S. 36f.

[12] Vgl. Busse/Wellbrock, ZögU 2008, S. 178ff.

Somit geht es in diesem Beitrag darum, inwieweit die Rechnungslegung nach handelsrechtlichen Vorschriften den Spendern relevante Informationen bereitstellen kann und welche Probleme sich bei ihrer Anwendung ergeben.

2 Informationsbedürfnisse der Spender

Potenzielle Spender benötigen für ihre Spendenentscheidung Informationen.[13] Dabei hängt das Ausmaß des Informationsbedürfnisses von der individuellen Entscheidungssituation des Spenders ab.[14] Wird die Spendenentscheidung z. B. in Bezug auf eine Straßensammlung getroffen, bei der es sich meist um kleinere Geldbeträge handelt, ist davon auszugehen, dass das Informationsbedürfnis gering sein wird. Stehen dagegen größere Beträge für Spenden im Mittelpunkt des Entscheidungsprozesses, wird der Spender aller Wahrscheinlichkeit nach verstärkt Informationen nachfragen.[15] Aktuelle Spender verlangen regelmäßig von den Entscheidungsträgern der Organisation Rechenschaft über die Verwendung der überlassenen Mittel.[16] Da Spender ihre Mittel endgültig und nicht als Anlage geben, ist insoweit ihr unmittelbares Interesse an der Rechenschaft im Grunde sogar stärker als bei einem Investor.[17]

Im Allgemeinen besteht das Ziel der Spender darin, mit ihrer Spende bei bestimmten Leistungsempfängern Nutzen zu stiften. Dabei dient die Spendenorganisation den Spendern als Instrument zur Zielerreichung.[18] Entsprechend ihrer Zielsetzung erwarten potenzielle Spender von einer als Spendenempfänger in Frage kommenden Organisation, dass ein möglichst großer Anteil der vereinnahmten Mittel die Leistungsempfänger erreicht.[19] Damit können sowohl Informationen über Aufwendungen zur Erfüllung der satzungsmäßigen Zwecke als auch Informationen über Verwaltungs- und Werbeaufwendungen für potenzielle Spender von Interesse sein.[20] Informationen über die absolute Höhe der Aufwen-

---

[13] Vgl. Cooper, a.a.O. (Fn. 6), S. 46f.; Schneider, *Die Akquisition von Spenden als eine Herausforderung für das Marketing*, Berlin 1996, S. 114f.

[14] Vgl. Schneider, a.a.O. (Fn. 13), S. 114f.

[15] Vgl. Cooper, a.a.O. (Fn. 6), S. 46f., 84f.

[16] Vgl. Busse/Wellbrock, ZögU 2008, S. 175.

[17] Vgl. Lutter, BB 1988, S. 492.

[18] Vgl. Schmidt, ZfbF 1967, S. 233ff., König, *Zielorientierte externe Rechnungslegung für die öffentlich-rechtlichen Rundfunkanstalten in der Bundesrepublik Deutschland*, München 1983, S. 15.

[19] Ähnlich Cooper, a.a.O. (Fn. 6), S. 42.

[20] Vgl. Mühlenkamp, *Externe Rechenschaftslegung und Berichterstattung spendenfinanzierter Organisationen*, Köln 2000, S. 134; Busse/Wellbrock, ZögU 2008, S. 175. Die nachfolgend konkretisierten Informationsbedürfnisse potenzieller und aktueller Spender erheben keinen Anspruch auf Vollständigkeit. Darüber hinaus kann nicht ausgeschlossen werden, dass ein Informationsbedürfnis eines potenziellen Spenders auch ein Informationsbedürfnis eines aktuellen Spenders und umgekehrt ist.

dungen zur Erfüllung der satzungsmäßigen Zwecke sowie über die absolute Höhe der Verwaltungs- und Werbeaufwendungen sind dabei in der Regel wenig aussagekräftig. Vielmehr sind diese Aufwendungen in Relation zu den Gesamtaufwendungen zu betrachten. Damit können potenzielle Spender erkennen, welcher Anteil der Gesamtaufwendungen für satzungsmäßige Zwecke oder für Verwaltung und Werbung verwendet wird.

Die Angabe von Vorjahresbeträgen erhöht den Aussagewert der Informationen, da sich potenzielle Spender über die Entwicklung der Mittelverwendung durch die Organisation im Vergleich zu Vorperioden informieren können.[21] Stellt eine Organisation beispielsweise die Verwaltungsaufwandsquote über mehrere Perioden dar, können potenzielle Spender erkennen, ob in Vorperioden angekündigte Maßnahmen zur Verringerung der Verwaltungsaufwendungen wirken. Diese Erkenntnis kann als Indikator zur Beurteilung der Qualität der Entscheidungsträger dienen.

Viele potenzielle Spender erkennen an, dass ein gewisses Maß an Verwaltungs- und Werbeaufwendungen zur Erfüllung der satzungsmäßigen Zwecke unerlässlich ist.

Um die Angemessenheit der Verwaltungs- und Werbeaufwendungen beurteilen zu können, benötigen sie Informationen darüber, durch welche Leistungen diese Aufwendungen verursacht werden. Dabei ist für potenzielle Spender insbesondere der gesonderte Ausweis von Bezügen der Entscheidungsträger von Interesse. Diese Informationen gewähren potenziellen Spendern mehr Transparenz hinsichtlich deren Beurteilung der Angemessenheit der Bezüge jedes einzelnen Entscheidungsträgers zu seinen Aufgaben und zur Lage der Organisation.

Potenzielle Spender können das Ziel verfolgen, mit ihrer Spende Nutzen bei bestimmten Leistungsempfängern stiften zu wollen. Damit können Informationen, ob und in welchem Umfang spendensammelnde Organisationen zukünftig mit ihren Leistungen Nutzen bei den jeweiligen Leistungsempfängen stiften werden, für potenzielle Spender von Interesse sein.[22] Dabei könnten potenzielle Spender entsprechend ihrer Zielsetzung vor allem Informationen über die mit den Leistungen angestrebten Wirkungen benötigen.

Spendensammelnde Organisationen beauftragen vielfach Partnerorganisationen mit der Leistungserstellung. Beispielsweise vereinbaren sie mit in den Projektländern ansässigen Hilfsorganisationen, dass die spendensammelnden Organisationen Mittel bereitstellen und die ansässigen Hilfsorganisationen damit Leistungen erstellen (z. B. der Wiederaufbau von zerstörten Häusern). Daher können potenzielle Spender Informationen darüber benötigen, wie die spendensammelnden Organisationen gewährleisten, dass die Partnerorganisationen die

---

[21] Vgl. Löwe, a.a.O. (Fn. 5), S. 80.
[22] Ähnlich Busse/Wellbrock, ZögU 2008, S. 176.

bereitgestellten Mittel effektiv und effizient zur Leistungserstellung einsetzen und die Mittel nicht in „dunklen Kanälen" versickern.
Aktuelle Spender werden regelmäßig zwischen ihren Erwartungen und den mit den Leistungen erzielten Wirkungen vergleichen, um so den Erfolg ihrer Spende beurteilen zu können. Hierdurch lassen sich Spender im Nachhinein die Richtigkeit ihres Handelns bestätigen.[23] Daher können aktuelle Spender Informationen sowohl über realisierte Leistungen als auch über mit den Leistungen erzielten Wirkungen benötigen (z. B. wie viele Menschen im Rahmen eines Bildungsprojekts Lesen und Schreiben gelernt haben). Zudem können Spender an Informationen darüber interessiert sein, welche Wirkungen mit den einzelnen Leistungen erzielt werden sollten. Durch Relation der geplanten Leistungswirkungen zu den realisierten Leistungswirkungen können Spender die Effektivität der Leistungserstellung beurteilen. Sind die Spender zufrieden, so stellt dies die Basis für die Bindung an eine Organisation sowie für positive Mund-zu-Mund-Propaganda dar. Bleiben ihre Erwartungen hingegen unerfüllt, besteht die Gefahr, dass sie abwandern, d. h. die Spendenorganisation wechseln, ihr Engagement reduzieren bzw. gänzlich einstellen und (oder) ihre Unzufriedenheit gegenüber ihrem sozialen Umfeld bekunden.[24]

3 Rechnungslegung als Informations- und Rechenschaftsinstrument für Spender

Unter Rechnungslegung ist die zusammenfassende zahlenmäßige Abbildung des gesamten wirtschaftlichen Geschehens einer Organisation in einer Periode zu verstehen.[25] Zudem zählen zur Rechnungslegung auch ergänzende Angaben und Erläuterungen, die zum Verständnis der zahlenmäßigen Abbildung und zur weitergehenden Rechenschaft notwendig sind.[26]
Die Zwecke der Rechnungslegung lassen sich in eine Informationsfunktion und eine Einkommensbemessungsfunktion gliedern.[27] Entsprechend der Ein-

---

[23] Vgl. Holscher, *Sozio-Marketing: Grundprobleme u. Lösungsansätze zum Marketing sozialer Organisationen*, Essen 1977, S. 101ff.
[24] Vgl. Cooper, a.a.O. (Fn. 6), S. 95 ff.
[25] Vgl. Pellens, in: Köhler/Küpper/Pfingsten (Hrsg.), *Handwörterbuch der Betriebswirtschaft*, 6. Aufl., Stuttgart 2007, S. 1546; Pellens/Fülbier/Gassen/Sellhorn, Internationale Rechnungslegung, 7. Aufl., Stuttgart 2008 , S. 2f.
[26] Vgl. Leffson, *Die Grundsätze ordnungsmäßiger Buchführung*, 7. Aufl., Düsseldorf 1987, S. 64, 78; Schneider, *Betriebswirtschaftslehre* Band 2: Rechnungswesen, 2. Aufl., München, Wien 1997, S. 6; Schellhorn, *Umweltrechnungslegung: Instrumente der Rechenschaft über die Inanspruchnahme der natürlichen Umwelt*, Wiesbaden 1995, S. 10.
[27] Vgl. Pellens, in: Köhler/Küpper/Pfingsten (Hrsg.), a.a.O. (Fn. 25), S. 1546; Siegel, a.a.O. (Fn. 7), S. 177; Coenenberg, *Jahresabschluss und Jahresabschlussanalyse*, 20. Aufl., 2005 Stuttgart, S. 12ff.

kommensbemessungsfunktion verfolgt die Rechnungslegung den Zweck, den zur Ausschüttung zur Verfügung stehenden Gewinn zu ermitteln.[28] In der Rechnungslegung spendensammelnder Organisationen ist dieser Zweck nicht relevant, da solche Organisationen in der Regel gemeinnützig sind und der Erhalt der Gemeinnützigkeit u. a. an die Voraussetzung geknüpft ist, dass Mitglieder oder Gesellschafter einer Spendenorganisation keine Gewinne aus den Mitteln der Organisation erhalten dürfen.[29] Entsprechend der Informationsfunktion hat die Rechnungslegung zum einen die Aufgabe, Dritten Informationen bereitzustellen, die für ihre organisationsbezogenen Entscheidungen dienlich sind.[30] Die Rechnungslegungsinformationen sollen dazu beitragen, dass ihre Entscheidungen begründet getroffen werden können. Zum anderen dient die Rechnungslegung der Kontrolle der Zielerreichung, die Dritte mit der Organisation verfolgen.[31] Vor dem Hintergrund der Informationsbedürfnisse potenzieller und aktueller Spender kann die Rechnungslegung ihnen als ein Informations- und Rechenschaftsinstrument dienen.

4   Das Handelsgesetzbuch als Rechnungslegungssystem für spendensammelnde Organisationen

Handelsrechtliche Rechnungslegungsvorschriften sind für spendensammelnde Organisationen in der Rechtsform des eingetragenen Vereins regelmäßig nicht verpflichtend, da es ihnen grundsätzlich an der Kaufmannseigenschaft i. S. d. Handelsgesetzbuches mangelt.[32]

Dennoch wendet eine Vielzahl spendensammelnder Organisationen in der Rechtsform des eingetragenen Vereins freiwillig oder gemäß ihrer Satzung für die Organisation insgesamt das HGB-Rechnungslegungssystem an. Einige Organisationen beachten dabei die für alle Kaufleute geltenden Vorschriften (§§ 238-263 HGB) und erstellen eine Bilanz sowie eine Erfolgsrechnung. Andere Organisationen wenden zusätzlich die ergänzenden Vorschriften für Kapitalgesell-

---

[28] Vgl. Krönert, *Grundsätze informationsorientierter Rechnungslegung*, Sternenfels 2001, S. 7.
[29] Zu diesem Ergebnis kommt auch Siegel, a.a.O. (Fn. 7), S. 179. Eine gewisse Einkommensbemessungsfunktion ergibt sich aber bezüglich der Kapitalerhaltung bei Stiftungen (vgl. Orth, BB 1997, S. 1343; Walter/Golpayegani, DStR 2000, S. 703).
[30] Vgl. Haller, *Die Grundlagen der externen Rechnungslegung in den USA*, Tübingen 1994, S. 147; Ballwieser, KoR 2002, S. 115.
[31] Busse Von Colbe bezeichnet die Rechenschaft als den „älteste[n] Zweck der Rechnungslegung". (Busse von Colbe, in: Otto/Jäger (Hrsg.), *Internationale Unternehmenskontrolle und Unternehmenskultur: Beiträge zu einem Symposium*, Tübingen 1994, S. 44.
[32] Vgl. zu den Ausnahmen von dieser Regel Wallenhorst, in: Troll/Wallenhorst/Halaczinsky (Hrsg.), a.a.O. (Fn. 11), S. 36f.

schaften und haftungsbeschränkte Personenhandelsgesellschaften an (§§ 264-289 HBG). In diesen Fällen ist der Jahresabschluss neben der Bilanz und der Erfolgsrechnung um einen Anhang zu erweitern und darüber hinaus ggf. ein Lagebericht aufzustellen.[33]

Grundsätzlich erscheint die Anwendung der Vorschriften des Handelsgesetzbuches für die Rechnungslegung spendensammelnder Organisationen sachgerecht, da das Handelsgesetzbuch ein in Deutschland anerkanntes und verbreitetes Rechnungslegungssystem ist, das aufgrund seines Abstraktionsgrades auch nicht explizit angesprochene Einzelfälle abbilden kann.[34]

Sowohl spendensammelnde Organisationen, die nur die für alle Kaufleute geltenden Vorschriften anwenden, als auch spendensammelnde Organisationen, die zusätzlich die ergänzenden Vorschriften für Kapitalgesellschaften und haftungsbeschränkte Personenhandelsgesellschaften beachten, müssen nach den Grundsätzen ordnungsmäßiger Buchführung (GoB) eine Bilanz sowie eine Erfolgsrechnung aufstellen.[35] Die Bilanz ist in erster Linie ein Instrument der Vermögens- und Schuldendokumentation. Die Erfolgsrechnung vermittelt hingegen den Spendern ein Bild der Ertragsstruktur und der Aufwands-, insbesondere der Leistungsstruktur einer Periode.[36]

Bei Aufstellung der Bilanz sowie der Erfolgsrechnung ergeben sich vor allem aus dem Erhalt und der Verwendung von Spenden Rechnungslegungsfragen, mit denen sich das Schrifttum bisher kaum befasst hat.[37] Folglich werden in der Praxis gleichartige Rechnungslegungsfragen spendensammelnder Organisationen vielfach unterschiedlich gehandhabt. Als Beispiel kann hier die Fragestellung nach dem Zeitpunkt der ertragswirksamen Vereinnahmung von erhaltenen Spenden genannt werden.

Nicht zuletzt aus diesem Grund hat der Hauptfachausschuss (HFA) des Instituts der Wirtschaftsprüfer (IDW) am 05.12.2008 die Neufassung des Entwurfs einer IDW Stellungnahme zur Rechnungslegung: Besonderheiten der Rechnungslegung Spenden sammelnder Organisationen (IDW ERS HFA 21 n. F.)

---

[33] Vgl. Busse/Wellbrock, ZögU 2008, S. 178ff. Die Aufstellung eines Lageberichts ist davon abhängig, ob die spendensammelnde Organisationen die ergänzenden Vorschriften für mittelgroße oder große Kapitalgesellschaften und haftungsbeschränkte Personenhandelsgesellschaften anwendet oder nur die ergänzenden Vorschriften für kleine Kapitalgesellschaften und haftungsbeschränkte Personenhandelsgesellschaften beachtet (vgl. Baetge/Kirsch/Thiele, Bilanzen, 9. Aufl., Düsseldorf 2007, S. 785).

[34] Vgl. Pellens, in: Köhler/Küpper/Pfingsten (Hrsg.), a.a.O. (Fn. 25), S. 1547.

[35] Vgl. Baetge/Kirsch/Thiele, a.a.O. (Fn. 33), S. 32, 34.

[36] Vgl. Orth, in: Walz (Hrsg.), *Rechnungslegung und Transparenz im Dritten Sektor*, Köln 2004, S. 33.

[37] Vgl. Walz, in: Hopt/von Hippel/Walz (Hrsg.), *Nonprofit-Organisationen in Recht, Wirtschaft und Gesellschaft: Theorien – Analysen – Corporate Governance*, Tübingen 2005, S. 261.

verabschiedet.[38] Hinsichtlich des Zeitpunkts der ertragswirksamen Vereinnahmung von erhaltenen Spenden vertritt der HFA dabei die Auffassung, dass Spenden ohne Rückzahlungsverpflichtung zum Zeitpunkt ihres Zuflusses zunächst ohne Berührung der Erfolgsrechnung in einen Sonderposten für noch nicht aufwandswirksam verwendete Spenden einzustellen sind. Dieser Sonderposten ist zwischen dem Eigen- und Fremdkapital auszuweisen und nach Verwendung der Spenden ertragswirksam aufzulösen.[39]

Für die Gliederung der Erfolgsrechnung enthalten die ergänzenden Vorschriften für Kapitalgesellschaften und haftungsbeschränkte Personenhandelsgesellschaften, im Gegensatz zum Recht für alle Kaufleute, detaillierte Regeln. So dürfen alternativ das Gesamtkostenverfahren (§ 275 Abs. 2 HGB) oder das Umsatzkostenverfahren (§ 275 Abs. 3 HGB) angewandt werden. Dagegen bestehen für Organisationen, die nur die für alle Kaufleute geltenden Vorschriften beachten, keine Regelungen für die Gliederung der Erfolgsrechnung. Dennoch ist auch hier eine sachgerechte Aufgliederung der Erträge und Aufwendungen erforderlich.[40] Somit beachten auch diese Organisationen vielfach die Ausweisalternativen des § 275 HGB. Allerdings basieren diese idealtypisch auf den Anforderungen der Industrie- und Handelsunternehmen, so dass sie dem Informationsbedürfnis der Spender sowie den Besonderheiten spendensammelnder Organisationen nicht ausreichend Rechnung tragen.

Im Ergebnis unterscheiden sich derzeit die von den spendensammelnden Organisationen veröffentlichten Erfolgsrechnungen wesentlich in ihrer Gliederung. Dieses führt dazu, dass eine vergleichbare und verständliche Bereitstellung der vom Spender benötigen Informationen nicht gewährleistet wird. Vor diesem Hintergrund ist auf das „Konzept für eine Erfolgsrechnung spendensammelnder Organisationen"[41] hinzuweisen, welches in Anlehnung an die Ausweisalternative des Umsatzkostenverfahrens nach § 275 Abs. 3 HGB erarbeitet worden ist. Kennzeichnend für dieses Gliederungskonzept ist, dass ein Teil der in der Erfolgsrechnung nachzuweisenden Aufwendungen nach Funktionsbereichen ausgewiesen wird. Dieses Vorgehen ist einer Gliederung nach Aufwandsarten grundsätzlich vorzuziehen, da für Spender vor allem Informationen über die Mittelverwendung in den Bereichen satzungsmäßige Arbeit, Verwaltung und Werbung von Interesse sein können.[42] Werden demgegenüber die in der Erfolgs-

---

[38] Neufassung des Entwurfs einer IDW Stellungnahme zur Rechnungslegung: Besonderheiten der Rechnungslegung Spenden sammelnder Organisationen (IDW ERS HFA 21 n.F.), WPg Supplement 1/2009, S. 42-50.

[39] Vgl. IDW ERS HFA 21 n.F., WPg Supplement 1/2009, S. 45, Tz. 18.

[40] Vgl. IDW Stellungnahme zur Rechnungslegung: Rechnungslegung von Vereinen (IDW RS HFA 14), WPg 2006, S. 695, Tz. 30.

[41] Vgl. Schruff/Busse/Wellbrock, WPg 2008, S. 593ff.

[42] Vgl. Abschnitt 2.

rechnung ausgewiesenen Aufwendungen nach Aufwandsarten gegliedert, handelt es sich um übergreifende Posten, aus denen die einzelnen Beträge der Funktionsbereiche nicht ohne Weiteres ersichtlich sind.[43]

Im Fall der Anwendung der ergänzenden Vorschriften für Kapitalgesellschaften und haftungsbeschränkte Personenhandelsgesellschaften ist der Jahresabschluss neben der Bilanz und der Erfolgsrechnung zusätzlich um einen Anhang zu erweitern. Bei Aufstellung des Anhangs sind die GoB zu beachten[44] sowie die handelsrechtlichen Vorschriften, u. a. §§ 284 ff. HGB sinngemäß anzuwenden,[45] wobei einige Anhangsangaben für spendensammelnde Organisationen grundsätzlich bedeutungslos sein werden (z. B. § 285 S. 1 Nr. 13 HGB: Angabe der Gründe für planmäßige Abschreibung des Geschäfts- oder Firmenwertes nach § 255 Abs. 4 S. 3 HGB). Die Angaben im Anhang dienen dabei der Erläuterung, Ergänzung, Korrektur und der Entlastung von Bilanz und Erfolgsrechnung.[46]

Vor dem Hintergrund des Informationsbedürfnisses der Spender sollten die Organisationen über die Angaben der §§ 284, 285 HGB hinaus ergänzende Angaben zur Mittelverwendung machen. So empfiehlt sich eine Aufgliederung der Aufwendungen zur Erfüllung der satzungsmäßigen Zwecke nach inhaltlichen und/oder geographischen Kriterien vorzunehmen.[47] Um den Spendern die Angemessenheit von Werbe- und Verwaltungsaufwendungen zu verdeutlichen, sollten diese nach Aufwandsarten aufgegliedert werden. Zudem sollten im Anhang Erläuterungen aufgenommen werden, durch welche Leistungen die ausgewiesenen Werbe- und Verwaltungsaufwendungen verursacht worden sind (z. B. Durchführung einer Werbeaktion zur Gewinnung weiterer Spender).

Sind die Werbe- und Verwaltungsaufwendungen im Vergleich zum Vorjahr gestiegen, sollten im Anhang die Gründe hierfür dargelegt werden. Auch für spendensammelnde Organisationen, die nicht die ergänzenden Vorschriften für Kapitalgesellschaften und haftungsbeschränkte Personenhandelsgesellschaften beachten, empfiehlt sich zum besseren Verständnis der Bilanz und GuV aus Sicht der Spender die Aufstellung eines Anhangs.[48]

---

[43] Beispielsweise werden unter der Aufwandsart „Personalaufwendungen" zum einen Bruttoarbeitsentgelte für in einem Dienstverhältnis mit der spendensammelnden Organisation stehende Projektmitarbeiter erfasst. Zum anderen sind unter diesem Posten auch Bruttoarbeitsentgelte für Verwaltungsangestellte auszuweisen.

[44] Vgl. Ellrott, in: Beck Bil-Komm., 6. Aufl., München 2006, § 284 HGB, Rz. 10.

[45] Vgl. IDW RS HFA 14, WPg 2006, S. 695, Tz. 26.

[46] Vgl. für viele etwa Armeloh, *Die Berichterstattung im Anhang*, Düsseldorf 1998, S. 25ff.; Russ, *Der Anhang als dritter Teil des Jahresabschlusses*, Bergisch Gladbach, Köln 1986, S. 20ff.

[47] Vgl. Abschnitt 2.

[48] Vgl. IDW RS HFA 14, WPg 2006, S. 695, Tz. 26.

Die Rechnungslegungsinstrumente Bilanz, Erfolgsrechnung sowie Anhang stellen den Spendern vor allem finanzielle Informationen bereit. Beispielsweise kann aus einer Erfolgsrechnung die absolute Höhe der satzungsmäßigen Aufwendungen einer Periode abgelesen werden, sofern eine Gliederung nach den Bereichen satzungsmäßige Arbeit, Verwaltung und Werbung vorgenommen wird. Dagegen stellt die Erfolgsrechnung keine Informationen darüber bereit, welche Wirkungen bei den Leistungsempfängern mit diesen Aufwendungen erzielt werden. Wie in Abschnitt 2 aufgezeigt, sind es aber vor allem solche Informationen die den Spender interessieren können. Darüber hinaus können Informationen über die vergangene und zukünftige satzungsmäßige Arbeit sowie über Kontrollmechanismen für den Spender von Interesse sein. Für den Fall, dass eine spendensammelnde Organisation einen Lagebericht unter sinngemäßer Anwendung des § 289 HGB aufstellt, wird ein Teil dieser Informationen in diesem Rechnungslegungsinstrument aufgenommen.[49] Welche Informationen genau im Lagebericht einer spendensammelnden Organisation abgebildet werden, kann jedoch in diesem Beitrag nicht geklärt werden. Dessen ungeachtet sollten sämtliche spendensammelnden Organisationen den Spendern solch nichtfinanzielle Informationen bereitstellen.

Ungeachtet der freiwilligen oder satzungsmäßigen Anwendung handelsrechtlicher Vorschriften für die Rechnungslegung spendensammelnder Organisationen besteht für diese Organisationen in der Regel keine Verpflichtung zur Prüfung der Rechnungslegung.

Damit Rechnungslegungsinformationen den Spendern dienen können, müssen sie hinreichend verlässlich sein.[50] Beispielsweise sind viele spendensammelnde Organisationen durch ehrenamtliche Mitarbeit gekennzeichnet, wobei möglicherweise Kenntnisse z. B. zur Rechnungslegung nicht hinreichend vorhanden sind. Daher können eher als bei erwerbswirtschaftlichen Unternehmungen Mängel in der Rechnungslegung auftreten. Darüber hinaus kann nicht ausgeschlossen werden, dass Entscheidungsträger der spendensammelnden Organisationen unwillig oder unfähig sind oder sich gar durch eigennützige Handlungen ungerechtfertigte Vorteile verschaffen. Damit bedarf es einer Überprüfung der publizierten Rechnungslegung durch eine unabhängige Prüfungsinstanz, die die

---

[49] Die Aufstellung eines Lageberichts ist davon abhängig, ob die spendensammelnde Organisationen die ergänzenden Vorschriften für mittelgroße oder große Kapitalgesellschaften und haftungsbeschränkte Personenhandelsgesellschaften anwendet oder nur die ergänzenden Vorschriften für kleine Kapitalgesellschaften und haftungsbeschränkte Personenhandelsgesellschaften beachtet (vgl. Baetge/Kirsch/Thiele, a.a.O. (Fn. 33), S. 785).
[50] Vgl. analog Paarz, *Investororientierte Bankrechnungslegung nach IFRS*, Düsseldorf 2007, S. 169ff.

Verlässlichkeit der Informationen bestätigt.[51] Das Prüfungsergebnis dient dann den Spendern als Nachweis für die Verlässlichkeit der Informationen.

5 Zusammenfassung und Ausblick

Die Rechnungslegung nach handelsrechtlichen Vorschriften stellt Spendern für ihre Spendenentscheidung und zur Rechenschaft vor allem dann relevante Informationen bereit, wenn bei der Ausgestaltung der Rechnungslegung die Besonderheiten spendensammelnder Organisationen und das Informationsbedürfnis der Spender beachtet werden, wobei sich die Ausgestaltung innerhalb der Grenzen handelsrechtlicher Vorschriften bewegen muss.

Beispielsweise sind vor dem Hintergrund des Informationsbedürfnisses der Spender im Anhang über die Angaben der §§ 284, 285 HGB hinaus ergänzende Angaben zur Mittelverwendung zu machen (z. B. Aufgliederung der Aufwendungen zur Erfüllung der satzungsmäßigen Zwecke nach inhaltlichen und/oder geographischen Kriterien.

Allerdings hat die Rechnungslegung nach handelsrechtlichen Vorschriften als Informations- und Rechenschaftsinstrument für Spender Grenzen: So stellen die Rechnungslegungsinstrumente Bilanz, Erfolgsrechnung und Anhang vor allem finanzielle Informationen bereit. Da Spender vor allem auch an nichtfinanziellen Informationen interessiert sein können, müssen die Organisationen über die Rechnungslegung nach handelsrechtlichen Vorschriften hinaus den Spendern nichtfinanzielle Informationen bereitstellen.

Bei Aufstellung der Bilanz sowie der Erfolgsrechnung nach handelsrechtlichen Vorschriften für eine spendensammelnde Organisation ergeben sich vor allem aus dem Erhalt und der Verwendung von Spenden Rechnungslegungsfragen, mit denen sich das Schrifttum bisher kaum befasst hat. Hier besteht somit noch Forschungsbedarf, da bei den Anwendern vielfach Uneinigkeit über die Abbildung solcher Sachverhalte im handelsrechtlichen Jahresabschluss besteht.

Prof. Dr. Lothar Schruff war Professor für Rechnungslegung und Wirtschaftsprüfung an der Wirtschaftswissenschaftlichen Fakultät der Georg-August-Universität Göttingen. *Dr. Jan Simon Busse* ist wissenschaftlicher Mitarbeiter an derselben Fakultät. Schruff und Busse waren maßgeblich für die Erarbeitung eines Kriterienkatalogs für den von PricewaterhouseCoopers (PwC) jährlich vergebenen Transparenzpreis für deutsche Spendenorganisationen beteiligt.

---

[51] Vgl. König, a.a.O. (Fn. 18), S. 55.

Burkhard Wilke

Mit Herz und Verstand: Ethik und Transparenz im Fundraising
Oder: Wie Spender richtig entscheiden sollten[1]

Einleitung

Die „Zauberworte" Ethik, Transparenz und Vertrauen markieren das „magische Dreieck" seriösen und nachhaltig erfolgreichen Fundraisings. Sie gelten zu Recht als entscheidende Erfolgsfaktoren für die Mittelbeschaffung gemeinnütziger Organisationen. Zugleich aber werden sie mit sehr unterschiedlichen, oft wenig reflektierten und manchmal unrealistischen Erwartungen befrachtet, ja zum Mythos hochstilisiert. Wem es ernst ist mit Ethik, Transparenz und Vertrauen, der buchstabiert konkret und nachprüfbar aus, durch welche Maßnahmen er die „Zauberworte" in seinem Verantwortungsbereich einlöst.

Ethik, Transparenz und Vertrauen sind im Spendenwesen auf vielfältige Weise miteinander verbunden. *Ethisch* einwandfreies Fundraising sollte schon für sich genommen ein Primärziel jeder seriösen Spendenorganisation sein, ist zugleich aber auch ein Instrument für die Schaffung von *Vertrauen*. *Transparenz* wiederum ist einerseits ein zentraler Bestandteil ethischer Anforderungen an das Fundraising und trägt gleichfalls zur Vertrauensbildung bei. Umgekehrt lassen sich auch ethische Anforderungen an Transparenz formulieren, etwa die, irreführende Formen von Schein-Transparenz zu meiden. Wie sich diese Zusammenhänge im Einzelnen gestalten und welche Relevanz sie für den Schutz der Spender besitzen, wird in diesem Artikel näher erörtert.

1 Ethik und Transparenz gehen alle an

Ethik, Transparenz und Vertrauen sind keine Einbahnstraße, sind nicht allein eine Bringschuld der Spendenorganisationen. Auch viele der übrigen *Stake-*

---

[1] Dieser Text ist die aktualisierte Fassung eines Beitrags, der im März 2008 in der Zeitschrift „Fundraising Professionell" des Deutschen Fundraising-Verbandes erschienen ist.

holder des Spendenwesens stehen vor der Herausforderung, ihren Anteil zur Erreichung dieser Ziele beizutragen: Dachverbände, Fundraising-Agenturen, Medien, Behörden, Beratungs- und Prüfstellen – und nicht zuletzt auch die Spenderinnen und Spender.

Ist es beispielsweise ethisch vertretbar, wenn Spender immer häufiger auf das Angebot zweckgebundener Spendenprojekte drängen, obwohl solche nach ihren persönlichen Interessen „maßgeschneiderten" Angebote deutlich aufwändigere Vorbereitungen auf Seiten der Organisationen erfordern als die Spende in den „großen Topf"? Und ist es nicht so, dass viele Menschen sich einerseits über die Häufigkeit von Spendenwerbung beklagen, andererseits aber ohne solche „Erinnerungen" eben nicht daran denken, etwas von ihrem Wohlstand abzugeben? Nur ein Drittel der Deutschen spendet für gemeinnützige Zwecke – ist nicht allein *das* schon eine ethische Herausforderung für alle Beteiligten?

Ein anderes Beispiel: Fundraising-Agenturen unterstützen als Dienstleister die Mittelbeschaffung zahlreicher und sehr unterschiedlicher Spendenorganisationen. Welche Grenzen müssen Agenturen und/oder ihre seriösen Kunden ziehen, wenn sich andere Kunden unethisch oder nicht transparent verhalten oder die Agentur sie sogar zu einem solchen Verhalten ermutigt?

2 Ethik im Fundraising – ein „weiches Feld"

Ethik ist die Lehre vom sittlichen Verhalten. Das griechische Stammwort *ethos* bedeutet hingegen nicht mehr als Sitte oder Brauch – schon ein feiner Unterschied. Sitten und Bräuche wandeln sich schneller als sittliche Lehrsätze oder gar moralische Grundsätze. Was genau soll nun für das Fundraising von Bedeutung sein? Sollte es nur die jeweiligen Landessitten respektieren, muss es „unsittliche" Methoden meiden oder hat es stets moralisch einwandfrei zu sein?

Grundregeln
Ethik im Fundraising ist wichtig, schafft aber einen weiten Spannungsbogen. Ethische Aspekte sind „weiche" Kriterien, schwierig festzulegen und schlecht überprüfbar. Das zeigen schon allein die drei Grundbestandteile, die in fast keinem Kodex ethischen Fundraisings fehlen (vgl. Guet 2002, Seite 72). Danach soll Spendenwerbung

- wahrhaftig und
- eindeutig (nicht irreführend) sein
- sowie keinen Druck auf die Spenderinnen und Spender ausüben.

Auch die Leitlinien des vom Deutschen Zentralinstitut für soziale Fragen (DZI) seit 1992 vergebenen Spenden-Siegels spiegeln diese ethischen Standards wieder. Auf dieser Grundlage sind beispielsweise folgende Fundraising-Elemente nach der Beurteilungspraxis des DZI und vieler vergleichbarer Spendenprüfstellen in anderen Staaten ethisch bedenklich:

- *Vorgebliche Personalisierung:* Spendenwerbung, etwa für Kinder, die die unmittelbare und ausschließliche Förderung der beschriebenen Person oder des beworbenen Projekts suggeriert, deren Ertrag aber tatsächlich einer viel größeren und unspezifischeren Zielgruppe zugute kommt, ist nicht wahrhaftig.

- *Planungs- und Kompetenzdefizite:* Einige Hilfsorganisationen haben dem DZI berichtet, dass sie bereits wenige Stunden nach der Tsunami-Flutkatastrophe am 26. Dezember 2004 von ihrer Fundraising-Agentur bedrängt wurden, wegen des zu erwartenden Medieninteresses umgehend einen Spendenaufruf zu veröffentlichen, obwohl sie den Beratern gleich vermittelten, dass sie bisher über keine Erfahrungen in der betroffenen Region verfügen und deshalb fachliche Bedenken hätten, einen Aufruf ohne ausreichende inhaltliche Vorbereitung zu veröffentlichen. Spendenaufrufe ohne fundierte Projektplanung widersprechen dem Grundsatz der Wahrhaftigkeit.

- *Übertriebene Selbstdarstellung:* Schreibt ein Hilfswerk mit internationalen Partnerorganisationen sich die internationale Projektarbeit in seinem eigenen Werbematerial ohne Hinweis auf die Beteiligung der Partner uneingeschränkt selbst zu, so informiert es nicht eindeutig, sondern irreführend.

- *Unangemessener Druck auf die Spender:* Bringt die Spendenwerbung Angesprochene unter *Zeitdruck* („Die Zeit drängt ... spenden Sie jetzt!"), unter *moralischen Druck* („Sie haben uns schon so großzügig unterstützt. Bitte lassen Sie die Kinder jetzt nicht im Stich!") oder unter *emotionalen Druck* („die kleinen Händchen des schwer kranken Mädchens klammern sich an mich und ihre großen Augen flehen stumm um Hilfe"), so wird die unabhängige, sachbezogene Entscheidungsfindung unangemessen eingeschränkt.

Überzeugen, nicht überrumpeln!
Ethisch einwandfreies Fundraising muss nicht frei von jeder Emotion sein und kann sehr wohl den Angesprochenen von der Wichtigkeit und Notwendigkeit seiner Unterstützung überzeugen. Entscheidend ist aber im Sinne der oben genannten Standards, dass ethisches Fundraising die Angesprochenen durch überwiegend sachliche, zurückhaltende Ansprache überzeugt und nicht überrumpelt, drängt oder nötigt. Gegen diese Auffassung wird mitunter das Argument gestellt, dass die Dramatik weltweiter Notlagen doch Realität sei und dass das in solchen

Briefen detailliert beschriebene menschliche (oder analog auch tierische) Leid authentisch sei. Dem ist entgegen zu halten, dass sich selbst der einer wirklichkeitsgetreuen Dokumentation verpflichtete Journalismus Grenzen der bildlichen und textlichen Darstellung von Leid auferlegt. Umso mehr muss das für Organisationen gelten, bei denen solche Darstellungen zur unmittelbaren Mittelbeschaffung und damit ihrem finanziellen Eigeninteresse dienen.

Zurückhaltung und Sachbezogenheit im Fundraising gebieten darüber hinaus nicht nur der Anstand und der Respekt gegenüber den Spendern, sondern auch das langfristige Eigeninteresse der Spendenorganisationen, denn:

- Druckvolles, emotionsgeprägtes Fundraising mag kurzfristig erfolgreich sein, „stumpft" die Adressaten langfristig aber ab und erfordert deshalb – wie in einem Abhängigkeitsverhältnis – immer stärkere „Dosen", um weiter die gewünschten Wirkungen zu erzielen. Eine solche Dynamik liegt vielleicht im Interesse einzelner auf Umsatzmaximierung bedachter Fundraising-Firmen und Organisationen, sicher nicht aber im Interesse einer nachhaltigen Entwicklung der Spendenbereitschaft und der Reputation des Spendenwesens.
- Überwiegend sachbezogene, auch informative Spendenwerbung können nur Organisationen überzeugend leisten, die tatsächlich umfassende, positive Resultate vorzuweisen haben. Druck und Emotion hingegen kann jeder erzeugen, unabhängig von seiner wirklichen Kompetenz und Leistungsfähigkeit. Informative, sachbezogene Spendenwerbung ist der *Unique Selling Point* seriöser Organisationen!

Weitere Ethikregeln

Neben den oben beschriebenen Grundbausteinen einer Fundraising-Ethik finden sich in Zertifizierungskriterien sowie in Verhaltenskodices von Dachverbänden vielfältige weitere Regeln, die häufig einen besonderen Bezug zur jeweiligen Klientel haben. Die im Folgenden aufgeführten Beispiele erstrecken sich über den engeren Bereich des Fundraisings hinaus auch auf andere Tätigkeitsbereiche gemeinnütziger Organisationen, die aber für die Ethik des Fundraisings eine mittelbare Bedeutung haben:

- Verzicht auf die (kommerzielle) Weitergabe von Spenderdaten,
- keine vergleichende Werbung, unlautere Alleinstellung oder Diffamierung von Mitbewerbern,
- Vermeidung von Verwechselungsgefahr mit Namen und Logo anderer Organisationen,
- Achtung der Menschenwürde und Toleranz,

- sorgfältige, kompetente und effiziente Mittelverwendung,
- Verzicht auf Provisionen bei der Vermittlung von Spenden etc.,
- Verpflichtung zur Transparenz in Form von Jahresberichten etc.,
- Offenlegung von Mitarbeitervergütungen,
- Vermeidung politischer oder finanzieller Abhängigkeiten,
- Vermeidung von Interessenkonflikten,
- offenes Informations- und Antwortverhalten gegenüber Spendern und anderen.

Die genannten Regeln wurden beispielhaft den folgenden Kodices entnommen:

- Leitlinien und Ausführungsbestimmungen des DZI Spenden-Siegels,
- VENRO-Kodex „Entwicklungsbezogene Öffentlichkeitsarbeit",
- EFA International Statement of Ethical Principles,
- Grundregeln des Deutschen Fundraising Verbandes,
- INGO Accountability Charter.

Der oben erwähnte Klientelbezug einzelner Standards lässt sich recht gut an der Beurteilung von Provisionen beurteilen. Fundraising-Dachverbände schließen die Zahlung von Provisionen für die Vermittlung von Spenden in der Regel kategorisch aus. Das ist aus Sicht der Spender und der seriösen Organisationen in den Fällen nachvollziehbar, bei denen erfolgsabhängige Vergütungen unangemessen starke Leistungsanreize erzeugen und die Angesprochenen von dieser besonderen Vergütungsform außerdem nichts wissen. Es gibt aber auch Provisionsmodelle, die aus Sicht der Organisationen und der angesprochenen Personen in dieser Hinsicht völlig unproblematisch sind und eine aus ihrer Sicht wünschenswerte Risikoteilung zwischen der Organisation und ihrem Dienstleister bewirken. Ist diese Risikoteilung angemessen und fair ausbalanciert und wissen die direkt Angesprochenen um den Bezahlungsmodus, so spricht eigentlich nichts gegen eine solche Variante. Schließen Fundraising-Verbände ergebnisbezogene Bezahlung auch in diesen Fällen aus, so liegen dem wohl eher berufsständische Interessen als grundlegende ethische Erwägungen zu Grunde.

Überprüfbarkeit ethischer Grundsätze
Die meisten der genannten Standards versperren sich dem in vielen Non-Profit-Organisationen inzwischen so beliebten *Benchmarking* und lassen sich nicht in betriebswirtschaftliche Kennzahlen pressen. Bei der Beurteilung ethischer Aspekte im Fundraising ist deshalb in besonderem Maße Augenmaß und Sachverstand gefordert. Spender, Journalisten, Branchenkollegen, externe Prüfer und

andere Interessierte müssen eine Balance finden zwischen vorschneller, unausgereifter Kritik auf der einen und beliebiger Indifferenz auf der anderen Seite.

Es gibt in einer modernen, säkularen Gesellschaft – im Gegensatz zu Kirchen und Religionen – eben keine ethische oder moralische Zentralinstanz. Ethische Maßstäbe werden in der offenen Gesellschaft überliefert und im öffentlichen Disput weiterentwickelt. Werden ethische Positionen zur Unzeit ausgehärtet oder wird der erforderlich Disput von vornherein mit unangemessener Rigorosität geführt, so entstehen „Totschlagargumente": Man wirft anderen unethisches Verhalten vor und an diesen haftet solch ein Vorwurf gleich wie Makel. Je angesehener und gesellschaftlich exponierter eine Person oder Institution, umso umsichtiger sollte sie deshalb mit ethischen Bewertungen umgehen – was klare Urteile, nach sorgfältiger Prüfung, ja nicht ausschließt.

Bei aller berechtigten und notwendigen Diskussion um eine möglichst ausgereifte Ethik im Fundraising darf nicht in Vergessenheit geraten, dass auch Spendenorganisationen und den in ihnen und mit ihnen arbeitenden Fundraisern ein Recht auf Irrtum eingeräumt werden muss. Ethische Dispute tendieren an sich schon dazu, Einschätzungen mit Absolutheitsanspruch geltend zu machen. Im Spendensektor kommt erschwerend noch hinzu, dass die Erwartungen der Öffentlichkeit an die gemeinnützigen Organisationen und die in ihnen tätigen Menschen zumeist viel höher sind als die Erwartungen, die sich an andere Institutionen des täglichen Lebens knüpfen. Schon bei vergleichsweise kleinen Fehlern oder diskussionswürdigen Handlungen neigen viele Außenstehende – und im Übrigen auch nicht wenige „Insider" – dazu, den Stab über eine Organisation und deren Verantwortliche zu brechen. Fazit: Bei der Beurteilung ethischer Aspekte ist Augenmaß geboten und kein blinder Rigorismus.

3 Transparenz schafft informiertes Vertrauen

Wohl unbestritten ist heute die Tatsache, dass Non-Profit-Organisationen im Allgemeinen und Spendenorganisationen im Besonderen seit Jahren einen zunehmenden Informationsbedarf und sogar Skeptizismus der Öffentlichkeit in Bezug auf ihre Leistungen feststellen. Dies ist sowohl Ausdruck einer insgesamt abnehmenden Bindungsbereitschaft der Menschen an Institutionen als auch Ergebnis spezifischer Mängel und einzelner Skandale im Spendenwesen. Von den Spendern kommt die Botschaft: Blindes Vertrauen ist *out* – informiertes Vertrauen ist *in*.

Als Mittel zur Rückgewinnung von öffentlichem Vertrauen ist Transparenz deshalb unverzichtbar – durch verbesserte eigene Informationen der Organisationen an ihre *Stakeholder* (direkte Transparenz), durch Selbstverpflichtungen im

Rahmen der Verhaltenskodices von Dachverbänden (Selbstregulierung) und durch „geprüfte Transparenz" in Form testierter Jahresabschlüsse und insbesondere durch die Spenderberatung und das Spenden-Siegel des DZI.

Transparenz bedeutet nicht nur *Durchschaubarkeit*, sondern auch *Sichtbarkeit*. Die Offenlegung nach der Devise *useful to know* anstelle des ängstlichen *need to know* birgt für die einzelne Organisation wie auch den gemeinnützigen Sektor als Ganzes die Chance, in der allgemeinen Öffentlichkeit viel stärker als bisher mit Leistungen und Besonderheiten wahrgenommen zu werden. Wenn etwa im Rahmen der kritischen Berichterstattung über UNICEF Deutschland Ende 2007 ernstlich in Zweifel gestellt wurde, dass Spendenorganisationen externe Berater beschäftigen dürfen, so ist das auch darauf zurückzuführen, dass diese Organisationen hinsichtlich ihrer Arbeitsweisen und Strukturen bisher in der Öffentlichkeit immer noch zu wenig sichtbar und bekannt sind. Es „fremdelt" eben noch viel zu sehr zwischen unserer Gesellschaft und ihren gemeinnützigen Protagonisten.

Direkte Transparenz

Zwei entscheidende Vorteile von *direkter Transparenz* aus der Sicht der Organisationen sind diese: *Wenn* sie sich proaktiv transparent machen, reduzieren sie den Druck der externen Rechenschaftspflichten. Und *wie* sie sich transparent machen, bestimmen sie weitgehend selbst. Dies führt zu einer mitunter irritierenden Bandbreite von Informationen, von tatsächlicher bis hin zu nur scheinbarer Transparenz. Genau hier beginnt das Informationsproblem vieler Spender, vor allem aber der Nicht-Spender: Sie sind einerseits nicht „mächtig" genug, um verbindliche und detaillierte Rechenschaft zu verlangen, und sind andererseits nicht kompetent genug – oder nicht willens – die von den Organisationen offerierte Transparenz auf Verlässlichkeit hin zu prüfen. Die asymmetrische Informationsverteilung ist ausschlaggebend dafür, dass sich Transparenz-Intermediäre wie Selbstverpflichtungen von Dachverbänden und Spendensiegel unabhängiger *Watchdogs* in vielen Ländern mit einem ausgeprägten Spendenwesen entwickelt haben (vgl. www.icfo.de).

Direkte Transparenz kann eine Non-Profit-Organisation insbesondere durch einen aussagekräftigen Jahresbericht praktizieren. Dieser sollte umfassend und leicht verständlich informieren über die Ziele und das besondere Profil der Organisation, ihre Leitungs-, Aufsichts- und Mitarbeiterstruktur (einschließlich Gremienbesetzung und Vergütungsstruktur), die wichtigsten Projekte sowie deren Erfolge aber auch Misserfolge, und nicht zuletzt die Finanzlage (Einnahmen, Ausgaben, Vermögenslage) vollständig und nachvollziehbar dokumentieren. Zur direkten Transparenz gehören neben dem Jahresbericht aber auch das allgemeine Informations- und Auskunftsverhalten, eine ansprechende (nicht zu viel versprechende) *Website*, Informationen über einzelne Projekte sowie insgesamt eine klar formulierte, informative, überwiegend sachlich gestaltete Spendenwerbung.

Ein zusätzliches, wichtiges Instrument direkter Transparenz wird die vom DZI-Projekt *GuideStar Deutschland* geplante allgemeine Informationsdatenbank des gemeinnützigen Sektors sein (www.guidestar-deutschland.de). Auf freiwilliger Basis können sich hier voraussichtlich schon ab Ende 2008 gemeinnützige Organisationen mit ihren Grunddaten (unter anderem zur Finanzsituation) eintragen und Interessierten damit einen bequemen ersten Informationszugang bieten.

Selbstregulierung

Instrumente der *Selbstregulierung* sind in Deutschland vor allem die Selbstverpflichtungen, die die Mitglieder des Deutschen Fundraising Verbandes (Ethikkodex), des Verbandes Entwicklungspolitik deutscher Nichtregierungsorganisationen – VENRO (der neue Verhaltenskodex und der schon ältere Kodex für entwickungspolitische Öffentlichkeitsarbeit) und des Deutschen Spendenrats freiwillig eingehen. Analog zur Arbeitsweise des Deutschen Presserats (als „klassischem" Selbstkontrollorgan) wird die Einhaltung dieser Verhaltenskodices von den jeweiligen Dachverbänden nicht im Einzelnen überprüft, aber es gibt Beschwerdemechanismen, die von Interessierten angerufen werden können. Zur Selbstregulierung im weiteren Sinne sind aber auch Angebote zu zählen, die der Qualitätsentwicklung wichtiger Teilbereiche des gemeinnützigen Sektors dienen oder der Verbesserung der allgemeinen Informationslage. Da wären zu nennen die Ausbildungsangebote der Fundraising-Akademie in Frankfurt am Main und das von ihr jüngst entwickelte *Fundraising Management System* (oder *Total Quality Excellence*) sowie viele Weiterbildungen von Spitzen- und Dachverbänden in puncto *Governance*, betriebswirtschaftlicher Steuerung etc.

Geprüfte Transparenz

Für *geprüfte Transparenz* im Spendenwesen sorgt in Deutschland insbesondere die Arbeit des 1893 gegründeten DZI. Seit 1906 betreibt das DZI Spenderberatung, das heißt es stellt auf Anfrage Auskünfte und Einschätzungen zu allgemeinen Themen und einzelnen Organisationen auf der Grundlage eigener Recherchen zur Verfügung. Seit 1992 wird diese Spenderberatung ergänzt durch das DZI Spenden-Siegel, ein Angebot an überregional sammelnde, gemeinnützige Spendenorganisationen, sich freiwillig der besonders intensiven, jährlichen Prüfung durch das DZI zu unterziehen, um im positiven Fall mit diesem Siegel öffentlich werben zu können. Geprüfte Transparenz erfordert die Unabhängigkeit des Prüfers vom Geprüften. Beim DZI ist diese Unabhängigkeit gegeben, da es von allen drei Sektoren (Staat, Wirtschaft, Gemeinnütziger Sektor) gleichermaßen getragen wird.

Eine Nebenform geprüfter Transparenz ist der 2005 erstmals vergebene Transparenzpreis der Wirtschaftsprüfungsgesellschaft PricewaterhouseCoopers (PWC), bei dem besonders aussagekräftige Jahresberichte humanitär-karitativer Spendenorganisationen prämiert werden.

Selbstverpflichtungen ohne unabhängige Überprüfung in der Öffentlichkeit sollten nicht durch missverständliche Darstellungsweisen den Eindruck erwecken, als erfüllten sie die Bedingungen einer unabhängigen Akkreditierung. Das gilt in ähnlicher Weise auch für Methoden des Qualitätsmanagements, die primär eine organisationsinterne Beobachtungs- und Steuerungsfunktion haben und somit nicht mit Synonymen externer Aussagewirkung wie „Siegel" in Verbindung gebracht werden sollten. „Zertifizierung" wäre hier der angemessene Begriff.

Gemeinsam für mehr Vertrauen

Das Vertrauen der Öffentlichkeit in Spendenorganisationen kann letztlich durch keine der drei Transparenz-Intermediäre allein erreicht werden. Direkte Transparenz, Selbstregulierung und geprüfte Transparenz sollten innerhalb des Spendenwesens als Ganzes und auch von Seiten der einzelnen Organisationen optimal miteinander kombiniert – das heißt auch: erkennbar voneinander abgegrenzt – werden.

4   Spenderschutz

Ethisch einwandfreies Fundraising und Transparenz sind Grundbedingungen für die Schaffung einer Vertrauensbasis zwischen gemeinnützigen Organisationen und ihren *Stakeholdern*. Sie allein aber reichen nicht aus, um das Vertrauen der Öffentlichkeit in das Spendenwesen als Ganzes nachhaltig zu stärken. Denn leider gibt es schon immer eine zwar sehr kleine aber prekäre Minderheit von Spendensammlern, die nur den eigenen persönlichen Vorteil und nicht ihre vorgebliche gemeinnützige Aufgabe im Blick haben und mit Appellen und Selbstverpflichtungen zu einer Fundraising-Ethik nicht zu erreichen sind. So beschreibt etwa die 1912 erschienene Veröffentlichung „Beschaffung der Geldmittel für die Bestrebungen der freien Liebestätigkeit" ganz ähnliche Spendenmissbräuche wie sie noch heute existieren. Autoren sind der damalige Leiter der Zentrale für private Fürsorge (Vorgängereinrichtung des DZI) Dr. Albert Levy und Frau Hedwig Götze. Im „Handwörterbuch der Wohlfahrtspflege" von 1924 heißt es unter dem Stichwort „Wohlfahrtsschwindel" unter anderem:

„Unter W. wird im Allgemeinen jedes Unternehmen verstanden, das unter dem Deckmantel der Hilfeleistung für Notleidende ausschließlich oder wesentlich der Bereicherung der Unternehmer oder ihrer Hinterleute dient.

(…) muß gefordert werden, dass die Art der Aufbringung von Wohlfahrtsmitteln und deren Quelle ebenso lauter und rein zu sein hat wie die Auffassung und Handlungsweise des Wohlfahrtspflegers. Insoweit aber besteht kein Unterschied zwischen einer Art der Mittelaufbringung, die mit den Strafgesetzen oder denen der Ethik kollidiert.

(…) Der Unternehmer bot der Wohlfahrtseinrichtung an, Postkarten, Bücher u. ä. mit der Verpflichtung zu vertreiben, daß gegen Zulassung eines entsprechenden Vermerks auf dem Gegenstand ein bestimmter Betrag aus dem Erlös für jedes Stück, der durchweg sehr gering war, der Wohlfahrtseinrichtung zufloß. Damit war dem Unternehmer fast risikolos ein durchweg sehr großer Gewinn gesichert; denn die laufende Öffentlichkeit war, veranlasst durch den Vermerk ‚Zugunsten des Hilfsvereins X.‘, geneigt, anzunehmen, dass der ganze Erlös aus dem Verkauf dem Wohlfahrtzweck zufloß und bezahlte deshalb die häufig recht minderwertige Ware erheblich über Wert (…)

Die Bekämpfung des W.s (…) ist zunächst erheblich durch die Gleichgültigkeit und Oberflächlichkeit der Öffentlichkeit erschwert worden. Aber auch die Behörden haben auf diesem Gebiet leider völlig versagt, zumal der Nachweis des Dolus häufig mit Schwierigkeiten verknüpft war und die Gerichte dem W. gegenüber eine gewisse Milde zu üben geneigt waren."

Spenderschutz ist vor diesem Hintergrund als Ergänzung von Fundraising-Ethik und Transparenz unerlässlich – auch im Sinne eines langfristigen Spendenschutzes. In Deutschland tragen folgende Einrichtungen zum Spenderschutz bei:

- Finanzämter (Überprüfung der Gemeinnützigkeit),
- Stiftungsaufsichten der Bundesländer (Kontrolle der Erhaltung des Stiftungsvermögens und der satzungskonformen Tätigkeit),
- Amtsgerichte (formale vereinrechtliche Überprüfung der Satzung und der Besetzung des Leitungsorgans),
- Sammlungsaufsichten in zehn Bundesländern,
- Dachverbände mit Verhaltenskodices und Beschwerdewesen,
- journalistische Recherchen und Berichte über unseriöse Organisationen sowie Servicebeiträge mit Spendentipps,
- Beratungsstellen der Verbraucherzentralen (Rechtsberatung, Auskünfte zum Mischbereich gemeinnützig/kommerziell; Weitervermittlung an das DZI),
- Spenderberatung und Spenden-Siegel des DZI

Die Bundesregierung hat 2003 in einer Antwort auf eine Kleine Anfrage der FDP-Fraktion die Struktur des Spenderschutzes wie folgt beschrieben:

„(…) In diesem Sinne wird in Deutschland eine Kombination staatlicher Kontrollen (Finanzbehörden, Amtsgerichte, Stiftungsaufsicht) und privater Selbstregulierung (BSM, Deutscher Spendenrat) bzw. unabhängiger Überprüfung (DZI) praktiziert. Sie beinhaltet auch eine Verzahnung der staatlichen und der privaten Kontrolle (z. B. finanzamtlich anerkannte Gemeinnützigkeit als Voraussetzung für die Beantragung des DZI Spenden-Siegels, sowie Einbeziehung des Spenden-Siegels in die Vergabekriterien des Bundesministeriums für wirtschaftliche Zusammenarbeit und Entwicklung und des Auswärtigen Amtes). Diese Verfahren haben sich im Wesentlichen bewährt und sollten weiterhin Geltung behalten." (Quelle: Bundestags-Drucksache 15/335 vom 16.01.2003, Seite 5)

Die positive Bewertung der Bundesregierung von 2003 müsste aus heutiger Sicht in zwei wichtigen Punkten eingeschränkt werden:

1. Die 1997 begonnene Erosion der Sammlungsgesetze hat sich in den letzten Jahren fortgesetzt. Inzwischen gibt es in Bayern, Berlin, Bremen, Hamburg, Niedersachsen, Nordrhein-Westfalen und Sachsen-Anhalt keine Sammlungsgesetze mehr, in Schleswig-Holstein fiel das Gesetz ab 2009 weg. Demgegenüber zeigt Rheinland-Pfalz, dass mit einer zentralisierten Sammlungsaufsicht und gezielten Sammlungsverboten ein sehr wirksamer Spenderschutz betrieben werden kann, der die Auskunftsarbeit insbesondere des DZI in sehr sinnvoller Weise ergänzt.

2. Das DZI Spenden-Siegel steht nach einer Satzungsänderung beim DZI seit 2004 allen gemeinnützigen Organisationen offen, die überregional Spenden sammeln. Demgegenüber beschränken sich die DZI-Auskünfte zu Organisationen ohne Spenden-Siegel unverändert auf die humanitär-karitativen und auf wenige Natur- und Umweltschutzorganisationen. Eine Einbeziehung auch der übrigen Bereiche, vor allem Tierschutz, Kultur und Bildung, ist erst möglich, wenn die öffentliche Finanzierung des DZI entsprechend erhöht wird. Darum bemüht sich das Institut gegenwärtig.

5   Die Zukunft von Ethik und Transparenz

Unter Bezug auf aktuelle Diskussionen im deutschen Spendenwesen und auch mit Blick über die nationalen Grenzen hinaus sind eine Reihe interessanter Entwicklungen bei der Ethik und der Transparenz des Fundraisings erkennbar, aus denen ich abschließend fünf Thesen ableite:

▪ Die Beziehungen zwischen gemeinnützigen Organisationen und ihren gewerblichen Dienstleistern (z.B. Fundraising-Agenturen) werden zunehmend in ethische Fragestellungen einbezogen (Vergütung, Verträge, Qualität, etc.).

- Ranking und Rating von Organisationen nach bestimmten ethischen oder anderen qualitativen und quantitativen Kriterien werden – bei allen methodischen Schwierigkeiten – vermehrt diskutiert werden.
- Die Transparenz der Finanzen (einschließlich u.a. der Leitungsgehälter) wird zunehmen.
- Die Projektqualität (Erfolg, Wirksamkeit, Nachhaltigkeit) wird vermehrt in den Blickpunkt von Ethik- und Transparenzbemühungen geraten.
- Die Internationalisierung der Spendenmärkte und der Anforderungen an Ethik und Transparenz wird weiter – und möglicherweise sehr beschleunigt – fortschreiten.

Burkhard Wilke ist Geschäftsführer und wissenschaftlicher Leiter des Deutschen Zentralinstituts für soziale Fragen (DZI), populär auch als „Spenden-TÜV" bekannt.

Christian Osterhaus

Transparenz in Marketing und Kommunikation
Oder: Raus aus der Verwaltungskosten-Falle!

Der Spender, egal ob Mann oder Frau, Jung oder Alt, ist tendenziell ein schizophrenes Wesen: Er will, dass seine Spende größtmögliche Wirkung erzielt, aber kosten soll es nichts.

Zugegeben, diese These ist etwas spitz, aber nach 20 Jahren hauptamtlicher Kommunikationsarbeit in spendenfinanzierten Hilfsorganisationen (und noch längerer ehrenamtlicher Tätigkeit nebst eigener Spenderhistorie) sollte man es aussprechen: Die meisten Menschen schalten die üblichen intellektuellen Spielregeln von Aufwand und Ertrag, von Ursache und Wirkung, von *Return on Investment* ab, wenn es ums Spenden geht. Sie erwarten nicht weniger als die Quadratur des Kreises: Dann darf beispielsweise eine Augenoperation in Entwicklungsländern höchstens 50 Euro kosten – gleichwohl ahnt der Spender, dass hiesige Versicherungen mehrere Tausend für solch eine OP überweisen müssen. Wir spenden, wenn die Nahrungsration für ein hungerndes Kind höchstens ein Euro täglich kostet – wobei eigentlich klar sein sollte, dass dieser Euro irgendwie von Deutschland nach Äthiopien gelangen muss, dort in die richtigen Hände, von denen in das entsprechende Programm, dann in speziell für unterernährte Kinder geeignete Aufbaunahrung umgewandelt und genau an jenes hungernde Kind ausgegeben werden muss, das es auch braucht. Wir spenden jedoch nicht so gern, wenn das Geld „in der Verwaltung verschwindet", für politische Strukturveränderungen ausgegeben wird oder Straffällige resozialisieren helfen soll.

Deutschland: Großes Misstrauen und nur Mittelmaß beim Spenden

Kommunikationsexperten in Hilfsorganisationen kennen dieses Spenderwesen bestens. Nicht nur aus zahlreichen persönlichen Gesprächen, in denen sich solche Menschen meist als sehr angenehme Zeitgenossen erweisen, die das Herz am rechten Fleck tragen und auch erstaunlich gut informiert sind darüber, wie es in der Welt zugeht. Fundraiser kennen auch die relevanten Marktforschungen über das Spenderverhalten wie etwa die Daten der Gesellschaft für Konsumforschung (GfK) oder jene des jährlich neuen *Spendenmonitor* von tns-infratest. Sie wissen daher, dass sie es mit enorm skeptischen Zielgruppen zu tun haben: Jeder vierte Deutsche glaubt, dass über 50% der Spenden für „Verwaltungskosten" ausgegeben werden. Dass die Fundraiser und ihre Organisationen durch die Art ihrer Kommunikation und Werbung solche Spendererwartungen und das tiefe Misstrauen durchaus mit geschaffen haben, muss allerdings vermutet werden.

Angesichts dieses weit verbreiteten Misstrauens wundert es fast, dass sich immerhin zwischen 20% (GfK) und 40% (tns) der Deutschen als finanzielle Förderer für soziale, ökologische und kulturelle Zwecke engagieren.[1] Während manche Medien immer noch die Mär verbreiten, die Deutschen seien „Spendenweltmeister" (zuletzt massiv während der Tsunami-Spendenwelle), dürfte die Feststellung, dass wir im internationalen Vergleich nur Mittelmaß sind, der Realität deutlich näher kommen. Statt einer breiten „Spendenkultur" oder auch einer gesamtgesellschaftlichen Verantwortungskultur handelt es sich beim Spenden eher um ein Minderheitenphänomen in speziellen soziodemographischen Gruppen.

Trotz jahrzehntelanger Erfahrungen mit zunehmenden Lücken im staatlichen Handlungswillen bzw. -vermögen dominiert in der Bevölkerung immer noch eine seit Bismarck gewachsene Erwartungshaltung, es sei ausschließlich Aufgabe des Staates, sich um soziale Gerechtigkeit, gleiche Bildungschancen und öffentliche Kulturgüter, heile Umwelt und gesunde Nahrungsmittel etc. zu kümmern. Schließlich bezahle man dafür hohe Steuern. Hier hat die Kommunikation der Hilfsorganisationen bislang wenig angesetzt und bewegt.

Die selbstgeschaffene „Verwaltungskosten"-Falle

Wer den skeptischen Spender oder sogar den distanzierten bis zynischen bislang-Nichtspender aktivieren wollte, nutze jahrzehntelang folgendes Kommunikationschema: Mit herzerweichenden *human interest stories* besonders in der Vorweihnachtszeit das Türchen im Herz des Spenders identifizieren – und mit dem Versprechen „geringer Verwaltungskosten" den Schlüssel umdrehen. (Auch der Autor dieses Artikels ist in jener Kunst bestens geschult.)

Noch immer bedienen sich große und kleine Hilfswerke und Stiftungen dieses Kunstgriffes: Sie geben vor, dass die Spende an ihre Organisation garantiert „ohne jeden Abzug" an die Bedürftigen geht. Hierbei tun sich die Ableger großer Medienkonzerne oder anderer Unternehmen und Verbände besonders hervor; und zwar mit dem durchaus überzeugenden Argument, dass ihre Mutterhäuser

---

[1] Die Daten zur Spendenaktivität der Deutschen variieren von Jahr zu Jahr und reflektieren insbesondere unterschiedliche Erhebungsmethoden

Personal- und Sachkosten trügen – womit sie die Erwartungshaltung einer verwaltungskostenfreien Spende tagtäglich neu auffrischen.

Spendenwerke, die nicht über solch zahlungskräftige Vaterinstitutionen (mit all ihren politischen und wirtschaftlichen Interessen und Verpflichtungen) verfügen, weisen ihre Verwaltungskosten in ihrem Jahresbericht aus – wenn sie denn überhaupt entsprechende Informationen herausgeben. Aber auch dann bieten sich noch kreative Verschleierungsmöglichkeiten: Bis vor Kurzem kommunizierten beispielsweise auch einige kirchliche Organisationen, sie hätten wenige bis keine Verwaltungskosten, da diese über die Kirchensteuern beglichen würden. Wenn schließlich Verwaltungskosten ausgewiesen werden, müssen sie auf jeden Fall so klein wie möglich erscheinen, was zur Folge hat, dass vieles von dem, was Spender darunter verstehen, woanders eingerechnet wird.

Der „Verwaltungskostenanteil" am gesamten Aufwand ist so etwas wie der „Laufsteg" der Hilfsorganisationen; diese Schönheitskonkurrenz bestehen nur jene Vereine, die unter 10% bleiben und damit die niedrigste Kategorie des DZI-Spendensiegels (Deutsche Zentralinstitut für soziale Fragen) erreichen.

Bislang keine einheitliche Definition

Besonders problematisch dabei: Während für manche Spender und Medien alles als „Verwaltungskosten" zählen, was nicht in die direkte Hilfstätigkeit (Projektkosten) fließt, rechnen die Organisationen (nicht zu Unrecht!) ihre inländischen Lobby- und Bildungsaktivitäten, einschließlich ihrer Informationsmaterialien, zu den Programmkosten, weil auch diese Ausgaben in der Regel unter die satzungsgemäßen Zwecke fallen. Die Fundraising- oder Werbeausgaben werden allerdings gesondert von den Verwaltungskosten und der Öffentlichkeitsarbeit gerechnet. Bis vor Kurzem hatte es noch keinen allgemein gültigen und für Spender sowie Außenstehende wirklich transparenten Versuch gegeben, diese Sprachverwirrung systematisch aufzulösen.

Wir haben es hier im Wesentlichen mit drei Arten von Kosten zu tun, die nicht zu den eigentlichen Projektkosten gerechnet werden und die Außenstehende gerne pauschalierend als „Verwaltungskosten" begreifen, die aber von Spendenwerken mit z.T. sehr unterschiedlichen Etiketten versehen werden:

1. Reine Verwaltungskosten, die man auch Betriebskosten nennen könnte, also Kosten für Administration, Finanzbuchhaltung, EDV, Personal, Gebäude und Instandhaltung etc.
2. Marketing-, Werbe- oder Fundraisingkosten, die zur Spender- und Spendengewinnung nötig sind.

3. Kosten für Presse- und Öffentlichkeitsarbeit, worunter auch Bildungs- und Lobbyarbeit zu rechnen wären.

Der Verband Entwicklungspolitik der Nichtregierungsorganisationen (VENRO) hat in seinem im Dezember 2008 verabschiedeten Kodex zu Transparenz, Organisationsführung und Kontrolle zumindest festgelegt, dass „Verwaltungskosten und Werbekosten" stets gemeinsam genannt werden müssen, um nicht der Versuchung zu verfallen, durch Weglassen der Werbekosten den Eindruck niedriger Verwaltungskosten zu erwecken.

Für Fundraiser und Marketingleute in den Organisationen war das Verwaltungskosten-Argument über Jahre ein zentraler *selling point*. Niedrige Verwaltungskosten wurden gleichgesetzt mit hoher Qualität und damit zum Alleinstellungsmerkmal im riesigen Angebot der häufig inhaltlich leicht verwechselbaren Organisationen - nur mit dem kleinen Schönheitsfehler, dass fast jede Organisation behauptete, besonders niedrige Verwaltungskosten zu haben.

Wer sich mit Nichtregierungs- bzw. Nonprofit-Organisationen auskennt, weiß jedoch, dass für professionelles Arbeiten in komplexen Zusammenhängen wie etwa der Entwicklungshilfe 10% Kostenanteil am Spendenvolumen keineswegs reichen – und dass viele Organisationen nur dank 20 oder 25% gut organisiert sind und effizient arbeiten. Wobei das Einwerben kostenfreier oder gesponserter Dienstleistungen für die meisten Organisationen selbstverständlich ist und man bei den allermeisten deutschen Spendenvereinen verantwortliches Wirtschaften nebst scharfer Kostenkontrolle voraussetzen kann.

Dass also alle Beteiligten – interne Aufsichtsgremien, Medien, Spender – wie die Kaninchen auf die Verwaltungskosten starren, hat daher ebenfalls etwas Schizophrenes. Es scheint fast wie ein Pawlowscher Reflex, unausweichlich mit dem Thema „Spenden" verbunden.

Self-fulfilling prophecy – oder: wie Hilfsorganisationen Spendenskandale geradezu herausfordern

Leider werden diese Reflexe ständig neu bedient – und durch Schönheits-OPs in der Rechnungslegung nur schlecht kaschiert. Dass sich Hilfsorganisationen dadurch aber genau jene Verwaltungskosten-Falle schaffen, in der sie am Ende selbst sitzen, scheint vielen Verantwortlichen immer noch nicht bewusst zu sein.

Wer die Erwartung der Spender unablässig damit bedient, Verwaltungskosten als etwas Schreckliches zu betrachten, gräbt den Hilfswerken das Wasser für echte Qualität ab: Dann steht weder für gutes Management, noch für Evaluationen und Controlling und letztlich auch nicht für eine ehrliche Kommunikation über Aufwand und Wirkung ausreichend Geld zur Verfügung. Die *self-fullfilling prophecy* ist offensichtlich: Nur niedrigste Kosten sind gut. In Deutschland, dem Paradies der „Geiz-ist-geil"-Mentalität, kommt diese Message immer gut an.

Gleichzeitig aber arbeiten in Vereinen und Stiftungen hervorragende Leute. Die wollen und müssen nicht nur ordentlich – wenngleich oft unterdurchschnittlich – bezahlt werden; sie erheben auch zu Recht Anspruch darauf, dass ihre Konzepte und Strategien professionell umgesetzt werden. Und professionell heißt in vielen Fällen, dass damit Kosten verbunden sind: Beratungskosten, Sachkosten, Transportkosten usw.

So entsteht ein Widerspruch zwischen öffentlichem Null-Kosten Anspruch und der Realität. Und dieser Widerspruch ist skandalträchtig. Dass es trotzdem nur selten zu Skandalen kommt, verdanken die Organisationen vermutlich einer inhärenten ethischen Stabilität und ihrer Kraft zur Selbstreinigung. Sicher hilft auch die geringe gesellschaftliche Relevanz vieler Vereine, ihre unüberschaubar große Zahl, ihre meist nur geringe Größe. Hier kräht nur dann der Hahn, wenn es auf dem Mist ganz enorm stinkt. Es hat aber vermutlich auch damit zu tun, dass Öffentlichkeit und Medien das Dickicht der Kompliziertheit, Intransparenz und bewusster Verschleierung oft nicht durchdringen und durchblicken können.

An einer Stelle jedoch rächt sich diese Doppel-Moral von Anspruch und Wirklichkeit: Beim *Image* der Spendenorganisationen und des Spendenwesens überhaupt. Weder „schöngerechnete" Finanzberichte noch die völlig überzogenen Ausreden vieler Nicht-Spender über angeblich gigantische Verwaltungskosten entsprechen der Realität: Eine ehrliche, transparente und offensive Kommunikation über Aufwand und Ertrag, Kosten und Wirkung, Einsatz und Ergebnis sowie auch über Rückschläge und das tagtägliche Scheitern an widrigen Rahmenbedingungen vermag eine neue Vertrauensbasis zu schaffen, die beides ermöglicht: Sicherheit vor Skandalen einerseits und eine solide, ja nachhaltige Vertrauenskultur zwischen Organisationen und Spendern andererseits.

Angst – auch für Spendenorganisationen ein schlechter Ratgeber

Aus Angst davor, dass die oben angesprochenen Widersprüche sichtbar werden, hat die große Mehrheit der Spendenorganisationen in der Vergangenheit über die finanzielle Seite ihrer Aktivitäten und auch über die Vorgänge in ihren Gremien nur sehr dürftig kommuniziert. Es gibt eben keine Pflicht zur Publizierung von Jahresberichten. Der Staat verlangt von Vereinen keine öffentliche Rechenschaft. Selbst die Steuerbefreiung wegen Gemeinnützigkeit wird recht freizügig erteilt. Auch deshalb war und ist es in den allermeisten Organisation ein zähes Ringen, transparente Finanzberichte, ja überhaupt Jahresberichte zu veröffentlichen.

Noch vor 20 Jahren existierte eine halbwegs offene Berichterstattung so gut wie gar nicht. Erst seit 1992 verlangt das Deutsche Zentralinstitut für soziale Fragen (DZI) überhaupt Einsicht in zentrale Informationen – allerdings nur von Organisationen, die das „Spendensiegel" beantragen. Aktuell lassen sich erst 253 Organisationen (von vielen tausend) vom DZI prüfen. Eine Veröffentlichung der Berichterstattung verlangt aber selbst das DZI bis heute nicht.[2]

Der öffentlichen Berichterstattung in Form von standardisierten Jahresberichten käme hingegen eine zentrale Bedeutung zu. Erst über klar definierte Ansprüche, Kriterien-Raster und Kategorien würde eine Vergleichbarkeit der Leistungen der Organisationen auf einem höheren Niveau ermöglicht, wobei die Vergleichbarkeit sich dann auf deutlich mehr als nur die reine Finanzberichterstattung erstrecken sollte. Ein sehr aktiver Schritt in diese Richtung war der seit 2005 ausgelobte „Transparenzpreis" des Wirtschaftsberatungsunternehmens PricewaterhouseCoopers (PWC), das die fachliche Qualität von Jahresberichten der Spendenwerke prüft. (Siehe den Artikel von Lothar Schruff und Jan Simon Busse in diesem Band.) Durch die Vergabe des Transparenzpreises wurde die Qualität und Aussagekraft der Jahresberichte insbesondere vieler größerer deutscher Spendenorganisationen innerhalb weniger Jahre deutlich verbessert.

Doch noch immer ist eine offene und wirklich durchsichtige Berichterstattung ein Minderheitenphänomen. Besonders viele Stiftungen – die qua Gesetz und Statuten überhaupt keine Transparenz walten lassen müssen – vertrauen weiterhin auf den „Schotten-dicht"-Ansatz.

„Angst frisst die Seele auf", so könnte man die Auswirkungen dieser Verdunkelungspolitik bezeichnen. Denn bei (Zu-)Stiftungen und Spendengeldern handelt es sich ausschließlich um Vertrauensgaben; um Wohltätigkeit und Gutwilligkeit, denn für sein Geld erhält man – außer vielleicht einem guten Gewissen – keinen Gegenwert. Diese gutwilligen Wohltäter haben gewiss ein Recht darauf zu erfahren, was mit ihren Geldern geschieht. Das ist den Organisationen auch bewusst, weshalb sie zwar ausgesprochen intensiv kommunizieren, jedoch gerade bei der Ausgabentransparenz eine merkwürdige Zurückhaltung an den Tag legen. Jeder weiß, dass Dienstleistungen der Organisationen Kosten verursachen. Aber reden darf man darüber nicht. Jede gut arbeitende Organisation zahlt gewöhnlich Honorare an Berater – nur dürfen es Medien und Spender angeblich nicht erfahren. In einem solchen Umfeld der Verschwiegenheit kann es dann zu Phänomenen kommen wie beim Unicef-Skandal Anfang 2008.

---

[2] Das DZI hat im Frühjahr 2008 komplett neue und deutlich schärfere Spendensiegel-Kriterien angekündigt, diese aber bis Anfang 2010 noch nicht veröffentlicht.

Transparenz als Kommunikationsstrategie

Den Kommunikatoren in den Hilfsorganisationen, den Pressesprecherinnen und Marketingexperten, den Fundraisern und Spenderbetreuerinnen ist dieser Konflikt zwischen Anspruch und Wirklichkeit sehr wohl bewusst, ja allgegenwärtig. Viele neigen dazu, sich ständig auf die Zunge zu beißen oder selbige zu verrenken, um die Realität zu verschleiern. Manche wiederum begeben sich intern in schwierige, der eigenen Karriere wenig dienliche Auseinandersetzungen um mehr Transparenz, und sei es nur, um selber an die relevanten Informationen heranzukommen.

Viele von ihnen sind aber inzwischen längst so weit, dass sie viel lieber eine Lanze für die wahren Kostenstrukturen brechen würden, als ihr Publikum mit Halbwahrheiten abzuspeisen. Manche ahnen, welch eine Befreiung es wäre, wenn man etwa die (keineswegs skandalöse) Gehaltsstruktur ihrer Organisationen veröffentlichen würde. Das wäre jedenfalls besser, als sich verschämt Spekulationen ausgesetzt zu sehen und diesen nicht mit Zahlen widersprechen zu können.

Da Menschen, die in Hilfsorganisationen arbeiten, eher zur Gilde der „Weltverbesserer" zählen, würden sie völlig neue Kraft daraus schöpfen, die ganze Wahrheit über die Schwierigkeiten und Widrigkeiten ihrer Arbeit erzählen zu können. Experten könnten dann endlich offen darüber debattieren, warum die Welt nach fünf Jahrzehnten Entwicklungszusammenarbeit immer noch so voller Hunger und Armut ist und welche Gründe dazu führen, dass die mühsamen Aufbauarbeiten immer wieder zunichte gemacht werden. Sie könnten auch offen darüber reden, warum es sehr viel Sinn macht, selbst mit einem bescheidenen Beitrag von nur 50 Euro im Monat die Armut zu bekämpfen. Aber dann müssten sie auch offen über den immer wieder neu aufgefrischten Selbstbetrug reden, wonach es angeblich innerhalb weniger Jahre möglich sein soll, die absolute Armut zu halbieren oder gewisse Tropenkrankheiten auszurotten.

Transparenz als erfolgreiches Marketingargument

Die gute Nachricht ist: Jenseits aller Schizophrenien und Widersprüche ist der Spender heutzutage ein ausgesprochen wacher und gut informierter Zeitgenosse. Längst hat sich gezeigt, dass er/sie auch auf intelligente Weise zum Spenden bewegt werden kann, jedenfalls wenn nicht nur sein Intellekt, sondern auch sein Gefühl und sein Herz angesprochen werden. Wenn sich die Spendenorganisationen dazu aufraffen, ihre Spender – und damit die eigentlichen Träger ihrer jeweiligen Mission – umfassend aufzuklären und in die „Niederungen" der Hilfstätigkeit mitzunehmen, kann daraus durchaus eine neue Überzeugungskraft entstehen. Es wäre eine viel gesundere Basis für gesellschaftliches Engagement und Spendentätigkeit.

Es ist ein interessantes Phänomen der letzten Jahre, dass Vereine, die sich als Vorreiter in Sachen Transparenz positioniert haben, auch erfolgreiche Spendensammler sind. Einige Organisationen – gerade jene, die zu den Bestplatzierten beim Transparenzpreis gehören – haben eine offensive Kommunikation auch über vormals kaum kommunizierte „Interna" als erfolgreiches Marketinginstrument entdeckt und präsentieren sich gegenüber ihren Spendern als „gläserne" Organisation.

Vielleicht haben diese Organisationen ihren Anhängern besser auf den Mund und ins Herz geschaut! Transparenz erscheint plötzlich als Beleg für modernes, den aktuellen Erfordernissen angemessenes Denken und Handeln, sozusagen als Erweis eines auf Zukunft orientiertes und nachhaltiges Arbeiten; als Gradmesser für Ehrlichkeit- und Aufrichtigkeit; als Ansammlung von Tugenden, die man von solchen Organisationen erwartet und erwarten kann.

Christian Osterhaus ist Director Operations der 4C Association, ein internationaler Nachhaltigkeitsstandard für die Kaffeewirtschaft. Zuvor war er Stellv. Direktor Kommunikation der Christoffel-Blindenmission (CBM), danach Geschäftsführer Deutschland und Österreich von Menschen für Menschen, Karl-Heinz Böhms Äthiopienhilfe, und zuletzt Bereichsleiter Marketing der Deutschen Welthungerhilfe.

Teil III
Spendensammlung und Werbung

Ise Bosch

Warum spenden?

Einblick in die Sicht der Spenderinnen und Spender: Spendenmotivation, Hemmnisse und deren Überwindung – und Folgerungen für die Spendenwerbung

Ich bin Erbin. Erbin sein ist angenehm, hat aber auch seine Schattenseiten: Reiche haben insgesamt kein gutes Image, damit muss man klarkommen. Ich selbst betrachte mich nicht als etwas Außergewöhnliches, aber anderen fällt es oft schwer, sich in meine Lage zu versetzen.

Ähnlich ergeht es vielen Prominenten, Spitzenverdienern und anderen Menschen, die in kurzer Zeit zu Reichtum gelangt sind.

Das Unverständnis zeigt sich gar nicht immer als Missgunst, oft wird es sogar von einer positiven Wertung begleitet. Wenn ich mich offen als Geldgeberin zu erkennen gebe, werde ich ab und an gefragt: „Warum machst du das? Das müsstest du doch eigentlich gar nicht. Du könntest doch einfach dein Leben genießen." Nun entspricht es nicht meiner Lebensrealität, das Leben einfach „nur so zu genießen"; denn wie wohl die meisten Menschen kann ich das Leben am besten genießen, wenn es anderen auch gut geht. Dass es den andern nicht so gut geht, liegt natürlich nicht in erster Linie am Geld, aber oft eben doch. Auch wenn ich selbst finanziell gut versorgt bin, werde ich doch immer wieder konfrontiert mit Sorgen und Not, mit Ineffizienz, mit vergebenen Chancen, mit Ungerechtigkeiten, die von Geldmangel herrühren. Es erscheint mir normal, um Geld angegangen zu werden. Wäre es nicht so, müsste ich mich fragen, warum.

Meine Spendentätigkeit betrachte ich als Arbeit, die im weiteren Sinn politisch ist. Eine angenehme Arbeit; denn sie ist in vielerlei Hinsicht befriedigend. Ich kann mich aktiv und unabhängig sozial einsetzen und dabei wertvolle Erfahrungen sammeln, und zugleich ist diese Tätigkeit ein Ausweg aus der Selbstisolation, die durch Reichtum oft entsteht. Menschen, die bewusst und strategisch für soziale Gerechtigkeit spenden, lösen damit aber noch lange nicht das systemimmanente Problem sozialer Ungerechtigkeit. Aber immerhin verdrängen sie es nicht.

Für Menschen, die Geld zur Verfügung haben und damit etwas Sinnvolles anstellen möchten, ergeben sich Fragen nach dem richtigen Spenden. Nicht nur nach dem, *wofür* ich spenden möchte, sondern auch, *warum* ich spenden will.

Fragen zum Spenden haben natürlich nicht nur die sogenannten „Großspender",
im Gegenteil. Laut dem Deutschen Fundraising Verband spenden Menschen in
Haushalten mit geringerem Einkommen verhältnismäßig sogar mehr. Immerhin
40 % des Spendenvolumens in Deutschland kam 2007 aus Haushalten mit einem
monatlichen Nettoeinkommen von unter 2.250 Euro. Fragen nach der Spendenmotivation wiegen hier doppelt schwer, weil die gespendeten Summen nicht so
leicht zu erübrigen sind; die Opportunitätskosten sind höher. Wer bei niedrigem
Einkommen für eine gute Sache spendet, die ihm oder ihr wichtig ist, übt Verzicht und kann dieses Geld oft nicht für andere wünschenswerte Dinge ausgeben.

Die Motivation zu spenden, zu geben, zu helfen scheint mir etwas ganz ur-
sprünglich Menschliches zu sein. Für die Einzelnen mögen verschiedene Faktoren bestimmend sein, wie zum Beispiel:

- *Geteilte Freude ist doppelte Freude*: Das ist mehr als *do ut des* (lat. „Ich
  gebe, damit du gibst") oder „wie du mir, so ich dir". Schenken an sich
  macht Freude. Beobachten Sie kleine Kinder!

- *Das soll nie wieder passieren*: Viele von uns machen einschneidende Erfahrungen mit Krankheit, Not, Gewalt, Ungerechtigkeit und entwickeln daraus
  ein starkes Bedürfnis, sich für andere in ähnlicher Lage einzusetzen. Statt
  „Kampf oder Flucht": hinsehen und helfen!

- *Ich brauche nicht so viel*: Viele fühlen sich mit einem bestimmten Lebens-
  standard am wohlsten. Besitz darüber hinaus kann durchaus belastend sein.
  Das mag diejenigen, die Überfluss nicht kennen, wundern; aber tatsächlich
  geht es gerade vielen Erbinnen und Erben größerer Vermögen so. Mir ist
  bewusst geworden, dass mich soziale Ungleichheit belastet, auch wenn ich
  mich auf der Seite der Gewinner befinde. Mir diese Ungleichheit bewusst
  zu machen ist allemal hilfreicher, als den Stimmen zu lauschen, die sagen:
  „Deine Probleme möchte ich haben!" Den Teil meines Vermögens, der
  nach meinem eigenen Standard „übrig" ist, auf sinnvolle Weise weiterzuge-
  ben, ist mein persönlicher Weg, mit Reichtum umzugehen.

- *Eigentlich habe ich unverdient viel Geld*: Der Arbeitsmarkt entlohnt nicht
  fair, vieles ist unterbezahlt und manches eben auch überbezahlt. Nicht nur Erben größerer Summen, sondern auch Menschen mit überdurchschnittlich hohem Einkommen, Begünstigte eines Unternehmensverkaufs, Stars im Film-
  und Showbusiness, Toptennisspieler, Bestsellerautoren, empfinden, dass sie
  „unverdient und unverhältnismäßig viel" Geld haben. Sie entwickeln regelrechte Schuldgefühle. Ein echtes Luxusproblem, das nur selten auf Verständnis trifft, sozusagen *a nice problem to have*, und doch können solche Skrupel
  sehr hemmend sein. Aktive, kreative Spendenarbeit ist ein Ausweg aus dieser
  moralischen Misere.

- *Ich möchte etwas zurückgeben*: Auch das Bedürfnis, der Gesellschaft zurückzugeben, was sie uns großzügig gegeben hat, kann eine gute Motivation sein. „Weil ich selbst eine gute Schule besuchen konnte, setze ich mich dafür ein, dass andere auch diese Chance bekommen."
- *So mach ich das auch*: Oft animieren uns Vorbilder, mit Geld großzügig zu sein – Familienmitglieder, Menschen aus dem sozialen und beruflichen Umfeld oder auch Persönlichkeiten des öffentlichen Lebens, die uns besonders beeindrucken und uns zum Geben motivieren.

Warum wird trotz der Vielzahl an Motiven gerade in Deutschland vergleichsweise wenig gespendet? Was hält wohlhabende Menschen davon ab? Das unvorteilhafte Image der Reichen ist sicherlich einer der Gründe. Ein weiterer ist die weit verbreitete Annahme, dass private Spenden nur „ein Tropfen auf den heißen Stein", also faktisch nicht wirksam seien. Auf dieses Thema wird an anderer Stelle in diesem Band eingegangen. Einige weitere Hemmnisse möchte ich im hier Folgenden ansprechen:

- die Überzeugung, dass soziale Aufgaben durch den Staat wahrgenommen werden sollten;
-
- die Einrichtung der Kirchensteuer;
- die steuerliche Bevorzugung des Stiftens über das Spenden;
- die Skepsis – auch seitens vermögender Menschen – gegenüber großen privaten Spenden als eines nicht demokratisch legitimierten Mittels der Machtausübung.

„Das sind doch staatliche Aufgaben"

Fundraiser wissen oder vermuten zumindest: Der Hauptgrund, warum Menschen spenden, ist, dass jemand sie um Spenden gebeten hat. So mag die Tatsache, dass Deutschland trotz der vielen Wohlhabenden dennoch ein vergleichsweise geringes Spendenaufkommen hat, darauf zurückzuführen sein, dass noch viele soziale Aufgaben durch den Staat wahrgenommen werden, dass der Einzelne also nicht oft um seinen Beitrag gebeten wird und dass wir das im Allgemeinen so als richtig empfinden.

Der Gemeinnützige Sektor, auch als „Dritter Sektor" Deutschlands bekannt (nach dem staatlichen und dem privatwirtschaftlichen), ist in seinem Einkommen stark von öffentlicher Förderung abhängig. Ein Vergleich Deutschlands mit anderen Ländern zeigt, dass Deutschland sehr viel mehr auf den öffentlichen Sektor setzt als andere Länder:

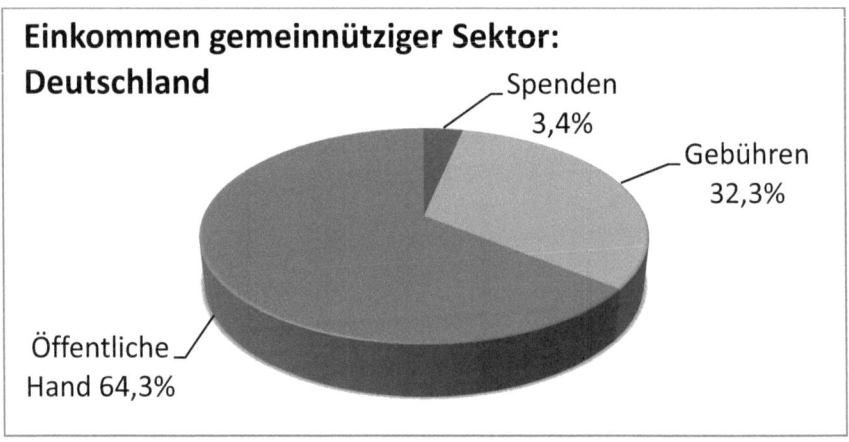

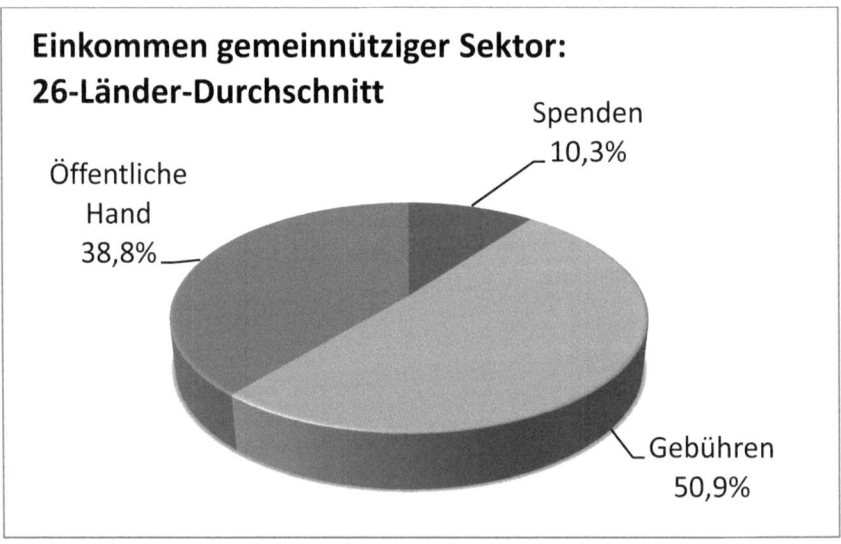

Man fragt sich: Warum sollte gerade ich für – zum Beispiel – Initiativen gegen rechte Gewalt spenden? Da geht es um innere Sicherheit, und für die hat doch der Staat Geld bereit gestellt! Und warum für Frauen? Steht nicht im Grundgesetz „Die Frau ist dem Manne gleichgestellt"? Wenn sie das faktisch immer noch nicht ist, ist Frauenförderung eine öffentliche, keine private Aufgabe! Scheinbar überzeugende Argumente. Dagegen spricht nur die politische Realität. Handfeste Interessen arbeiten derzeit gegen den Sozialstaat, und „leere Kassen" sind ein schwer zu schlagendes Argument für radikale Mittelkürzungen. Im entstehenden Verteilungskampf unterliegen diejenigen, die einen funktionierenden Staat am dringendsten benötigen. Auch sie brauchen eine Interessensvertretung. Interessensvertretungen braucht Interessensvertreterinnen – und das sind Organisationen, die ihrerseits für ihre Arbeit Geld benötigen.

Wer nicht für den Staat einspringen will, kann Einrichtungen fördern, die im Verteilungskampf um die öffentlichen Mittel benachteiligte Gruppen vertreten; wer für mehr Demokratie ist, unterstützt am besten Organisationen, die eine stärkere Bürgerbeteiligung zum Ziel haben.

Private Spenden können öffentliche Förderung nicht in der Breite ersetzen. Das sollte aber niemanden daran hindern, die Vorteile privater Spenden zu nutzen: Flexibilität, langer Zeithorizont, persönliches Engagement.

„Meine Spende ist die Kirchensteuer"

Viele deutsche Steuerzahler spenden nicht für soziale Zwecke, weil sie glauben, dass sie das als Mitglieder der großen Kirchen schon durch die Kirchensteuer tun. Sie ist die sicherlich verbreitetste, selbstverständlichste Form der regelmäßigen freiwilligen Spende und beträgt beinahe 10 % der Einkommensteuer. Kirchliche Krankenhäuser, Sozialstationen, Altenheime, Kindergärten, Entwicklungshilfe – all das sind doch gemeinnützige Zwecke! Allerdings stimmt es nur bedingt, dass diese Dienstleistungen mit der Kirchensteuer bezahlt werden; bei kirchlichen Einrichtungen fungiert die Kirche auch als Trägerorganisation für Leistungen, die sie von den Krankenkassen und anderen Dienstleistern erstattet bekommen. Oft ist die Trägerin überhaupt nicht die Kirche, sondern ein eigener Verein der Diakonie oder Caritas. Bei so einem „kirchlichen" Krankenhaus etwa bezuschusst Ihre Kirchensteuer nur die Krankenhauskapelle und deren „Bewirtschaftung".

Nur 6 bis 20 % (es gibt unterschiedliche Betrachtungsweisen) der Kirchensteuer fließen in soziale Dienste für die Allgemeinheit, während 80 bis 94 % für die inneren Belange der Kirchen bestimmt sind, d.h. in erster Linie (zwischen 70 und 80 %) für Personal in der Gemeindearbeit und kirchlichen Verwaltung.[1] Die Kirche selbst unterscheidet finanziell nicht zwischen ihren internen Angeboten

---

[1] Siehe: http://www.kirchensteuer.de/verflechtung.html (Stand Januar 2010)

und solchen, die sich an alle Interessierten oder Betroffenen richten (wie z.b. Seelsorge, Jugendarbeit, Kirchenmusik und auch jene Einrichtungen der Caritas und Diakonie, die dem Kirchenwerk angegliedert sind). Auch die kirchlichen Entwicklungsdienste werden nur zum geringsten Teil über ihre jeweiligen Kirchen finanziert. 2007 waren es bei Brot für die Welt 1,8 %; bei Caritas international 11 %. Die kirchlichen Entwicklungsdienste leben hauptsächlich von Kollekten und Spenden, nicht von der Kirchensteuer.

Wenn Sie die Kirchen unterstützen wollen, tun Sie das zielgenau mit der Kirchensteuer. Wenn Sie aber soziale Dienste, ob jene in kirchlicher Trägerschaft oder andere, unterstützen wollen, sollten Sie – eventuell zusätzlich – direkt für einzelne Einrichtungen spenden.

„Eigentlich möchte ich lieber eine Stiftung gründen"

Seitdem der Gesetzgeber Stiftungsgründungen gesetzlich erleichtert und die steuerlichen Anreize stark verbessert hat, gibt es in Deutschland einen regelrechten Stiftungsboom. Knapp 17 372 rechtsfähige Stiftungen verzeichnete der Bundesverband Deutscher Stiftungen Ende 2009; allein 2009 wurden 914 neue gegründet; hinzu kommen noch die nicht selbständig arbeitenden Stiftungen und diejenigen, die als GmbH oder Verein organisiert sind.

Allerdings entstehen derzeit vor allem Stiftungen mit kleinem Vermögen. Oft stellt sich im Nachhinein heraus, dass das Stiftungsvermögen nicht genügend abwirft, um den Stiftungszweck wirkungsvoll zu erfüllen – und die Stiftung begibt sich auf die Suche nach Zustiftern.

Wer sich mit dem Gedanken trägt, eine Stiftung zu gründen, sollte prüfen, ob eine Stiftung wirklich das optimale Instrument für das gemeinnützige Engagement ist. Ein paar grundsätzliche Überlegungen können hierzu helfen:

- Stiften ist attraktiv, weil und wenn man selbst eine Einrichtung gestalten kann, die die persönlichen Spendeninteressen auf die Dauer umsetzt. Aber:
- Ein Stiftungsvermögen von 2,5 Millionen Euro bringt bei einer jährlichen Rendite von 4 % einen Stiftungsetat von 100 000 Euro; das entspricht knapp den Kosten für ein Ein-Personen-Büro – und es sind noch keinerlei Förderungen getätigt!
- Wer nicht vorhat, mehrere Millionen in eine eigene Stiftung einzubringen, sollte stattdessen eine Zustiftung zu einer bestehenden Stiftung erwägen (auch das wird steuerlich belohnt).
- Besonders interessant für Zustiftungen sind Bürgerstiftungen und themenorientierte Gemeinschaftsstiftungen, die von vornherein als Sammelstif-

tungen angelegt sind und ihren Zustifterinnen und Zustiftern Mitsprache-rechte einräumen.

▪ Weitere Möglichkeit: Man legt das Geld weiterhin selbst an und beginnt die Förderarbeit mit einigen Jahren planvollen Spendens. Danach weiß man besser, was man wirklich will und was funktioniert.

„Private Förderung ist undemokratisch"

Wer viel Geld vergibt, hat auch Macht. Die Mäzenin bestimmt, welches Bild gekauft wird. Der Großspender sitzt oft im Entscheidungsgremium einer Organisation. Große private und Unternehmens-Stiftungen üben in Form von *think tanks* Einfluss auf die Exekutive aus.

Private Stiftungen gewähren selten eine öffentliche Beteiligung am Entscheidungsprozess. Mehr noch, sie müssen nicht einmal transparent machen, wie und warum Entscheidungen gefällt werden. Und wer will beurteilen, ob eine Stiftung „gut" arbeitet und ihre Absichten wirklich dem allgemeinen Wohl dienen? Wie gut darf sie sich selbst finanziell ausstatten? „Unterm Strich" stehen soziale Ergebnisse, keine Gewinnmargen. Alleine ihre Gemeinnützigkeit wird vom Finanzamt überwacht und ihre Geschäftstätigkeit von der Stiftungsaufsicht. Stiftungen sind grundsätzlich frei, große Förderprogramme einzurichten – und die Förderung auch ebenso schnell wieder einzustellen. Niemand hat ein Recht auf Förderung.

Die Intransparenz des Stiftungssektors ist in vielerlei Hinsicht ein Problem – nicht nur für die Drittsektor-Forschung, sondern auch für das einzelne Projekt, das dringend Gelder sucht, um gesellschaftlich relevante Aufgaben erfüllen zu können. Das ist nicht neu. Die moderne Philanthropie, geprägt durch die „großen" Unternehmensgründer, erstrebte selten eine Einkommensumverteilung von „oben" nach „unten". Oft war es der Wunsch, durch soziales Engagement dem ungerechten sozialen System die Schärfe zu nehmen oder fähigere Mitarbeiter zu bekommen. Bei Andrew Carnegie zum Beispiel, dem vielleicht berühmtesten Philanthropen überhaupt, ging die Motivation zu spenden zumindest teilweise auf Arbeiteraufstände im eigenen Stahlwerk zurück. Große Vermögensunterschiede betrachtete er nicht als ungerecht, sondern als Fortschrittsmotor.

Viele der großen Stiftungen arbeiten heute in ihrem Förderprogramm durchaus mit Ansätzen von sozialer Gerechtigkeit. Die Kuratorien der mittelgroßen und großen Stiftungen bleiben aber weiterhin Industrievertretern und Akademikern vorbehalten. Erst das *social change funding movement,* die basisorientierte Stiftungsbewegung in den USA (und seit neuestem auch in Deutschland) hat angeregt, Experten und Expertinnen aus den verschiedenen Betroffenengruppen in die Entscheidungsgremien zu bringen.

Auch wenn die Einflussmöglichkeiten begrenzt bleiben: Sollten wir deshalb von Spenden absehen und lieber Steuern zahlen? Meine persönliche Ansicht ist: Steuern zahlen (ein schwacher Staat ist sozial ungerecht) UND spenden – für unterförderte und kontroverse Zwecke, für unsere Herzensanliegen, für eine gerechtere Verteilung öffentlicher Mittel usw.

Aus der Unabhängigkeit des Spendenwesens ergeben sich einige gewichtige Vorteile. Sie können dort zum Tragen kommen, wo unser demokratisches System Schwächen hat. Spender und Spenderinnen können Gelder einerseits zügig bereitstellen, und andererseits haben sie einen viel längeren Zeithorizont als Regierungen – einen theoretisch unbegrenzten nämlich. Sie können wichtige soziale Zwecke fördern, die für öffentliche Stellen zu riskant oder nicht erwünscht sind. Welches kommunale Parlament ist beispielsweise derzeit politisch noch in der Lage, die Finanzierung einer Lesbenberatungsstelle zu bewilligen? Bürgerinnen und Bürger vor Ort können, als Betroffene eines Problems, als Menschen mit spezifischen Kenntnissen und Erfahrungen und mit Leidenschaft für gewissen Themen, weit mehr als nur Geld geben; vielmehr können sie auch ideelle Dinge einbringen wie: Bestätigung, Rückhalt, Begeisterung, Motivation oder die Kraft weiterzumachen.

Es gibt auch das Argument, Spenden sei durchaus demokratisch: Spenden ist eine „freie Meinungsäußerung"; wir wählen mit dem Überweisungsschein. Organisationen, die den Wünschen der breiten Bevölkerung entsprechen, bekommen breite Unterstützung, und das ist in gewisser Weise demokratisch. Andere sagen, der Vorgang entspreche der Marktwirtschaft: Im Wettbewerb um Spendengelder werden gute Organisationen belohnt, schlechte vom Markt verdrängt.

Die Organisationen in Deutschland mit dem höchsten Spendenaufkommen 2007[2]

Organisation [1]	Beitrags-, Spenden- und Erbschaftsaufkommen gesamt 2007 EUR [2]	davon Erbschaften 2007 EUR
Hermann-Gmeiner-Fonds Deutschland e.V., München	116.792.720	30.474.879
SOS Kinderdorf e.V., München[4]	115.521.000	44.952.000
Deutsches Komitee für UNICEF e.V., Köln	85.497.770	179.242

[2]   Siehe: http://www.fundraisingverband.de/Wer_sind_die_Organisationen_mit_dem_h_chsten_ Spend.266.0.html_(Stand Februar 20009)

Organisation [1]	Beitrags-, Spenden- und Erbschaftsauf- kommen gesamt 2007 EUR [2]	davon Erbschaften 2007 EUR
Johanniter-Unfall-Hilfe e.v., Bundesverband, Berlin	82.857.200	531.400
Deutsche Krebshilfe e.V., Bonn	81.900.000	39.200.000
World Vision Deutschland e.v. Friedrichsdorf[5]	80.038.766	30.349
Päpstliches Missionswerk der Kinder in Deutschland e.V., Aachen	66.386.408	829.776
Brot für die Welt, Stuttgart	55.964.586	3.882.802
Bischöfliches Hilfswerk Misereor e.v., Aachen	52.800.000	1.792.435
Bischöfliche Aktion Adveniat, Essen[6]	50.714.215	742.904
Internationales Katholisches Missionswerk e.v. missio, Aachen und München	50.696.794[7]	7.006.042
Christoffel Blindenmission e.v., CBM, Bensheim	47.104.066	10.896.877
Kindernothilfe e.v., Duisburg	46.973.929	557.786
Greenpeace e.v., Hamburg	40.105.000	1.413.000
Deutsches Rotes Kreuz, Bundesverband, Berlin[9]	35.009.674	3.169.841
Deutsche Welthungerhilfe e.v., Bonn	31.544.084	1.661.796
Volksbund Deutsche Kriegsgräberfürsorge e.V., Kassel	30.554.346	4.187.000
Ärzte ohne Grenzen e.V., Berlin	29.684.663	1.453.561
Deutsche Stiftung Denkmalschutz, Bonn[11]	25.820.000	5.900.000
Umweltstiftung WWF-Deutschland, Frankfurt am Main	24.700.000	3.300.000

1) Es werden jeweils die Organisationsebenen genannt, die die nachstehend aufgeführten Mittel eingeworben haben und selbstständig verausgaben können. Bei einigen Organisationen gibt es rechtlich selbstständige Untergliederungen, die unabhängig voneinander Spenden und Geldauflagen akquirieren, über die sie auch selber verfügen können. Bei einer kumulierten Betrachtung der Spenden- und Geldauflageneinnahmen solcher Organisationen auf allen Ebenen sind die Einnahmen zum Beispiel von DRK, Diakonischem Werk und Caritas wesentlich höher als hier angegeben.
2) Spenden, spendengleiche Mitgliedsbeiträge, Erbschaften, aber keine Geldauflagen.
3) Spenden, spendengleiche Mitgliedsbeiträge, Erbschaften, aber keine Geldauflagen.
4) Spenden, spendengleiche Mitgliedsbeiträge, Erbschaften, aber keine Geldauflagen.
5) Spenden, spendengleiche Mitgliedsbeiträge, Erbschaften, aber keine Geldauflagen.
6) 2008 erstmals in Erhebung einbezogen.
7) Davon sind etwa 91,4 Mio. Euro Tsunamihilfen. Ebenso enthalten ist der Spendenanteil von 75% an den verkauften Grußkarten.
8) Enthalten ist der Spendenanteil von 75% an den verkauften Grußkarten.
9) Geschäftsjahr jeweils 1.Oktober-30. September.
10) Einschließlich Geldauflagen sowie Einnahmen aus Sonderkollekte Tsunami in Höhe von 7,3 Millionen Euro.
11) Einschließlich Geldauflagen.

Belohnt werden ganz offensichtlich die größten und etabliertesten Organisationen und diejenigen, deren Thematik die Medien aktuell gut verkaufen können bzw. durch die sich diese Organisationen selbst gut verkaufen, etwa bei medienwirksam darstellbaren humanitären Naturkatastrophen. Wer neu ist auf dem Markt, hat dagegen einen schwierigen Start. Äußerst wichtige, aber besonders schwer zu vermittelnde Themen wie seltene Erkrankungen, unangenehme „Dauerbrenner" wie Gewalt gegen Mädchen und Frauen, Themen mit schlechter Interessensvertretung wie Migration, oder erschreckende Themen wie rituelle Gewalt[3] – sie sind die Verlierer im Wettbewerb um Spendengelder, genauso wie wenig populäre Formen von Kunst und Sport.

Die Überlegung, ob Spenden demokratisch sei, lässt sich also auch vom Kopf auf die Füße stellen. Wer privates Geld an den Ort bringen will, wo es am meisten gebraucht wird, wird unter Umständen gegen den Trend spenden. Gemeinnützige Organisationen sollten denjenigen helfen, die am dringendsten Hilfe benötigen und sie am schwersten bekommen können.

Unterförderte gemeinnützige Themen
- Alleinerziehende und ihre Kinder
- Alternative Heilmethoden
- Alternative Kunst und Kultur
- Antirassismus
- Arbeitslosen-Selbsthilfe
- Behinderte und Menschen mit seltenen Krankheiten
- Benachteiligte Kinder und Jugendliche
- Betreuung von (ehemaligen) Häftlingen
- Integrative Lebensmodelle
- Kleinbäuerliche Strukturen/Selbstversorgung
- Lesben, Schwule, Bisexuelle, Transgender, Intersexuelle
- Mädchen und Frauen mit wenig Einkommen und Migrationserfahrung
- Menschen nichtdeutscher Abstammung
- MigrantInnen und Asylsuchende
- Künstlerische Ausbildung und Musikinstrumente für Nicht-Vermögende
- Nicht medienwirksame Sportarten
- Opfer von Gewalt in der frühen Kindheit
- Organisationen aller Art in den östlichen Bundesländern
- Organisationen im ländlichen Raum
- Pressefreiheit, Transparenz in der Berichterstattung, Lobby gegen Medien-Lobbyismus
- Telefonische Beratung/Seelsorge
- Reformen, die wirklich soziale Gerechtigkeit zum Ziel haben

---

[3] Rituelle Gewalt = systematischer Missbrauch von Kindern durch Kulte und Sekten; siehe dazu: http://www.renate-rennebach-stiftung.de oder: http://vielfalt-info.de/pageID_3678928.html

Folgerungen für die Spendenwerbung

Auch wenn Spenden eine Herzensangelegenheit sind, haben sie also durchaus eine politische Dimension. Die Gebenden sind sich dessen sehr wohl bewusst, und wenn es ungeklärte Fragen gibt, halten sie sich eher zurück. Niemand zwingt sie, aktiv zu werden. Vermögende Menschen reagieren empfindlich, wenn sie merken, dass sie als „wandelnder Scheck" und nicht als mitdenkende Menschen wahrgenommen werden. Niemand fühlt sich gerne emotional unter Druck gesetzt; das wirkt eher abstoßend. Und auch Menschen, die kleinere Summen zur Verfügung haben, haben ihre politischen, sozialen und ethischen Vorstellungen. Sie überlegen sich oft umso gründlicher, wem sie ihre Spende anvertrauen.

Organisationen, die verlässliche Spender und Spenderinnen suchen, setzen besser auf Zusammenarbeit und einen guten Informationsfluss als auf emotionale Appelle und auf Überredung. Sie sollten die Wünsche, Vorstellungen und Erwartungen der Spenderinnen und Spender ernst nehmen. Nur mittels eines ehrlichen Dialoges werden wir nachhaltig die Gesellschaft transformieren, die Kultur stärken und die Umwelt schützen. Auf diese Weise gewinnen alle, nicht zuletzt auch die Spendenkultur: die vielfältigen Beziehungen zwischen Menschen, die spenden wollen und denen, die diese Spenden für ihre Arbeit brauchen.

Ise Bosch ist die Enkelin und Millionenerbin des Firmengründers Robert Bosch. Als Musikerin empfand sie das unverdiente Erbe oft als Last. Sie investiert, stiftet und spendet nach ethischen und ökologischen Gesichtspunkten und versteht sich als Spendenplanerin. Sie ist Mitgründerin einer Frauenstiftung.

Christoph Müllerleile

Der mühsame Weg, den Verbraucher von der Sinnhaftigkeit des Spendens zu überzeugen

Dass Spenden Sinn macht, wird von wenigen Deutschen angezweifelt. Die selbstlosen Gaben für Familie, Freunde, Nachbarn und sonstwie Nahestehende gehören zu den instinktiven Gesten, die uns schon von unseren Vorfahren aus dem Tierreich mitgegeben worden sind. Später haben sie religiöse und philosophische Überhöhung erfahren, um ihnen zusätzlich Sinn zu verleihen. Doch nur ein Teil der Bevölkerung spendet. Je nach Erhebungsmethode, Fragestellung und Definition des Spendenbegriffs schwanken die Ergebnisse für die letzte Geld- und Sachspende innerhalb der letzten 12 Monate zwischen 28[1] und 50[2] Prozent. Die unterschiedlichen Spendenbeteiligungsquoten ergeben sich aus der Erhebungsmethodik. Die niedrigere Quote ergibt sich, wenn Menschen jede Ausgabe protokollieren, die höhere bei der Frage nach der letzten Spende. Es wird vermutet, dass bei Fragen nach dem Spendenverhalten überhöhte Angaben gemacht werden, da Spendenbereitschaft gesellschaftlich relativ hoch bewertet wird.[3]

Die genannten Zahlen gelten für das Jahr 2005, in dem die Spendenbeteiligungsquote durch die Tsunami-Katastrophe in Südostasien besonders hoch lag. Sie stellen also Höchstquoten der Spendenbereitschaft dar. 2007 erreicht die Beteiligungsquote nur noch Werte von 20,3 bzw. 40 Prozent.[4] Sie geht gegen-

---

[1] GfK Charity*Scope Berliner Pressekonferenz zur „Bilanz des Helfens". GfK Panel Services Deutschland, Berlin 27. September 2005. Bei dem Panel schreiben 10.000 repräsentativ ausgewählte deutsche Bewohner der Bundesrepublik Deutschland im Alter ab 10 Jahren laufend auf, was Sie an Geld-, Sach- und Zeitspenden wann und an wen geben und aus welchen Gründen. Die Zahl bezieht sich auf Teilnehmer des Panels, die zwischen 1. Juli 2004 und 30. Juni 2005 mindestens eine Geldspende gegeben haben.

[2] Deutscher Spendenmonitor 2005. Befragt wurden im Oktober 2005 4.000 Bewohner in Deutschland im Alter ab 14 Jahren. Die Frage lautete: Frage: "Haben Sie innerhalb der letzten 12 Monate mindestens einmal für eine gemeinnützige Organisation gespendet?"

[3] Vgl. Eckhard Priller und Jana Sommerfeld: „Spenden und ihre Erfassung in Deutschland – Vergangenheit – Gegenwart – Zukunft", in: dies. (Hrsg.): *Spenden in Deutschland. Analysen – Konzepte – Perspektiven*. Berlin 2009, S. 53.

[4] GfK Charity*Scope 11. September 2008 (12,9 Millionen Spender ab 10 Jahren für 2007 bezogen auf eine von GfK zugrunde gelegte deutsche Gesamtbevölkerung im Alter ab 10 Jahren von 63,5 Millionen) und Deutscher Spendenmonitor 2007, Spender 2007 ab 14 Jahren.

über den Vorjahren stetig zurück. Nur 23,6 Prozent der GfK-Panelteilnehmer stimmten 2008 der Aussagen „Für mich sind Spenden ganz selbstverständlich" zu.[5]

Wenn tatsächlich weniger als die Hälfte der Deutschen etwas spendet, liegt das auch an dem grundlegenden Misstrauen, das Spendenvermittlern und Spendenbedürftigen, die man nicht unmittelbar kennt, entgegengebracht wird, natürlich auch an denjenigen, die nach dem Spendenverhalten fragen. Warum fragt der? Wem wird meine Antwort mitgeteilt? Soll ich denn schon wieder was geben? Und wofür denn? Und wer garantiert mir, dass die Spende auch dort ankommt, wohin ich sie haben will? Und: Es kommen ja soviele, die etwas haben wollen; aber bessert sich deswegen etwas? Macht meine Spende einen Unterschied? Wer außer den wirklich Bedürftigen profitiert noch alles von meiner Spende?

Am leichtesten ist es, Menschen zum Geben zu bewegen, wenn sie auch selbst davon einen Vorteil haben, also nicht wirklich „selbstlos" geben, obwohl das nach außen hin ruhig so scheinen darf. Als ich in einem früheren Lebensabschnitt in einigen karibischen Inselstaaten in der politischen Entwicklungshilfe tätig war und eine Art politische Bildung nach deutschem Muster aufbaute, gab es von den Parteien und wohlhabenden Privatleuten vor Ort kaum jemanden, der dafür eigenes Geld ausgeben wollte. Wer hätte auch davon profitieren können, junge Leute fit zu machen für die Übernahme parteipolitischer und gesellschaftlicher Verantwortung, ohne dass gleich ein Klientelverhältnis zwischen Geber und Schützling entstehen konnte? Die Seminare fanden unter eher primitiven Verhältnissen mit Minimalausstattung statt. Sobald es aber um die Finanzierung von Wahlkämpfen ging, gab es plötzlich großzügige Mäzene. Dann waren Autos da, Telefone, Räumlichkeiten, Helfer in Scharen, denn wer an die richtigen Leute spendete, konnte sicher sein, nach der Wahl kräftig zu ernten. Wer ganz sicher gehen wollte, unterstützte mehrere aussichtsreiche Parteien und deren Kandidaten gleichzeitig und hatte dabei immer einen Treffer. Hier war es also gar nicht schwer, die Spender von der „Sinnhaftigkeit" ihrer Spenden zu überzeugen. Auch Mittellose verstanden, worauf es ankam, und stellten zumindest ihre Arbeitskraft für die Kampagne zur Verfügung.

Ähnlich, wenn auch nicht ganz so rigoros, geht es bei der Parteienfinanzierung in Deutschland zu. Trotz millionenteurer Strafzahlungen für nicht ordnungsgemäß verbuchte oder bescheinigte Spenden, leiden Parteien in Wahlkampfzeiten kaum unter Spendenmangel und bekommen noch Steuergelder dazu. Auch der Bürgermeister, der das örtliche Bauunternehmen um eine Spende für den neuen Kindergarten bittet, tut selten eine Fehlbitte, weil der Unternehmer

---

[5] GfK Charity*Scope 11. September 2008. 45,8 Prozent stimmen nicht zu, 30,6 Prozent weder noch.

weiß, dass er mit der Spende ein Vielfaches an Auftragsvolumen akquirieren kann, ohne seine Spende aber bei weiteren Aufträgen womöglich ins Hintertreffen gerät. Die Mitglieder der Turngesellschaft spenden gerne für die Errichtung eines neuen Vereinsheims, weil sie dessen Vorteile noch viele Jahre genießen können und außerdem in ihrem gesellschaftlichen Umfeld nicht als Geizlinge gelten wollen. Bei akuten Katastrophen in der Nachbarschaft ist es nicht schwer, Spenden zu akquirieren, weil der Spendende sich damit bei eigenem Notfall der Solidarität anderer sicher sein kann. Das gilt selbst für Katastrophenereignisse, die sich in der Ferne abspielen wie etwa die Elbe-Flut von 2002 oder die Tsunami-Katastrophe zu Weihnachten 2004. Sie gehören zu den Ereignissen, die den Spendern „nahe gingen", weil sie sich mit den Flutopfern identifizieren konnten und durchaus selbst Betroffene hätten sein können.

Leid mindern – auch das eigene

Die Vermeidung oder der Abbau von Leidensdruck gehören zu den Gründen, die das Spenden sinnvoll und geboten erscheinen lassen. Sorge um Straßenhunde in Bulgarien oder um vom Verhungern bedrohte Zirkustiere gehört in diesen Bereich, die Hilfe für behinderte oder schwerkranke Kinder ebenso wie der Erhalt des schiefen Turms in Pisa oder der Wiederaufbau der Dresdner Frauenkirche, die zum Kulminationspunkt für kulturhistorisch und friedensmotivierte Spenderneigung in Ost und West wurde. Ja, auch das Verschwinden von Fixpunkten glücklicher Kindheit, von schönen Landschaften, von Prachtbauten und der Altstadt, wie sie einmal war, lösen Leidensdruck aus und setzen Spendenbereitschaft frei, das Gute wiederherzustellen und zu erhalten.

Viel schwieriger haben es moderne Kultur, Umweltschutz, Straffälligenhilfe, weit entfernte Wiederaufbaumaßnahmen nach Stammeskriegen und Hilfe für Bürgerkriegsflüchtlinge, Spender zu finden. Die Sinnhaftigkeit von Entwicklungshilfe wird schon lange in Frage gestellt und ist potentiellen Spendern, die in Jahrzehnten keinerlei Fortschritte sehen, im Gegenteil noch größere Verelendungen erleben, kaum zu vermitteln. Fundraiser behelfen sich mit symbolischen Stellvertretern, etwa unschuldigen Kindern, um mit der Botschaft „Aber die können doch noch nichts dafür" die Herzen zu öffnen. Umweltschützer bedienen sich sympathischer Tiere, um zu sagen „Auch die gehen unter, wenn ihr der Rodung im Regenwald keinen Einhalt gebietet." Hilfe für straffällig gewordene Jugendliche oder Drogenabhängige gehört zu den besonders schwer vermittelbaren Spendenanliegen. Kein Wunder, dass es hier bei „schuldhaft" in Not Geratenen die geringsten Fundraising-Bemühungen gibt und soziale Dienstleister hier fast zu 100 Prozent auf Staatshilfe setzen.

Spendenbriefe für die Ferne

Mittel für gemeinnützige Förderzwecke in weiter Ferne, die auf ein hohes Maß an echtem Altruismus setzen, also tatsächliche Selbstlosigkeit ohne Erwartung materieller und immaterieller Gegenleistungen, sind nur mit hohem Aufwand zu akquirieren, selbst wenn das Leid im übertragenen Sinne mit Händen zu greifen ist.

Mit diesen Zwecken befassen sich die meisten Spendenbriefe, die uns fast täglich erreichen, denn die Absender müssen eher im Trüben fischen, um die Spendenbereiten ausfindig zu machen. Alle Analysemethoden, deren sich das professionelle Fundraising bedient, schaffen nur Näherungswerte. Spender, die altruistisch geben, handeln oft einfach spontan. Die Spendenakquise wird gerne mit dem Fischen in einem Fluss verglichen, bei dem man zufällig auf einen Fang stößt, der schon wenige Sekunden später nicht mehr ins Netz gegangen wäre. Fundraiser erkennen diesen Effekt an niedrigen Spendenquoten. Von 100 verschickten Spendenbriefen werden manchmal nur drei oder vier mit einer Spende beantwortet, also 97 gehen mehr oder minder unbeachtet in den Papierkorb. Von den Menschen, die nichts gespendet haben, aber eine Woche später einen ähnlichen Spendenaufruf, vielleicht sogar wortgleich, erhalten, spenden daraufhin einige zum ersten Mal, und andere, die schon beim ersten Mal spendeten, vielleicht zur Hälfte noch einmal. Die einen wurden eben zufällig in „Spenderlaune" am Schreibtisch beim Überweisen von Rechnungen oder nach einem sie emotional bewegenden Erlebnis erreicht. Die bereits gespendet hatten, meinten vielleicht, dass ihre gute Tat noch nicht genug, der Spendenbetrag zu gering gewesen sein könnte.

Man stelle sich einmal vor, man würde hundert persönlich adressierte Briefe mit der Bitte um Hilfe bei Nachbarn oder Kegelfreunden abgeben und bekäme nur von dreien eine Spende; vier Adressaten würden sich als unbekannt verzogen deklarieren, weitere drei die Annahme verweigern und zwei Ihnen sagen, sie möchten künftig mit solchen Bitten nicht mehr behelligt werden, weil sie ihr Geld für eigene Notfälle sparen wollten. Das wäre die Ratio, denen ein normaler Spendenbrief national Spenden sammelnder Organisationen begegnet.

Friendraising mit Nachdruck

Es genügt nicht, auf die Einsicht der Menschen in die Sinnhaftigkeit einer Spende zu warten. Man muss aktiv um den Spender werben. Schließlich kann er oder sie es sich jederzeit anders überlegen. Es ist edel, bei Spenden ganz auf Freiwilligkeit zu setzen, vom „Friendraising" zu schwärmen, bei dem Spender und

Spendenvermittler zu Freunden werden, die sich gegenseitig helfen, vom Spenden, das Freude machen soll. Dies ist aber eine schöne Illusion, die vor allem Menschen pflegen, die sich nicht trauen, andere um Spenden zu bitten und so ihr Leben lang auf die scheinbaren Freunde warten. In Wirklichkeit ersetzen Fundraiser, die Spenden mit angemessenem Nachdruck sammeln, eine Öffentlichkeit, die sozialen Druck ausübt, indem sie gebefreudige Menschen mit Anerkennung belohnt und Geizigen den Eindruck vermittelt, außerhalb der Solidargemeinschaft zu stehen. Das ist auch das ganze „Geheimnis" des Gebens in angelsächsisch geprägten Ländern. Der Fundraiser, der die Menschen darin bestärken kann, dass sie das Richtige tun, ist auf dem besten Wege, Dauerbeziehungen zu schaffen, nicht gerade Freundschaften, aber doch ein augenzwinkerndes Einverständnis, dass der eine gibt und der andere dafür sorgt, dass die gute Gabe richtig eingesetzt und gewürdigt wird, gegebenenfalls auch öffentlich.

Dabei spielt die persönliche Glaubwürdigkeit des um die Spende Bittenden eine wichtige Rolle, ebenso dessen gesellschaftlicher Rang. Große Spenden werden auf Augenhöhe akquiriert. Wenn Vertrauen enttäuscht, die Glaubwürdigkeit strapaziert wird, ist die Enttäuschung der Getäuschten groß. Das Grundmißtrauen, das fast jeder Spender gegenüber den Organisationen hat, die ihre Spende verausgaben, ist durchaus gerechtfertigt. Schlamperei, kostspielige Führungsquerelen, Sieg des Mittelmaßes, unprofessionelle Gesinnungshuberei und organisatorisches Unvermögen führen bei Nonprofit-Organisationen zur Spendenvernichtung ungeahnten Ausmaßes. Das ist nicht anders als bei der oft beklagten Mittelverschwendung im öffentlichen Dienst und bei Verlusten durch Missmanagement in der sogenannten freien Wirtschaft.

Berechtigtes Misstrauen

Im Nonprofit-Bereich wirkt der Spendenmissbrauch allerdings besonders schwer, weil Vertrauen enttäuscht, „gute Gefühle", die mit guten Taten einhergehen, zunichte gemacht werden. Man fühlt sich an Franz Werfels Roman „Der veruntreute Himmel" erinnert, bei dem die wohltätige Tante an ihrem Lebensende erkennen muss, dass der junge Mann, der ihr nach finanziertem Priesterstudium einmal den Himmel bringen sollte, sie schändlich betrogen hat.

Die Vermutung, dass in Deutschland im großen Stil Spendengelder veruntreut würden, ist aber unzutreffend. Die meisten Spenden werden ohnehin auf lokaler Ebene oder für kleine, sehr überschaubare Projekte eingenommen, bei denen sich Intransparenz von vornherein verbietet oder zur raschen Erneuerung des Vorstands führen würde. Auch die Lokal- und Regionalpresse hat ein wachsames Auge, und selbst wer des Recherchierens nur unzureichend mächtig ist, würde bei Eingabe einer bestimmten Organisation in eine Internet-Suchmaschine rasch einen Hinweis auf Unregelmäßigkeiten finden.

Auch große Organisationen stehen mittlerweile so stark unter Beobachtung, dass Ungereimtheiten Spendenwächtern und den Medien nicht entgehen würden.

Örtlich angebundene NPOs im Vorteil

Schwieriger als gegen das Misstrauen der Spender anzugehen ist es für Spenden sammelnde Organisationen, sich gegen wachsende Spendensammelkonkurrenz zu behaupten. Aufwand und Ertrag stehen oft in keinem vertretbaren Verhältnis, und die Spender ahnen das. Das gilt besonders für bundesweite Parallelinitiativen, die erfolgreiche NPOs manchmal bis ins Logo nachkopieren und für Zwecke sammeln, die selbsterklärend und leicht zu instrumentalisieren sind, etwa Hilfe für bedürftige Kinder mit Schicksalskrankheiten.

Solcher Konkurrenz können kleine und mittlere NPOs gelassener gegenübertreten als die großen. Leider ist die Spendenforschung in Deutschland noch nicht so weit, die Hypothese zu belegen, dass der Spendentrend immer stärker in Richtung kleiner, überschaubarer Initiativen geht, bei denen die Mittelkontrolle am leichtesten fällt, wie die vielen Indien- und Peru-Hilfen beispielhaft zeigen, bei denen Spender vor Ort anpacken und Praktikanten ihren Berufseinstieg vorbereiten können. Überall in Afrika, vor allem in den „ruhigeren" Ländern wie Tansania, Kamerun oder Kenia, sind enge Partnerschaften mit Helfern in Deutschland entstanden. Innerhalb Europas versuchen Rumänien- und Kosovo-Hilfen das Wirtschaftsgefälle auszugleichen. Wer will, kann selbst zu den Kindern nach Cincu fahren und ihnen die guten Gaben überreichen. Andere schicken Flugzeuge nach Afghanistan oder Sri Lanka, um kranke Kinder zur Direktversorgung in deutsche Krankenhäuser zu holen. In ganzseitigen Berichten in der Lokalpresse, die zu den meist gelesenen Printerzeugnissen gehört, werden die Helden der Wohltätigkeit mit dankbaren Kindern und deren Eltern gewürdigt. Hier brauchen Verbraucher kaum von der Sinnhaftigkeit ihrer Spenden überzeugt zu werden.

Zusammenfassend lässt sich sagen: Überschaubare, effektiv und effizient arbeitende, transparente Initiativen sind die Spendenempfänger der Zukunft. Überregionale Organisationen, die nicht lokal vernetzt sind, werden ins Hintertreffen geraten. „Charity begins at home – Wohltätigkeit beginnt zu Hause" ist eine der wichtigsten Erkenntnisse, die unsere amerikanischen Freunde schon lange predigen. Auch in den USA wird am meisten für Zwecke vor der Haustür gespendet, was auch deutlich wird, wenn man das bei „Giving USA" dokumentierte Spendenaufkommen analysiert. Beeindruckend sind die Summen, die von den „Großen" der Wohltätigkeit eingenommen werden, aber ihr Anteil am gesamten Spendenaufkommen ist verglichen mit der kumulierten Spendenmacht der kleineren gering.

Dr. Christoph Müllerleile, Journalist und Politikwissenschaftler, ist seit 1976 beruflich im Bereich Öffentlichkeitsarbeit für Nonprofit-Organisationen tätig, ab 1986 auch im Bereich Fundraising, u.a. bei Kirche in Not/Ostpriesterhilfe, WWF Deutschland und Deutsche Herzstiftung. Er ist auch Mitbegründer des Deutschen Fundraising Verbandes.

Thomas Kreuzer

Von der effektiven Spendenwerbung zum wirksamen Einsatz der Spenden

Fundraising ist in Deutschland zu einem konstitutiven Bestandteil der Finanzierung von Nonprofit-Organisationen geworden. Um zusätzliche Mittel für ihre Arbeit zu gewinnen und das aktuelle Qualitätsniveau zu erhalten oder auszubauen, steuern viele Organisationen um und machen sich ein professionelles Fundraising zu eigen. So manche gemeinnützige Organisation, ja der gesamte Dritte Sektor, befindet sich in einem Umstrukturierungsprozess, der mit einer zunehmenden und anhaltenden Professionalisierung des Fundraisings einhergeht.

So wundert es nicht, dass sich seit mehr als zehn Jahren auch die Fundraising-Branche in Deutschland nahezu galoppierend entwickelt, was mit dem Einrichten neuer Fundraising-Stellen im Nonprofit-Bereich zu erklären ist. Gerade bei Organisationen kleinerer und mittlerer Größe werden Generalisten und Kommunikationsfachleute gesucht, die bestehende Marketing-Aktivitäten etablieren oder ausbauen sollen. Zuweilen geht es auch darum, Marketing und Öffentlichkeitsarbeit wirksam zu verbinden.

In Organisationen, in denen Fundraising schon seit mehreren Jahren betrieben wird, stellen wir eine zunehmende Ausdifferenzierung der im Fundraising tätigen Mitarbeitern fest: Personen, die mit Recherchen betraut sind; andere, die für das Direktmarketing zuständig sind; wieder andere, die sich mit Großspenden, Erbschaften und Vermächtnissen befassen; und wiederum andere, die den Ausbau des Online-Fundraisings verantworten.

Diese zunehmende Professionalisierung des Fundraisings in diesen Organisationen hat zur Folge, dass immer mehr Mitarbeiterinnen und Mitarbeiter ausgebildet werden, um sicherzustellen, dass die angestrebten Umstrukturierungen in den Organisationen des dritten Sektors solide und nachhaltig und natürlich mit dem erhofften Erfolg durchgeführt werden. Aus diesem Grunde haben wir es im Fundraising gegenwärtig noch immer mit einer Boom-Branche zu tun; und nach unserer Wahrnehmung ist auch noch kein Ende dieses Trends abzusehen. Vielmehr dürfte sich die anhaltende Professionalisierung des Fundraisings weiter verstetigen.

Curriculare Entwicklungen im Fundraising

Vergleicht man aktuelle Fundraising-Curricula mit denen von vor 10 oder 15 Jahren, lässt sich ein einschneidender Wandel feststellen. Waren die ersten Aktivitäten auf dem Gebiet der Aus-, Fort- und Weiterbildung davon geprägt, den Fokus möglichst auf einzelne Instrumente und deren Optimierung zu legen, stellte sich mit der Zeit heraus, dass der Fokus nicht allein das Marketing sein darf, sondern die Organisation als Ganze stärker ins Blickfeld gerückt werden muss. Wollte man vor zehn Jahren noch „Instrumentenvirtuosen" ausbilden, so stellte man mit der Zeit fest, dass es nicht nur um die Beherrschung gewisser Werbeinstrumente ging, sondern für den Auf- und Ausbau einer erfolgreichen Fundraising-Praxis die entsprechenden Strukturen in den jeweiligen Organisationen von Grund auf geschaffen und gestaltet werden mussten: ohne ein aufs Fundraising ausgerichtete Organisationskultur kein erfolgreiches Marketing!

In den Debatten der Fundraising-Branche hat sich für diese Dimension der aufs Fundraising ausgerichteten Organisationskultur der Begriff der *Institutional Readiness* herausgebildet. Diese „organisatorische Bereitschaft" dient dem Zweck, das Fundraising im Zuge eines holistischen Ansatzes mit dem Ganzen der Organisation zu verbinden. Verkürzt kann man deshalb davon sprechen, dass in den letzten zehn Jahren in den Ausbildungscurricula der Fundraising-Branche ein Weg zurückgelegt wurde von der Instrumentenorientierung hin zu einem marketingtheoretischen Ansatz, der die Organisation als Marke auffasst, die mit ihrem Leistungsportfolio in der Öffentlichkeit positioniert werden muss.

Damit diese Positionierung, Profilierung und Erkennbarkeit der Nonprofit-Organisationen in der Öffentlichkeit und bei potenziellen Spendern gelingen kann, sind – das scheint auf der Hand zu liegen – entsprechende Organisationsstrukturen eine wesentliche Voraussetzung. Entscheidend ist nicht nur die Optimierung der einzelnen Fundraising-Instrumente, vielmehr gilt es den Blick zu werfen auf die unterstützenden Strukturen innerhalb der Organisation, die für Führung und Leitung, Planung und Zielsetzung, Strategieentwicklung und Umsetzung sowie für Evaluation und Controlling eine Rolle spielen.

In diesem Zusammenhang ist es interessant zu beobachten, dass die Marktforschung einen neuen, bedeutenderen Stellenwert erhält. Im Zuge einer Professionalisierung des Fundraisings kommt es nicht nur auf die Beherrschung der einzelnen Marketinginstrumente und einer aufs Fundraising ausgerichteten Organisationskultur an, sondern zunehmend auch auf eine fundierte Kenntnis des Marktes. „Fundiert" heißt hier, sich nicht nur mit einem „Bauchgefühl" des intuitiv handelnden Fundraisers zufrieden zu geben, sondern sich mittels professioneller Marktforschung Kenntnisse über die tatsächlichen Mechanismen des Marktes zu erwerben. In vergangenen Jahren wurde die Marktforschung im

Nonprofitbereich eher stiefmütterlich behandelt. Seit einiger Zeit jedoch wird ihr mehr Aufmerksamkeit gewidmet. Man hat erkannt, Aspekte der Marktforschung nicht nur als unterstützende Maßnahmen zu verstehen, die einzelne Fundraising-Aktionen garnieren, sondern die Marktforschung sehr viel stärker als bisher ins Zentrum von Planung, Strategie und Controlling zu rücken. Spielte die Marktforschung in der Vergangenheit überhaupt eine Rolle, so allenfalls als willkommenes Instrument, um ein Produkt geschickt auf dem Markt unterzubringen. Nach heutigem Verständnis ist die Marktforschung eine unverzichtbare Voraussetzung nicht nur für den erfolgreichen Einsatz von Marketingmethoden, sondern sogar für die Entwicklung von Produkten.

Die Erwartungen, die dem Fundraising heute abgefordert werden, bedingen auch eine zunehmende Professionalisierung und Standardisierung der Ausbildung zum Fundraiser. Seit dem Jahr 2007 liegt ein von der European Fundraising Association (EFA) zertifiziertes Curriculum-Modell vor, das auf europäischer Ebene Fundraising-Curricula vereinheitlicht und standardisiert. Die Entwicklung dieses Systems war ein bedeutender Schritt in Richtung auf die weitere notwendige Professionalisierung dieser Zunft.

Bei den laut Curriculum der EFA notwendigen Voraussetzungen und Qualifikationen von Fundraising fällt auf, dass in diesem System so genannte *soft skills* eine viel große Rolle spielen. Um ein guter Fundraiser zu sein, genügt es also nicht, nur die verschiedenen Marketinginstrumente zu beherrschen, sondern sich auch die sozialen Kompetenzen anzueignen, die nötig ist, um etwa im eigenen Hause die notwendigen organisatorischen und strukturellen Voraussetzungen für erfolgreiches Marketing durchzusetzen. In diesem Punkt haben wir gerade in Deutschland noch einen erheblichen Nachhol- und Veränderungsbedarf.

Desiderate des Nonprofit-Managements

Im Folgenden sollen einige Aspekte oder „Baustellen" besprochen werden, die als Voraussetzung für gutes Fundraising gelten und die deshalb das Management von Organisationen beschäftigen, die ihre Position am Markt durch professionelle Spendenwerbung verbessern möchten. Diese Punkte gilt es zu berücksichtigen, will man im Fundraising neue Impulse setzen und neue Märkte erschließen:

Planung und Zielsetzung
Für die Praxis vieler Nonprofit-Organisationen in Deutschland ist festzustellen, dass Recherche, Analyse und darauf aufbauende Planung und Zielsetzung nicht, oder nicht hinreichend, ausgeprägt sind. Zielsetzungen sind häufig nicht, oder nicht hinreichend, quantifiziert. Zielgruppen und Dialoggruppen sind nicht be-

nannt oder nicht ausreichend detailliert bestimmt. Es fällt auf, dass die unterschiedlichen Zielgruppen in der Fundraising-Planung oft nicht genug ausdiffe-
renziert werden. Zielgruppen bestimmen die Art der Kommunikation; schließlich
macht es einen erheblichen Unterschied aus, ob man etwas gegenüber der breiten
Öffentlichkeit oder gegenüber Journalisten oder Förderern oder dem eigenen
Vorstand kommunizieren möchte. Diese Unsicherheit und Ungenauigkeit in der
Planung – oder gar das Fehlen jeglicher Planung – ist meist auf Unkenntnis zurückzuführen: gemeinnützige Organisationen haben oft nicht das Know-how und
die umfassende Kenntnis vom Markt, um sich auf diesem sicher und erfolgreich
bewegen zu können. Die eigene Marktposition wird nicht bestimmt, selten existieren ausführliche Wettbewerbsanalysen, noch seltener liegen solide
Umfeldanalysen vor, die über das politische oder ökonomische Umfeld von
Nonprofit-Organisation Auskunft geben. Ähnliches gilt auch für die Formulierung des jeweiligen Alleinstellungsmerkmals (*unique selling point* oder USP)
sowie des spezifischen Leistungsportfolios, das die Organisation von anderen
unterscheidet.

Um nicht missverstanden zu werden: Wir haben in den letzten Jahren deutliche Professionalisierungsschübe erlebt, was die Analyse, Planung und Zielsetzung von Fundraising-Aktivitäten angeht. Zugleich nehmen wir aber auch wahr,
dass viele Organisationen nur über unzureichend valides Datenmaterial verfügen,
das eine Ausrichtung und Positionierung der Organisation in der Öffentlichkeit
aufgrund einer soliden Datenbasis ermöglicht. Hier wäre es sinnvoll und wünschenswert, wenn Elemente der Marktforschung in die Recherchearbeit sowie in
Planung und Zielsetzung von Nonprofit-Aktivitäten einfließen könnten. Es liegt
hier ein offenkundiger Handlungsbedarf vor; und zwar nicht nur für die Professionalisierung der Nonprofit-Organisation selbst, sondern für entsprechende
Dienstleister, welche die Organisation in diesen Bereichen mit Know-how unterstützen sollen.

Kohärente Konzeptionen

Ein häufig anzutreffendes Problem bei der Umsetzung von Fundraising-
Aktivitäten ist, dass wir es häufig mit Einzelaktionen zu tun haben, denen kein
kohärentes Gesamtkonzept zugrunde liegt. Das betrifft sowohl den zeitlichen
Horizont der Planung, wie sie sich beispielsweise in Jahresplänen niederschlagen
würde, als auch die inhaltliche Ausrichtung der Fundraising-Aktivitäten, die sich
häufig als additive, unzusammenhängende Aktionen erweisen, aus denen kein
roter Faden zu erkennen ist.

Es wäre wünschenswert, im Nonprofit-Management und auch in der Fundraising-Praxis stärker mit strukturierten Jahresplänen zu arbeiten. Dies würde es
zum Beispiel ermöglichen, einzelne Aktionen im Großspenden-Fundraising mit

Aktionen des Direktmarketings und Aktivitäten im Online-Bereich zu ver-
schränken. Eine solche Verzahnung hätte nicht nur den Vorteil, dass ein einheit-
liches Ganzes im Sinne der Markenbildung erkennbar würde, sondern dass durch
solcherlei Synergieeffekte sich auch die jeweiligen Marketing-Erfolge einzelner
Aktionen gegenseitig verstärkten.

Aber um solche kohärenten und stimmigen Konzeptionen zu erstellen, bedarf es valider Instrumente der Marktforschung, damit die Konzeptionen auf
einer soliden Grundlage entstehen. Auch hier müsste der Weg vom punktuellen
Aktionismus hin zu einer langfristig konzipierten und strukturierten Planung
gegangen werden. Für das Erstellen von Konzeptionen wäre es sinnvoll und
hilfreich, in der Organisation bereits vorhandene Ressourcen, Erfahrungen und
Erfolgsmessungen heranzuziehen sowie bestehende Ausarbeitungen, Daten und
Dokumentationen zu verwerten, mit zusätzlichen Befragungen und Beobachtungen zu arbeiten und eigene Forschungsergebnisse und Erhebungen in die kon-
zeptionelle Arbeit einfließen zu lassen.

Es liegt auf der Hand, dass Nonprofit-Organisationen dieses Know-how
zum Teil intern aufbauen können, zum Teil aber auch auf externe Unterstützung
durch Dienstleister angewiesen sind. In jedem Fall haben wir es hier mit einem
Bildungsdesiderat zu tun, das in den Fort- und Weiterbildungen der kommenden
Jahre stärker als bisher berücksichtigt werden sollte.

Defizite im Marketing-Controlling
Eine noch unveröffentlichte Studie, die die Fundraising-Akademie Ende 2009 in
Kooperation mit der Hochschule Niederrhein durchführte, hat gezeigt, dass das
Controlling im Fundraising noch in völlig unzureichender Weise ausgebildet ist.
Dies hängt, um es trivial oder zirkulär zu formulieren, zum einen mit einer man-
gelnden Professionalität zusammen, zum anderen aber damit, dass die Nonprofit-
Organisationen ihre eigenen Fundraising-Daten nur unzureichend auswerten und
in die zukünftige Planung einfließen lassen. Vielen Organisationen liegen entsprechende Daten über die Effizienz und Effektivität ihrer Fundraising-
Kampagnen entweder nicht vor oder wurden nicht erkenntnisbringend aufbereitet. Die besagte Studie legte offen, dass die wenigsten Organisationen ihre Fundraising-Kampagnen systematisch planen, dass Controllingdaten über Effektivität
und Effizienz nahezu komplett fehlen und dass die Fundraising-Kampagnen in
keine strategische Marketingplanung eingebettet sind.

Dieses Defizit eines gründlichen Marketing-Controllings wird von zahlreichen Organisationen durchaus selbst als Mangel wahrgenommen, woraus sie
den Wunsch nach besserem Controlling ableiten. Viele haben erkannt, dass sie
hier eine Veränderung vornehmen müssen. Eine solche Umgestaltung müsste die
Präzisierung der Ziele, eine verbesserte Planung und deren Umsetzung, aber

auch eine regelmäßige Messung des Erreichten beinhalten, damit die vorhandenen Ergebnisse in neue Aktionen einfließen können. Zu einem professionellen Fundraising gehört es somit, dass das Spendenwerk zu einer (dauerhaft) lernenden Organisation heranreift.

Die meisten Organisationen haben das Defizit eines fehlenden Marketing-Controllings erkannt und sehen diesbezüglich Handlungsbedarf. Sie sind sich bewusst, dass sie ihre Aktionen kaum mit systematischen Kennzahlen unterlegen können. (Nebenbei bemerkt zeigt die Studie noch, dass bei manchen Organisationen selbst eine ordentliche Budgetplanung nicht vorhanden war. Weil der Erfolg der Spendenwerbung nicht systematisch geplant wurde, verzichtete man offenbar auch auf ein darauf aufbauendes Budget.)

Den diagnostizierten Optimierungsbedarf hinsichtlich des Marketing-Controllings wird man aber nur dann ausreichend kompensieren, wenn auf solides Datenmaterial zurückgegriffen werden kann. Da dieses aber meist nicht einmal im Ansatz vorhanden ist, stellen wir an dieser Stelle einen weiteren hohen Nachholbedarf in der Fundraising-Branche fest.

Neuere Entwicklungen des Fundraisings in Deutschland

Trotz der genannten Desiderate verfolgen wir seit einiger Zeit mehrere Entwicklungen, die das Fundraising in Deutschland in der Zukunft nachhaltig prägen werden. Diese Dynamiken vollziehen sich allesamt auf der Steuerungsebene der Organisation und sind geeignet, tiefgreifende Veränderungen in der Fundraising-Branche insgesamt zu bewirken:

„Board Education"
Auch wenn in der Literatur schon seit über zehn Jahren immer wieder darauf hingewiesen wird, dass das Fundraising eine strategische Leitungsaufgabe darstellt, kommt dies doch erst nach und nach ins Bewusstsein von Führung und Leitung der Nonprofit-Organisationen. Gegenwärtig stellen wir bei der Fundraising Akademie einen erhöhten Bedarf an Board Education-Seminaren fest, Workshops also, in denen Geschäftsführung und (ehrenamtliche) Vorstände und Kuratoren grundlegend im Steuerungswissen von Fundraisung und Marketing geschult werden. Dies ist auch nötig, weil in den meisten Leitungsgremien von Non-Profit-Organisationen weder das kaufmännische noch das Marketing-Wissen in der Weise repräsentiert ist, wie es für die Steuerung der Einrichtung nötig und angemessen wäre.

Gerade viele ehrenamtliche Vorstände und Kuratoren üben ihre Funktionen noch immer mit strikt normativen, teilweise idealistischen Vorstellungen aus und geben den Einrichtungen eine wichtige inhaltliche Ausrichtung, manchmal auch eine einengende Begrenzung mit auf den Weg. Zugleich wird es aber immer bedeutsamer, auch Fundraising- und Marketing-Know-how als Steuerungswissen in den Leitungsgremien von Geschäftsführung und Vorstand präsent zu halten. Diese Notwendigkeit wird zunehmend erkannt. So ist es zu erklären, dass immer mehr Organisationen nach spezifischen Workshops für Leitungsgremien anfragen. Dies ist für das gesamte Fundraising in Deutschland ein elementarer Schritt, denn durch diese Nachfrage wird dokumentiert, dass das Fundraising dort angekommen ist, wo es hingehört: nämlich auf der Leitungsebene gemeinnütziger Organisationen.

Zugleich ist aber festzuhalten, dass es auf Leitungsebene nicht um die Konkretion des operativen Geschäfts gehen kann. Auf Leitungsebene wird gesteuert; hier geht es nicht um Text und Gestaltung von Mailings, und die Ausführung und Verantwortung dieser Leistungen sollte man auch denen überlassen, die sich damit auskennen. Auf Leitungsebene geht es vor allem um die Steuerung der Organisation und damit auch um die allgemeine Zielsetzung der Fundraising-Aktivitäten insgesamt. Wir haben es also auf Leitungsebene mit der Ausrichtung und mit dem Profil der Organisation als ganzer zu tun. Deshalb wäre es gut, wenn für dieses Steuern und Leiten von Nonprofit-Organisationen Daten aufbereitet werden und vorliegen könnten, damit dieses Steuern und Leiten fundiert, präzise und nachhaltig ausgeübt werden kann.

Die Festlegung der Strategie einschließlich der Fundraising-Strategie, wie wir sie auf der Leitungsebene vorfinden, hängt mit einem weiteren Punkt zusammen: der Markenbildung der Organisation.

Fundraising und Markenbildung

Betriebswirtschaftliches Handeln setzt intern eine identitätsstiftende und motivierende Führungspraxis und extern ein auf den Markt abgestimmtes Handeln in der Leistungs- und Kommunikationspolitik voraus: Marketing. Soziales Marketing setzt allerdings generell einen anderen Schwerpunkt als kommerzielles Marketing etwa für Markenartikel der Lebensmittel-, Dienstleistungs- und Investitionsgüter-Branche. Es sind keine Waren, sondern soziale, kulturelle, politische oder spirituelle Angebote, die auf einem Markt mit vielfältigen Optionen Interessenten bzw. Partner finden müssen. So gesehen ist die Bezeichnung „Produktangebote" für die Leistungsblätter eines Sozialunternehmens problematisch, wenngleich durchaus üblich.

Schon bei den Ausführungen zu den curricularen Entwicklungen im Fundraising der letzten Jahre hatten wir ausgeführt, dass sich ein Wandel vom Instrumentenansatz hin zum Aufbau der Marke einer Organisation vollzogen hat. Man kann sagen, dass dieses Bewusstsein erfreulicherweise in den Führungsetagen von Nonprofit-Organisationen inzwischen angekommen ist und gemeinnützige Einrichtungen immer mehr nach ihren USP fragen, Leitbilder entwickeln und die Einrichtung als Ganze erkennbar in der Öffentlichkeit positionieren.

Qualitätsmanagement im Fundraising
In den letzten Jahren hat sich ein Bewusstsein dafür entwickelt, dass über die Einführung eines Qualitätsmanagements im Fundraising hinaus auch die übrigen Management-Prozesse optimiert werden können, um so eine nachhaltige Positionierung der Organisationen in der Öffentlichkeit insgesamt zu ermöglichen. Qualitätsmanagement und Effizienzsteigerung sind Themen, die für Fundraising-Organisationen zunehmend an Bedeutung gewinnen. Maßgeblich hierfür sind aber auch Wettbewerbsverschärfungen, die auch am Fundraising nicht vorbeigehen. Mit der Einführung der *Total Quality Excellence*-Zertifizierung (TQE) sowie der ersten Zertifizierung einer Nichtregierungsorganisation (Ärzte ohne Grenzen) durch den TÜV im Oktober 2009 liegt für die gesamte Fundraising-Branche ein Quantensprung in Reichweite.

Das Qualitätsmanagement-Modell des TQE ist deshalb so wirkmächtig, weil hier versucht wird, alle wichtigen Prozesse einer Organisation abzubilden und nach überprüfbaren Kriterien zu gestalten. Dies betrifft sowohl die Leitungsebene mit ihren Ziel- und Planungsinstrumenten und auch die Akteure mit ihren operativen Prozessen und Ressourcen als auch die Ergebnisse, die durch das Handeln der Nonprofit-Organisationen angestrebt werden. Ein Quantensprung für die Fundraising-Branche ist das Qualitätsmanagement-Modell TQE deshalb, weil hier zum ersten Mal alle für die Organisation relevanten Prozesse im Fokus stehen und abgebildet werden. Auf der einen Seite werden wir immer mehr Organisationen sehen, die sich einer solchen Zertifizierung durch den TÜV unterziehen; auf der anderen Seite wird das TQE-Modell dazu dienen, die Prozesse einer Einrichtung kritisch unter die Lupe zu nehmen und einem kontinuierlichen Verbesserungsprozess zuzuführen. Man kann diese Entwicklung für den Nonprofit-Bereich in Deutschland wohl kaum hoch genug einschätzen; dennoch kommt es auch hier entscheidend darauf an, dass diese Prozesse, die ja Analyse-, Planungs- und Steuerungssysteme beinhalten, quantifiziert werden, also auf aussagefähige Kennzahlen abgestimmt werden und somit auf einer soliden Datenbasis geprüft werden. Das TQE-Modell erfordert es, sich über die eigenen Ziele bewusst zu werden, sich der eigenen Steuerungsmodelle zu vergewissern, Fundraising-Aktionen systematisch zu planen und auszuwerten und in umfangreichem Sinne *Key Performance Indicators* (KPI) auf alle wichtigen Aktivitäten des eigenen Handelns anzuwenden. Aber auch dies lässt sich ohne eine solide Marktforschung kaum bewältigen, da es auch für diesen neuen und zum Teil revolutionären Ansatz des TQE notwendig wäre, wenn Organisationen diesbezüglich auf solides Datenmaterial zurückgreifen können. Wir sollten für das Fundraising in Deutschland alles unternehmen, um durch gründliche Recherchen angemessene Vorstellungen und Interpretationen von Dialoggruppen und deren Kommunikationsverhalten zu gewinnen. Das, was für einen Großteil der Organisationen derzeit vorliegt, ist noch zu vereinzelt und abstrakt, um wirklich aussagefähig zu sein. Hier besteht jedenfalls Handlungsbedarf.

Zusammenfassung

Wir gehen im Fundraising zurzeit den Weg vom Instrument zur Marke. Diese Markensteuerung wird gegenwärtig vor allem noch durch ideelle Bilder über die Organisationen motiviert, hat aber noch wenig Rückhalt durch empirische Untersuchungen und Daten. Es wäre dringend geboten, diese Markenbildung und Positionierung der Organisationen durch empirisches Material auf eine solide Grundlage zu stellen. Dies ist umso wichtiger, als die herkömmlichen Instrumente der Marktforschung sich nahezu ausschließlich auf große und prominente Organisationen beschränken; der breite Markt von regionalen und mittleren Nonprofit-Organisationen gerät dabei leicht aus dem Blick. Diese kleineren und mittleren Organisationen sind es aber, die nach unserer Wahrnehmung in den letzten Jahren ein beträchtliches Wachstum aufzuweisen hatten und den Fundraising-Markt in Deutschland insgesamt wesentlich umgestaltet haben. Aufs Ganze gesehen ist das Fundraising in Deutschland auf einem guten Weg, sich nachhaltig in den Strukturen der Organisationen zu etablieren. Auch die Daten zum Spendenmarkt in Deutschland unterstützen die Wahrnehmung, dass Fundraising weiter im Trend ist.

Die Ausdifferenzierung der Medien wird sich für die Organisation nur dann erfolgreich auswirken, wenn in der Organisation selbst ein spezifisches Knowhow vorgehalten wird, wie die einzelnen Dialoggruppen sich verhalten und in bestimmten Kommunikationsbereichen agieren und mit bestimmten Medien reagieren. Hier wäre es zu wünschen, wenn Bestandsaufnahmen und Kenntnisse der Marktforschung als Triebfeder von Marketingvertrieb und Kommunikation der Non-Profit-Organisationen zugänglich gemacht würden, um Non-Profit-Organisationen in die Lage zu versetzen, gezielter, präziser, passgenauer und damit auch kostenbewusster arbeiten zu können. In jedem Fall wird für alle Fundraising-Kampagnen künftig gelten, dass nachhaltige Erfolge ohne solide Planung und ohne eine solide Datenbasis kaum erzielt werden können.

Dr. Thomas Kreuzer, Theologe und Kommunikationswirt, leitet seit 1999 die Fundraising Akademie in Frankfurt am Main.

Willi Haas

Wozu sich spendensammelnde Organisationen selbst verpflichten sollten.

Vorbemerkung

Gemeinnützige Organisationen und Einrichtungen entstehen als lebendiger Ausdruck von Verantwortung und freiwilligem Engagement in der Gesellschaft. Der Staat würdigt die Bedeutung und Funktion dieses Engagements für die Gesellschaft, indem er hierfür besondere Rahmenbedingungen im Steuer- und Gesellschaftsrecht schafft.

Zur Wahrung und Stärkung der ethischen Grundsätze des Spendenwesens in Deutschland sowie zur Sicherstellung des ordnungsgemäßen, treuhänderischen Umgangs mit Spendengeldern sollten sich spendensammelnde Organisationen zur Transparenz und Selbstkontrolle verpflichten.

Gemeinsame Grundlage sollte dabei eine freiwillige Verpflichtung auf grundlegende Werte, Handlungsleitlinien, Kontroll- und Publikationspflichten sein. Diese Grundsätze sollen Organen, Funktionsträgern und Mitarbeitern als Orientierung dienen. Insbesondere sollen sie das Bewusstsein aller Beteiligten für die Vermeidung von Interessenkonflikten, für die angemessene Transparenz bei der Zweckverwirklichung und für die Effizienz der Mittelverwendung schärfen.

Insgesamt fünf Punkte könnte eine solche *freiwillige Verpflichtung* spendensammelnder Organisationen umfassen, um damit zu Transparenz und Sicherheit im Spendenwesen in Deutschland beizutragen.

1   Ethik

Der ideelle Zweck der spendensammelnden Organisation ist die Grundlage allen Handelns
Alle Handlungen und Aktivitäten der spendensammelnden Organisation sind abgeleitet von den Satzungszwecken. Die Satzungszwecke bestimmen, ob und in

welchem Umfang die Organisation ihren Auftrag erfüllt, also den Satzungszwecken nachkommt.

Interessen- und Kontrollkonflikte durch Personenidentität werden vermieden
Personelle Überschneidungen von ehren- und hauptamtlichen Funktionen darf es nur auf der Basis offen gelegter klarer Funktionsbeschreibung und Aufgabentrennung, funktionierender Geschäftsordnung, gesichertem Controlling und wirkungsvoller Aufsicht geben.

Ein ethisch-moralischer Kodex bestimmt das Verhalten spendensammelnder Organisation.
Mitglieder- und Spendenwerbung mit Geschenken, Vergünstigungen oder dem Versprechen bzw. der Gewährung von sonstigen Vorteilen zu betreiben, ist unzulässig. Provisionszahlungen sind nur in engen Grenzen und unter Beachtung von Wirtschaftlichkeit und Verhältnismäßigkeit zulässig. Werbung, die gegen die guten Sitten und anständigen Gepflogenheiten verstößt, wird unterlassen. Allgemein zugängliche Sperrlisten und Richtlinien zum Verbraucherschutz finden Berücksichtigung. Die aktuellen datenschutzrechtlichen Bestimmungen werden immer beachtet. Zusätzlich wird der Verkauf, die Vermietung oder der Tausch von Mitglieder- oder Spenderadressen ausgeschlossen. Gesetzliche Regeln zum Umgang mit Spenden finden Berücksichtigung; Zuwendungen in Form von Beiträgen, Zuschüssen und Subventionen werden nur im Sinne der Zuwendungsgeber verwendet. Die Auswahl der geeigneten Instrumente und ihr Einsatz für die Werbung von Mitgliedern und Spenden erfolgt sorgfältig und verantwortungsbewusst. Bei Formen des Direktmarketings wie Brief-, Telefon-, Haustür- und Straßenwerbung müssen die Persönlichkeitsrechte der Angesprochenen stets gewahrt bleiben.

2   Strukturen

Der Status der Gemeinnützigkeit bedingt klare und demokratische Strukturen der spendensammelnden Organisation
Die spendensammelnde Organisation verpflichtet sich aufgrund ihres besonderen Status der Gemeinnützigkeit zu Offenheit und Transparenz.

Leitungsgremien sind einem Aufsichtsgremium mit Mandat unterstellt und werden durch dieses kontrolliert. Die Leitungsgremien sorgen für ein angemessenes Risikomanagement.

Soweit den für die Organisation ehrenamtlich handelnden Personen Aufwand erstattet wird, ist dies in der Satzung geregelt und vom zuständigen Beschlussgremium durch einen konkreten Anspruchsrahmen ergänzt. Hauptamtliche Mitarbeit und nebenamtliche Tätigkeiten haben prinzipiell eine verbindliche vertragliche Grundlage. Die Vergütung ist angemessen und transparent geregelt (Gehälter von Mitgliedern der Leitungsgremien und die Vergütungsstruktur der Mitarbeiter, z.B. BAT, AVR, werden veröffentlicht). Variable Vergütungselemente sind bis zu zehn Prozent der Gesamtvergütung[1] akzeptiert und basieren auf nachvollziehbaren, verbindlichen Zielvereinbarungen.

Mitgliedschaftsverhältnisse sind mit ihren Rechten und Pflichten klar geregelt. Aus der Mitgliedschaft erwachsen keine individuellen Vorteile/Leistungen der Organisation gegenüber den Mitgliedern. Eine Zwangs-Verknüpfung der Mitgliedschaft mit nicht satzungsgemäßen Nebenleistungen Dritter – auch eigener Tochterstrukturen – existiert nicht.

Vertragsverhältnisse über wechselseitige Leistungen der gemeinnützigen Organisation an Dritte – dazu zählen insbesondere auch eigene Tochterorganisationen – sind eindeutig zu regeln und in ihren Verpflichtungen und Auswirkungen im Rahmen der Jahresberichte bzw. Abschlüsse der spendensammelnden Organisationen darzustellen.

Sind hauptamtliche Führungspersonen und Mitglieder des Leitungsgremiums gleichzeitig Mitglieder der gemeinnützigen Organisation, üben sie auf der Ebene, auf der sie tätig sind, kein Stimmrecht in der Mitglieder-/Delegiertenversammlung aus.

Gründungsinitiative/Mitglieder- oder Delegiertenversammlung stellen die konstitutive Grundlage jeder spendensammelnden Organisation dar
Die Festlegung des ideellen Zwecks entstammt einer Gründungsinitiative und/oder der Mitglieder- oder Delegiertenversammlung und darf nur von dieser verändert werden. Auf dieser Ebene liegt auch die alleinige Kompetenz für Satzungsänderungen; hier sind auch grundlegende inhaltliche Strategien und wesentliche Strukturänderungen sowie Personalentscheidungen für die Gremienbesetzung und die organisationseigene Revision (z.B. Kassenprüfer) angesiedelt. Für andere Gesellschaftsformen sind diese Prinzipien analog abzubilden.

Ein Aufsichts- und Kontrollgremium prüft im Auftrag der Mitglieder- oder Delegiertenversammlung die Arbeit des Leitungsgremiums
Das Aufsichts- und Kontrollgremium prüft im Rahmen der Vorgabe der Satzung zwischen der Mitglieder- oder Delegiertenversammlung als deren Vertretung die

---

[1] Vergütungselemente sind Zahlungen, die auf Grund von vorher vereinbarten Zielen bei deren Erreichung gezahlt werden; die Gesamtvergütung ist das Entgelt, das sich aus festen Bestandteilen und variablen Elementen zusammensetzt.

Arbeit des Leitungsgremiums. Die Zusammensetzung und Tagungsfrequenz des Gremiums sollte der Größe der Organisation angemessen sein.

Ein ordnungsgemäßes Kontrollsystem ist wegen der nicht-erwerbswirtschaftlichen Verfassung für gemeinnützige Organisationen von besonderer Bedeutung.

3 Rechnungslegung

Zur Schaffung von Transparenz und Klarheit ist nur zwischen zwei Formen der Rechnungslegung zu unterscheiden, abhängig jeweils von der Höhe der Erträge:

- Bei einem „Mittelzufluß im ideellen Bereich" (= Spenden, Zuwendungen, Legate etc.) *bis zu 250.000 €* erfolgt die Rechnungslegung als „Einnahmen-/Ausgabenrechnung".
- Bei einem „Mittelzufluß im ideellen Bereich" (= Spenden, Zuwendungen, Legate etc.) *über 250.000 €* wird das „kaufmännische Rechnungswesen" angewendet.

4 Information

Die spendensammelnde Organisation hat eine Kommunikationsverantwortung gegenüber ihren Gremien, ihren Mitgliedern, Förderern und Partnern, den von ihnen betreuten Zielgruppen sowie generell gegenüber Gesellschaft und Öffentlichkeit. Sie ist dabei den Kommunikationsprinzipien der Offenheit, Wahrhaftigkeit und Glaubwürdigkeit verpflichtet.

Die Informationen zeigen ihre Arbeit und den Erfolg, ggf. auch Probleme bei der Umsetzung ihres ideellen Zweckes auf und weisen auf anstehenden Unterstützungsbedarf hin. Die Aufbereitung ist den Zielgruppen der Kommunikation angepasst, aber frei von Übertreibungen und falschen Aussagen. Unzulässig sind Texte und bildliche Darstellungen, die Personen verunglimpfen, insbesondere wegen ihrer Situation und Herkunft, persönlicher Merkmale oder ihres Glaubens. Politische Aussagen beschränken sich auf solche Inhalte, die im direkten Zusammenhang mit dem ideellen Zweck stehen. Der Umgang mit Beiträgen, Spenden und öffentlichen Geldern verpflichtet zur öffentlichen Transparenz der Jahresabschlüsse. Auf Nachfragen von Mitgliedern, aber auch von außenstehenden Dritten, erfolgt eine zeitnahe und umfassende Rückmeldung. Alle Informationen zur Organisation sind aktuell im Internet einsehbar.

Über eine abgelaufene Periode wird durch einen *Tätigkeitsbericht*, ggf. ergänzt um einen *Projektbericht,* und durch den *Finanzbericht* informiert.

Der **Tätigkeitsbericht** oder Bericht des Vorstandes informiert über Entwicklungen und Tendenzen im Aufgabengebiet der Organisation und über die Organisation selbst. Die Darstellung sollte enthalten: Wichtige Ereignisse im Berichtsjahr (z.b. Jubiläum, Feste etc.), Entwicklungen und Veränderungen im Aufgabengebiet der Organisation; Ziele und Zielerreichung im Berichtszeitraum; Entwicklung der Spenden für die Organisation mit einer Bewertung dieser Entwicklung einschließlich Informationen über Höhe der Spenden, Legate, Stiftungen; wichtige Veränderungen in der Organisation; Mitgliedschaften der Organisation; Künftige Strategie der Organisation einschließlich geplanter Aktivitäten zur Spendergewinnung, zur Steigerung des Spendenaufkommens und im Rahmen der Öffentlichkeitsarbeit; Ausblick auf Planungen der Organisation im folgenden Jahr.

Der **Projektbericht** informiert über die wesentlichen geförderten Projekte und Vorhaben der Organisation entsprechend den satzungsgemäßen Aufgaben. Die Darstellung sollte eine Aufstellung mit folgender Gliederung enthalten: Projektbeschreibung; Projektziel; benötigte bzw. eingesetzte Finanzmittel und Unterstützung; Partner für das Projekt; Bericht über die Projektumsetzung; Benennung der erhaltenen Mittel zur Umsetzung des Projektes; eine Bewertung der Zielerreichung und ggf. Hinweise darüber, wie das Projekt weitergeführt wird.

Eine besondere Bedeutung kommt dem **Finanzbericht** zu. Er sollte der jeweiligen Rechnungslegung (siehe obigen Punkt 3) entsprechen.

In der einfachsten Form stellt der Finanzbericht das Ergebnis der Einnahmen-/ Ausgabenrechnung mit Erläuterungen dar.
Die Darstellung wird bis zum 30. September des Folgejahres veröffentlicht (bei vom Kalenderjahr abweichenden Geschäftsjahren erfolgt eine Veröffentlichung spätestens sechs Monate nach Abschluss des Geschäftsjahres) und enthält eine Angabe der Vorjahreszahlen einschließlich der Erläuterungen bei wesentlichen Abweichungen; die rechtlichen Verhältnisse der spendensammelnden Organisation; Informationen zu den Werbe- und Verwaltungskosten; die Behandlung projekt- bzw. zweckgebundener Spenden; Spendenweiterleitungen; Informationen zur Mitarbeitervergütung, Provisionszahlungen und Erfolgsbeteiligungen sowie den Prüfbericht und das Datum des letzten Freistellungsbescheids.

Bei größeren Organisationen umfasst der Finanzbericht eine Bilanz und eine Gewinn- und Verlustrechnung mit entsprechenden Erläuterungen und Anhängen.
Die Darstellung wird bis zum 30. September des Folgejahres veröffentlicht (bei vom Kalenderjahr abweichenden Geschäftsjahren erfolgt eine Veröffentlichung

spätestens sechs Monate nach Abschluss des Geschäftsjahres). Der Abschluss mit Anhang und die Erläuterungen stellen die rechtlichen Verhältnisse dar und umfassen eine Differenzierung nach den steuerlichen Vorschriften; Informationen zu den Werbe- und Verwaltungskosten; die Behandlung projekt- bzw. zweckgebundener Spenden; Spendenweiterleitungen; Informationen zur Mitarbeitervergütung, Provisionszahlungen und Erfolgsbeteiligungen, sowie den Bestätigungsvermerk und das Datum des letzten Freistellungsbescheids.

5   Prüfung

Da die Erträge spendensammelnder Organisation sehr unterschiedlich sind, erscheint es sinnvoll, drei Bezugsgrößen für eine Prüfung in Anlehnung an bereits bestehende gesetzliche Vorgaben festzulegen.

Bis zu einem sogenannten *Mittelzufluß im ideellen Bereich* (= Spenden, Zuwendungen, Legate etc.) *von 250.000 €* kann die Verpflichtung zur Prüfung durch eine professionelle Prüfinstanz (Steuerberater oder Wirtschaftsprüfer) entfallen. Der Jahresabschluss hat aber bestimmten Standards zu genügen (z.B. den Vorgaben des Deutschen Spendenrates e.V.). Er wird vom Leitungsgremium der Organisation unterschrieben und durch organisationsinterne Kassenprüfer/Revisoren geprüft. Das Ergebnis der Prüfung wird in einem Prüfbericht festgehalten.

Bei einem *Mittelzufluß im ideellen Bereich bis einschließlich 1.000.000 €* erfolgt die Prüfung des Abschlusses auf Basis der Gewinn- und Verlustrechnung sowie der Bilanz (Standard und Anhang wie bei "kleinen Kapitalgesellschaften") mit einer Bescheinigung durch einen Steuerberater oder Wirtschaftsprüfer. Der Prüfungsauftrag wird um die Frage der Einhaltung der in diesem Beitrag genannten freiwilligen Vorgaben erweitert.

Bei einem *Mittelzufluß im ideellen Bereich über 1.000.000 €* erfolgt die Prüfung des Abschlusses auf Basis der Gewinn- und Verlustrechnung sowie der Bilanz (Standard und Anhang wie bei "mittelgroßen Kapitalgesellschaften") mit einer Bestätigung durch einen Wirtschaftsprüfer. Der Prüfungsauftrag wird um die Frage der Einhaltung der in diesem Beitrag genannten freiwilligen Vorgaben erweitert.

Schlussbemerkung

Transparenz und Selbstkontrolle, wie sie in den fünf Punkten skizziert wurden und zu der sich alle spendensammelnden Organisationen freiwillig verpflichten:

das wäre eine Vision und eine Aufgabe, für die es sich zu arbeiten lohnte, nicht nur in spendensammelnden Organisationen, sondern auch in entsprechenden Verbänden, Dachorganisationen, Instituten und Vereinigungen.

Der Deutsche Spendenrat e.V. setzt auf diese freiwillige Selbstkontrolle. Zur Erreichung von Transparenz und damit zur Gewährleistung einer erhöhten Sicherheit beim Spenden verpflichten sich seine Mitglieder zur Einhaltung des geltenden Rechts und zur Beachtung der in der Selbstverpflichtung des Deutschen Spendenrates e.V. benannten Regeln. Bei der Selbstverpflichtungserklärung handelt es sich um ein Alleinstellungsmerkmal. Durch sie betonen die Mitglieder des Deutschen Spendenrates e.V. ihre Intention, mehr Vertrauen ins Spendenwesen zu schaffen.

Dem Deutschen Spendenrat e.V. können sich gemeinnützige Organisationen unterschiedlicher Größenordnung und Rechtsform als Mitglieder anschließen. Gemäß Satzungsvorgabe ist ihnen gemein, dass sie über die entsprechende Freistellung der Finanzbehörden verfügen, Spenden sammeln und verwenden sowie dem Gemeinwohl, dem bürgerschaftlichen Engagement und seiner Förderung gegenüber verpflichtet sind. Gemeinsame Grundlage im Rahmen der Mitgliedschaft ist die freiwillige Verpflichtung auf grundlegende Werte, Handlungsleitlinien, Kontroll- und Publikationspflichten. Zweck des Deutschen Spendenrates e.V. ist die Wahrung gemeinsamer Interessen der Mitglieder bei der Umsetzung ihrer ideellen Zielsetzungen, insbesondere die Wahrung und Stärkung der ethischen Grundsätze des Spendenwesens in Deutschland sowie die Sicherstellung des ordnungsgemäßen, treuhänderischen Umgangs mit Spendengeldern durch freiwillige Selbstkontrolle.

Willi Haas ist seit 2003 Vorstandsvorsitzender und seit 1995 Vorstandsmitglied des Deutschen Spendenrats e.V. Von 1982 bis 2009 war er Leiter der Öffentlichkeitsarbeit der Rummelsberger Anstalten der Inneren Mission e.V., einem diakonischen Träger mit mehr als 6400 Mitarbeitern in 210 Einrichtungen und Diensten an 35 Standorten in Bayern. Haas ist seit 1964 Rummelsberger Diakon.

Teil IV
Wirtschaftlichkeit und Wirksamkeit

Guido Oßwald

Planungs-, Steuerungs- und Kontrollmechanismen zur Sicherstellung einer effizienten Verwendung von Spendenmitteln in Projekten

Die verantwortungsvolle Verwendung von Spendenmitteln ist für Spenden sammelnde Organisationen eine Grundvoraussetzung dafür, dass sie Mittel für ihre satzungsgemäßen Zwecke erhalten und ihre Arbeit finanzieren können. Sie ist neben anderen Gesichtspunkten ein wesentlicher Aspekt, den Spender bei der Auswahl der Organisation heranziehen, für die sie spenden möchten. Ein Kriterium für den verantwortungsvollen Umgang mit Spenden sind sicherlich die Werbe- und Verwaltungsausgaben[1] einer Organisation. Allerdings ist eine verantwortungsvolle Verwendung von Spendenmitteln nicht zwingend nur dadurch gegeben, dass Werbe- und Verwaltungsausgaben niedrig sind und ein hoher Anteil der Spenden für Projektausgaben verwendet wird. Vielmehr kommt es ganz entscheidend darauf an, wie wirkungsvoll und effizient Spendenmittel in den Projekten eingesetzt werden. Um dies zu gewährleisten, bedarf es grundlegender Mechanismen der Planung, Steuerung und Kontrolle von Projektmitteln[2]. Zu berücksichtigen ist dabei, dass sich durch den Empfang und Einsatz von Spendenmitteln eine Verpflichtung nicht nur gegenüber den Spendern ergibt, sondern auch gegenüber den jeweiligen Zielgruppen, für die Spenden eingeworben wurden. Wahrhaftig, umfassend und transparent Rechenschaft gegenüber den Spenden abzugeben gehört also ebenso zu diesen Verpflichtungen wie sicher zu stellen, dass die Spenden effizient in Programmen und Projekten verwendet werden.

---

[1] Gemäß der vom Deutschen Zentralinstitut für soziale Fragen (DZI) im Juni 2006 vorgenommenen Abgrenzung von Ausgaben wird zwischen Werbe- und Verwaltungsausgaben einerseits und den Projektausgaben andererseits unterschieden. Zu den Projektausgaben gehören die Mittel für Projektausgaben, Projektbegleitung sowie für satzungsgemäße Kampagnen-, Bildungs- und Aufklärungsarbeit. (Vgl. Werbe- und Verwaltungsausgaben Spenden sammelnder Organisationen, DZI, Berlin, Stand: Juni 2006)

[2] Projektmittel sind Mittel, die direkt an Projekte fließen und dort eingesetzt werden. Gemäß der vom DZI vorgenommenen Abgrenzung werden Projektmittel den Ausgaben für die Projektförderung zugeordnet. Zu diesen gehören auch Mittel für Projektträger und für Partner-/Koordinationsbüros.

Der im Dezember 2008 vom Verband Entwicklungspolitik deutscher Nichtregierungsorganisationen (VENRO) verabschiedete „Verhaltenskodex zu Transparenz, Organisationsführung und Kontrolle" (siehe den entsprechenden Beitrag
in diesem Band von Pastors/Rosenboom) sieht neben den Prinzipien und Standards für die Bereiche Organisationsführung und Kommunikation auch entsprechende Grundsätze und Richtlinien für die Betriebsführung und die Wirkungsbeobachtung vor. Dieser Beitrag beschäftigt sich vornehmlich mit den Aspekten
der Betriebsführung, macht die Evaluierung und die Wirkungsbeobachtung aber,
der Systematik des VENRO-Kodex folgend, nicht zum Gegenstand, wohl wis-
send, dass es Schnittstellen zur Betriebsführung gibt.

In dem Kapitel „Betriebsführung" des Kodex verpflichten sich die VENRO-
Mitglieder, „wirkungsvolle Planungs-, Steuerungs- und Kontrollmechanismen zu
implementierten, um die wirtschaftliche Mittelverwendung sicherzustellen. Sie
wenden stringente Verfahren bei der Genehmigung und Verausgabung von Bud-
getmitteln an, dies beinhaltet auch Kriterien für die Bereitstellung von Projektmitteln..." Im Rahmen dieses Aufsatzes werden demzufolge Mechanismen der
Planung, Steuerung und Kontrolle zur Sicherstellung einer effizienten Verwendung von Projektmitteln in ihren Grundzügen beschrieben und anhand der gängigen Praxis der Kindernothilfe konkretisiert.

1   Ziele und Anforderungen der Planungs-, Steuerungs- und Kontrollmechanismen

Hinsichtlich der Projektmittel ist das Hauptziel der Planungs-, Steuerungs- und
Kontrollmechanismen die Sicherstellung deren effizienter Verwendung. „Effizienz" wird als das Verhältnis zwischen erreichten Projektzielen (Output, Nutzen,
Wirkung für Projektzielgruppen) und den eingesetzten Mitteln (Aufwand, Kosten) verstanden.

Um die Effizienz bzw. die Wirtschaftlichkeit des Mitteleinsatzes beurteilen
zu können, sind gemäß dieser Definition sowohl Zielerreichungsgrad als auch
die jeweiligen Budgetauslastungen zu bewerten und zueinander in Beziehung zu
setzen. Dies setzt aber voraus, dass Transparenz geschaffen wird hinsichtlich:

- Projektzielen und -zielgruppen
- Finanzierung und Budget
- Projektfortschritt und Budgetkontrolle
- Zielerreichung (Erfolge/Misserfolge) sowie Indikatoren zur Messung der Zielerreichung, und
- Mittelverwendung (d.h. umfassende und wahrhaftige Rechenschaftslegung)

Um die Effizienz des Mitteleinsatzes verbessern zu können, bedarf es einer Lernkultur, die es durch entsprechende Mechanismen und partizipative Prozesse zu fördern gilt (Stichwort: „lernende Organisation"). In Bezug auf das organisatorische Lernen stehen, vereinfacht ausgedrückt, zwei Fragestellungen im Mittelpunkt: Wurden die „richtigen" Ziele, Strategien und Aktivitäten geplant und verfolgt? Und: Wurden diese Aktivitäten und Strategien im Rahmen der Projektimplementierung und -steuerung auch „richtig" umgesetzt?

Entsprechend müssen die angewendeten Mechanismen der Planung, Steuerung und Kontrolle geeignet sein, diese Transparenz für die jeweiligen Interessensgruppen zu gewährleisten und das Lernen im laufenden Prozess sowie nach Abschluss des Projekts zu unterstützen.

2 Grundzüge und Ebenen von Planungs-, Steuerungs- und Kontrollmechanismen

Um die effiziente Verwendung der Projektmittel sicherzustellen, die dafür erforderliche Transparenz zu schaffen und das Lernen zu fördern, sind die Mechanismen der Planung, Steuerung und Kontrollen so zu gestalten, dass sie den gesamten Projektkreislauf abdecken. Die nachfolgende Grafik gibt einen groben Überblick über den Projektkreislauf:

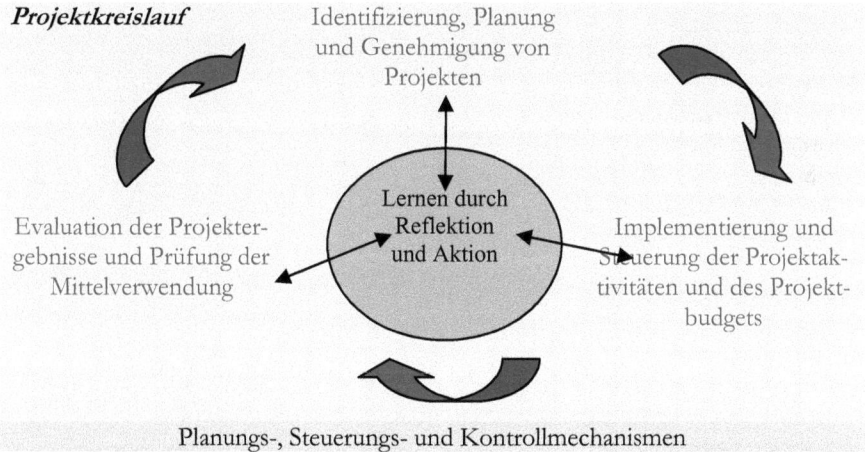

Planungs-, Steuerungs- und Kontrollmechanismen

Planung, Steuerung und Kontrolle des Einsatzes von Projektmitteln finden auf unterschiedlichen „Ebenen" statt. Die Mechanismen oder Systeme sowie die verwendeten Methoden müssen den Blickwinkeln, Verantwortlichkeiten und Aufgaben dieser Ebenen entsprechen, wenn die jeweiligen Ziele und Zwecke erreicht werden sollen. Des Weiteren sind die Mechanismen und Methoden der unterschiedlichen Ebenen sinnvoll miteinander zu verzahnen, um ein aufeinander abgestimmtes Gesamtsystem zu erhalten.

Grundsätzlich kann zwischen zwei Ebenen unterschieden werden, wobei eine weitere Differenzierung durchaus möglich und oft sicherlich auch sinnvoll ist:

Ebene 1:   ⇨ Projekte und Träger[3]
Ebene 2:   ⇨ Geberorganisation (lokale Koordinationsstruktur des
                      Gebers und/oder Geschäftsstelle)

Die Projekt- und Trägerebene ist zuständig und verantwortlich für die

* Identifizierung des Projekts und für die Projektplanung
* Umsetzung und Steuerung der zur Erreichung der Ziele notwendigen Projektmaßnahmen (einschließlich der zweckbestimmten Mittelverwendung bzw. -verausgabung)
* Kontrolle der Projektforschritte und die Budgetauslastung
* Berichterstattung

Diese Aufgaben und Tätigkeiten werden in der Regel von der Projektleitung wahrgenommen.

Sofern der Projektträger nicht selbst in das operative Projektmanagement eingebunden ist, gehört es zu seiner Aufgabe und Verantwortung, die jeweiligen Planungs-, Steuerungs- und Kontrollschritte der Projektleitung zu überwachen und gegebenenfalls korrigierend auch im Sinne einer Qualitätssicherung einzugreifen. Dazu ist es erforderlich, dass die Träger verbindlich festlegen und dokumentieren, welche Planungs-, Steuerungs- und Kontrollschritte wie durchzuführen sind. Denn nur so weiß das Projektmanagement um die verschiedenen Schritte, deren Durchführung vom Träger erwartet werden. Des Weiteren ist es erforderlich, dass die Träger über ein Projektmonitoringsystem und Berichtswesen verfügen, das ihnen die dafür notwendigen Informationen zeitnah zur Verfügung stellt.

Mit Blick auf die von Projekt- und Trägerebene durchzuführenden Managementtätigkeiten und anzuwendenden Methoden ist es Aufgabe der Geberorganisation, inhaltliche und formale Qualitätsstandards vorzugeben und die Anwen-

---

[3] *Träger bzw. Projektträger* ist die (lokale) Organisation, die juristisch verantwortlich für das Projekt ist. Projektträger und Geberorganisationen verstehen sich als Partner.

dung geeigneter Projektmanagement-Methoden einzufordern, zumindest jedoch vorzuschlagen. Zu nennen sind an dieser Stelle beispielhaft folgende Methoden und Instrumente:

- Project Cycle Management oder PCM[4]
- Logical Framework Approach oder LFA[5]
- Activity-Based Budgeting/ABB[6]
- Participatory Rural Appraisal/PRA[7]
- Child Rights Programming/CRP[8] (Right Based Approach)

Den Mitarbeiterinnen und Mitarbeitern auf Projekt- und Trägerebene sind die vom Geber vorzugebenden Anforderungen zugänglich zu machen und bei Bedarf zu erläutern. Gleichzeitig sollte die Geberorganisation bereit sein, Projekt- und Trägermitarbeitende im Projektmanagement zu schulen und ggf. die dafür erforderliche Mittel bereitzustellen, so dass die Anforderungen der Geberorganisation eingehalten werden können.

---

[4] Der Begriff *Project Cycle Management/PCM* wird verwendet, um die Managementaktivitäten und die Entscheidungsprozesse während des Projektkreislaufes zu beschreiben (einschließlich Schlüsselaufgaben, Rollen/Zuständigkeiten und Verantwortlichkeiten, Projektdokumentation und Entscheidungsoptionen). Referenz: *Aid Delivery Methods* Volume 1 Project Cycle Management Guidelines, European Commission, Brussels, Belgium, March 2004. Vgl. http://ec.europa.eu/europeaid/multimedia/publications/publications/manuals-tools/t101_en.htm

[5] Der *Logical Framework Approach/LFA* ist eine Methodik bzw. Vorgehensweise im Rahmen des Projektmanagements, die bei der Entwicklung/Planung, Überwachung und Evaluierung von Entwicklungsprojekten eingesetzt wird (vgl. auch das von der Gesellschaft für technische Zusammenarbeit/GTZ entwickelte Modell der zielorientierten Projektplanung/ZOPP. Referenz: *The Logical Framework Approach*, Fourth Edition, Norwegian Agency for Development Cooperation/Norad, Oslo, Norwegian, 1999. Vgl. http://www.norad.no/en/Tools+and+publications/Publications/Publication+Page?key=109408

[6] *Activity Based Budgeting/ABB* ist eine Budgetierungsmethode, bei der alle Projektaktivitäten, die Kosten (Personal- und Sachkosten) verursachen, ermittelt und analysiert werden. Die Projektaktivitäten werden mit Projektzielen verbunden, für deren Erreichung ihre Durchführung erforderlich ist. ABB kommt in der Regel auch im Rahmen des LFA zur Anwendung.

[7] *Participatory Rural Appraisal/PRA* ist eine Methode, die das Wissen und die Meinung der (ländlichen) Projektzielgruppen bei der Planung und dem Management von Entwicklungsprojekten und -programmen einbezieht. Sie beinhaltet insbesondere Instrumente und Techniken, um gemeinsam mit den Projektzielgruppen Informationen über Ressourcen, Problembereiche, Potentiale und Bedürfnisse von Gemeinwesen zu sammeln und zu analysieren.

[8] *Child Rights Programming/CRP* bedeutet die Integration der Prinzipien der Kinderrechte im gesamten Projektkreislauf, d.h. bei Analyse, Identifizierung, Planung, Durchführung, Überwachung von Projekten und Programmen, mit dem Oberziel, die Rechte des Kindes, so wie sie in der Kinderrechtskonvention der Vereinten Nationen festgelegt sind, zu stärken. Referenz: *Child Rights Programming*, Second Edition, Eva Geidenmark, Mikkel Balslev u.a., Lima, Peru, July 2005. Vgl. http://www.win.org.crin/docs/PDN%20Ingles%Final.pdf

Durch geeignete Maßnahmen haben Geberorganisationen sicherzustellen und zu prüfen, dass auf Projekt- und Trägerebene die von ihnen gesetzten Standards hinsichtlich der Planung, Steuerung und Kontrolle von Projektmitteln eingehalten und geeignete Projektmanagement-Methoden zur Anwendung kommen. Unbeschadet davon liegt es in der Verantwortung der Geberorganisationen darüber zu entscheiden, ob und wann sie sich punktuell oder systematisch in die operative Planung, Steuerung und Kontrolle der Projektmittelverwendung einklinkt. Dies bietet sich zumindest bei der Projektgenehmigung, bei der Erreichung von strategischen Projektmeilensteinen sowie bei der Projektabrechnung und nicht zuletzt bei der Evaluierung und Wirkungsbeobachtung an.

Regeln für die Genehmigung, Bereitstellung und Verausgabung von Projektmitteln sind ein weiterer Bestandteil der Planungs-, Steuerungs- und Kontrollmechanismen. Auch hier sind die Rollen der eingebundenen Ebenen unterschiedlich:

- Die Geberorganisation genehmigt die erforderlichen Projektmittel und stellt die Mittel dem lokalen Träger für die Projekte bereit. Die Genehmigung und Bereitstellung von Projektmitteln wird dabei in der Regel an Bedingungen geknüpft, die vom Projekt bzw. dem Träger erfüllt werden müssen. Andernfalls werden Projektmittel nicht genehmigt oder bereits genehmigte Projektmittel nicht bereitgestellt.

- Die Verausgabung der Projektmittel erfolgt vor Ort. Die Projektleitung ist dafür verantwortlich, dass Projektmittel gemäß den Vorgaben der Planung sowie des genehmigten Budgets verausgabt werden. Es ist Aufgabe der Träger, durch entsprechende organisatorische Leitlinien und Regelungen (policies, manuals) sowie (Kontroll-)Mechanismen sicherzustellen, dass bereitgestellte Projektmittel nur für die vom Geber genehmigten Budgets verausgabt werden. Dazu gehören z.B. die Durchführung von Prüfungen des internen Kontrollsystems der Projekte und Träger oder der Einhaltung von Richtlinien des Trägers zur Verausgabung von Projektmitteln (Beantragung, Genehmigung, Bereitstellung und Abrechnung).

- Auch mit Blick auf die Verausgabung von Projektmitteln haben die Geberorganisationen durch geeignete Maßnahmen sicherzustellen und zu prüfen, dass es entsprechende organisatorische Leitlinien und Regelungen sowie (Kontroll-)Mechanismen gibt und diese eingehalten werden. Dazu gehören z.B. die Durchführung von Prüfungen des internen Kontrollsystems der Projekte und Träger oder der Einhaltung von Richtlinien des Trägers zur Verausgabung von Projektmitteln (Beantragung, Genehmigung, Bereitstellung und Abrechnung).

Das kontinuierliche organisatorische Lernen durch Reflexion und Aktion ist idealer Weise als ein Prozess zu gestalten, der neben dem Geber nicht nur die lokalen Träger und Projektverantwortlichen, sondern insbesondere auch Vertreter der Projektzielgruppen einbindet und beteiligt.

3   Das Bausteinsystem der Kindernothilfe

Nachfolgend werden exemplarisch die Mechanismen beschrieben, wie sie von der Kindernothilfe derzeit eingesetzt werden. Die von der Kindernothilfe[9] als Bausteinsystem implementierten Planungs-, Steuerungs- und Kontrollmechanismen zur Sicherstellung der effizienten Verwendung von Projektmitteln orientieren sich am Projektkreislauf (*project cycle*) und ermöglichen in jeder Phase punktuelles Eingreifen bzw. Mitwirken.

Bausteine der Planung, Steuerung und Kontrolle im Überblick:

Projekt-phase:	Identifizierung, Planung, Genehmigung	Implementierung und Steuerung	Prüfung und Kontrolle
	Jahres-planung	**Projekt-/Träger-besuche**	**Sonder-prüfungen**
	Projekt-antrag	**Projektfort-schrittsbericht**	**Jahres-abschluss**
	Kooperations-abkommen	**Empfangs-bestätigung**	**Jahres-bericht**
	Partner- und Projekthandbuch mit Richtlinien und Konzepten		

---

[9] Die Kindernothilfe finanziert sich zu rund 90% aus Spenden. Dabei sind Kinder- und Projektpatenschaften die zentralen Hilfsformen. Im Jahr 2008 beliefen sich die Einnahmen der Kindernothilfe auf 52 Millionen Euro. In mehr als 1.000 Projekten in 28 Ländern wurden dadurch rund 568.000 Kinder erreicht.

3.1 Kooperationsabkommen[10]

Mit jedem (neuen) Projektträger wird als vertragliche Grundlage für die Zusammenarbeit ein Kooperationsabkommen geschlossen. Dieses Kooperationsabkommen besteht aus zwei Teilen:

(1) In einem allgemeingültigen Teil werden grundsätzliche Rechte und Pflichten der Vertragsparteien geschlossen. Geregelt werden hier u.a.

- Zuständigkeiten bzgl. Programmarbeit
- Managementaufgaben des Trägers
- Grundlegende Regeln bzgl. Finanzen, u.a. Zweckbindung der Projektmittel
- Berichtswesen

Der allgemeingültige Teil des Kooperationsabkommens ist im Partner-/Projekthandbuch hinterlegt, zu dem alle potentiellen Träger und Projekte Zugriff erhalten.

(2) Ergänzt wird dieser allgemeine Teil durch einen zweiten Teil, in dem bilaterale Vereinbarungen mit dem Träger über inhaltliche Schwerpunkte sowie über die gemeinsam durchzuführenden Projekte getroffen werden.

3.2 Projektantrag

Jedes (neue) Projekt muss einen Antrag vorlegen, u.a. mit folgenden Angaben:

- Kurzbeschreibung des Projektträgers (bei neuen Trägern)
- Kontext- und Problemanalyse
- Interessensgruppen (*stakeholders*)
- Zielgruppen und deren Partizipation
- Ziele, Strategien und geplante Projektaktivitäten
- erwartete Projektergebnisse und Wirkungen, Projektrelevanz

---

[10] Die Kindernothilfe ist selber nicht operativ tätig, sondern fördert ausschließlich Projekte in der Trägerschaft einheimischer christlicher Organisationen, Kirchen oder lokaler Nichtregierungsorganisationen (Partner der Kindernothilfe), die die Projekte eigenverantwortlich, aber in einer vertraglich geregelten Kooperation mit der Kindernothilfe durchführen. In der lokalen Trägerschaft von Projekten und der damit verbundenen Verantwortung der Partner für die Konzeption, Planung, Implementierung, Steuerung und Auswertung von Projekten sieht die Kindernothilfe eine wesentliche Voraussetzung für den nachhaltigen Projekterfolg.

- Methoden des Projektmanagements und der Evaluation
- Nachhaltigkeit und Finanzierung

Die inhaltlichen und formalen Anforderungen an einen vollständigen Projektantrag sind im Partner-/Projekthandbuch hinterlegt.

Alle Anträge durchlaufen innerhalb der Kindernothilfe einen Genehmigungsprozess, in dessen Verlauf sie unter Anwendung des Vieraugenprinzips fachlich und finanziell geprüft werden. Im Rahmen des Genehmigungsprozesses findet in der Regel ein intensiver Dialog mit dem Antrag stellenden Partner statt, in dem die Positionen des Partners eine konstruktiv-kritische Würdigung erfahren. Bevor die Anträge nicht den definierten Anforderungen entsprechen, kann keine Genehmigung erfolgen.

3.3 Projektjahresplanung

Jedes Projekt mit einer Laufzeit von mehr als 18 Monaten muss eine jährliche Projektplanung für jedes Finanzjahr vorlegen. Bei einer Laufzeit von weniger als 18 Monaten ist eine Planung für die gesamte Projektlaufzeit vorzulegen. In dieser Projektjahresplanung müssen Ziele und Aktivitäten genauso wie ein konsolidiertes Projektbudget vorgelegt werden, das alle Einnahmen und Ausgaben des Projektes – und zwar nicht nur Projektmittel der Kindernothilfe – zeigt.

Alle Projektjahresplanungen werden von der Kindernothilfe ausgewertet und die finanziellen Daten, insbesondere die Einnahmen- und Ausgaben in einer zentralen Projektdatenbank gespeichert. Die dort erfassten Informationen dienen als Grundlage für die Genehmigung und Bereitstellung der Projektmittel.

In einer im Partner- und Projekthandbuch hinterlegten Richtlinie werden inhaltliche und formale Anforderungen an die Projektjahresplanung definiert und Methoden der Planung empfohlen (Stichworte: *Logical Framework Approach, Activity-Based Budgeting*).

Werden formale oder inhaltliche Kriterien nicht erfüllt, so wird dies durch die Kindernothilfe entsprechend sanktioniert: Projektmittel werden erst dann bereitgestellt, wenn die von der Kindernothilfe gesetzten Standards erfüllt sind.

3.4 Empfangsbestätigung

Jedes Projekt hat den Empfang der von der Kindernothilfe bereitgestellten Projektmittel zu bestätigen. Zu diesem Zweck wird automatisch mit jeder Zahlung eine Empfangsbestätigung pro Projekt ausgestellt, auf dem das Projekt oder der

Träger den empfangenen Betrag in der jeweiligen Landeswährung anzugeben und zu quittieren hat. Auf Anfrage müssen Projekte und Träger eine Kopie der jeweiligen Auszüge ihrer Bankkonten der Empfangsbestätigung beifügen.

3.5 Projektfortschrittsbericht

Projekte mit einem jährlichen Finanzvolumen von 100.000 Euro und mehr müssen der Kindernothilfe einen Halbjahresbericht vorlegen, der detailliert Auskunft über die Budgetimplementierung und -auslastung gibt. Projekte mit einem geringeren Finanzvolumen haben auf Anfrage einen solchen Fortschrittsbericht vorzulegen. Darüber hinaus gibt es anderslautende Regeln von staatlichen Gebern im Rahmen der Kofinanzierung von Projekten, die entsprechend beachtet werden müssen.

Davon unberührt bleibt, dass die Kindernothilfe von den Trägern verlangt, dass sie den Projektfortschritt so begleiten und überwachen, dass zeitnahes Eingreifen durch den Träger jederzeit möglich ist. Standard ist dabei, dass Projekte dem Träger entweder Monats- bzw. Quartalsberichte oder zusammen mit der Mittelanforderung eine Abrechnung über die Verwendung der zuletzt erhaltenen Projektmittel vorlegen.

3.6 Projekt- und Trägerbesuche

Projekt- und Trägerbesuche, die von Mitarbeiterinnen und Mitarbeitern der Geschäftsstelle der Kindernothilfe in Duisburg genauso durchgeführt werden wie von Mitarbeiterinnen und Mitarbeitern der lokalen Koordinationsstrukturen, bieten insbesondere die Chance, die handelnden Projektverantwortlichen genauso wie die jeweiligen Projektrahmenbedingungen kennenzulernen. Bewertet werden bei den Projektbesuchen u.a. Konzeption, Fortschritt und Management eines Projektes. Überprüft werden auch Buchhaltung, Finanzmanagement und Rechnungslegung. Letzteres erfolgt anhand eines eigens dafür entwickelten Fragebogens. Um die Qualität der Arbeit zu verbessern, werden mit eigenen Fachkräften und/oder in Kooperation mit externen Fachkräften Workshops sowohl zu programmatischen Themenbereichen als auch zu Fragen des Managements oder der Finanzadministration durchgeführt.

3.7 Projektjahresbericht

Alle Projekte müssen einen jährlichen Bericht vorlegen. Er soll Auskunft über Aktivitäten und Zielerreichung geben, aber auch auf Probleme und Schwierigkeiten eingehen. Der Projektjahresbericht ist Grundlage für die Projektberichte, die die Kindernothilfe ihren Spendern zur Verfügung stellt. Deshalb sind dem Bericht sowohl Fallstudien als auch Fotos beizufügen. Auch diesbezüglich finden sich die Anforderungen in einer im Partner-/Projekthandbuch hinterlegten Richtlinie.

3.8 Projektjahresabschluss

Alle Projekte mit einer Laufzeit von 18 Monaten und mehr müssen jährlich einen von einem unabhängigen Wirtschaftsprüfer geprüften und testierten Jahresabschluss vorlegen. Dieser hat zu bestehen aus

- einer Einnahmen und Ausgabenrechnung
- einer Aufstellung des Vermögens, des Eigenkapitals und der Verbindlichkeiten
- dem Bericht des Prüfers sowie
- erläuternden Informationen zu allen wesentlichen Finanzpositionen

Projekte mit einer Laufzeit von weniger als 18 Monaten müssen einen geprüften und testierten Abschluss für die gesamte Projektlaufzeit vorlegen.

Alle Jahresabschlüsse werden ausgewertet und deren Finanzdaten (Aktiva, Passiva, Einnahmen und Ausgaben) in einer zentralen Projektdatenbank erfasst und ausgewertet. In Stichproben werden einzelne Jahresabschlüsse einer ausführlichen Prüfung unterzogen. Die Ergebnisse, zu klärende Fragen und/oder Handlungsempfehlungen werden in einem Bericht festgehalten und an das entsprechende Projekt zur Beantwortung bzw. Umsetzung weitergeleitet.

Auch hier finden sich die Anforderungen in einer im Partner-/Projekthandbuch hinterlegten Richtlinie. Entsprechen die Jahresabschlüsse nicht den Anforderungen oder ergeben sich relevante Tatbestände, die zu einem eingeschränkten Testat oder gar zu einer Testatsverweigerung führen, so hängt die Bereitstellung weiterer Projektmittel bzw. die Fortführung der Förderung davon ob, ob Projekte und Träger die Anforderungen zeitnah nachträglich erfüllen bzw. die Tatbestände, die zu einer Einschränkung oder Verweigerung des Testats führten, überprüfbar zeitnah beseitigen.

Um die Qualität der Jahresabschlussprüfung und der Berichte der Wirtschaftsprüfer zu verbessern, entwickelt die Kindernothilfe zurzeit eine Richtlinie für die Vergabe von Prüfungsaufträgen an Wirtschaftsprüfer. Diese Richtlinie orientiert sich an den *International Standards on Auditing* (insbesondere ISAs 200 und 800) und wird 2010 eingeführt.

3.9 Sonderprüfungen

Erhält die Kindernothilfe glaubwürdige Hinweise darauf, dass Missmanagement vorliegt, Projektmittel zweckfremd verwendet oder veruntreut werden oder interne Kontrollen insbesondere bezüglich der Genehmigung und Verausgabung von Projektmitteln nicht angemessen sind, so werden Sonderprüfungen veranlasst. Diese werden in der Regel durch lokale, akkreditierte Wirtschaftsprüfer im Auftrag der Kindernothilfe durchgeführt. Die jeweiligen Sanktionen hängen von den Prüfungsergebnissen ab und reichen von Empfehlungen zur Verbesserung der internen Kontrollen, deren Umsetzung Voraussetzung für die Bereitstellung weiterer Projektmittel ist, über die Beendigung der Kooperation mit Trägern bis hin zu zivil- und/oder strafrechtlicher Verfolgung.

3.10 Partner- und Projekthandbuch

Die Kindernothilfe hat ein internetgestütztes Partner- und Projekthandbuch als zentrale Informationsquelle für Träger und Projekte eingerichtet. Neben allen Richtlinien z.B. für Projektantrag, Projektplanung/Budget, Jahresabschluss u.a. sind in diesem Handbuch weitere Vorgaben im Sinne von Leitlinien hinterlegt, die von Trägern und Projekten beachtet werden sollen. Dazu gehören u.a. der Antikorruptionskodex der Kindernothilfe, auf den Träger und Projekte sich zu verpflichten haben, die Leitlinie zur Sicherheit und Schutz von Kindern (*Child Safety and Protection Statement*) und die Leitlinie zum Rechnungs- und Finanzwesen von Trägern und Projekten.

4   Umgang mit Problemfällen: Prävention und Maßnahmen

Im Kontext von Planungs-, Steuerungs- und Kontrollmechanismen zur Sicherstellung einer effizienten Verwendung von Projektmitteln liegen Problemfälle dann vor, wenn Indikatoren darauf hinweisen, dass die Mechanismen im Sinne der Zielsetzung nicht greifen und/oder das Verhalten von Mitarbeiterinnen und

Mitarbeitern auf Projekt-, Träger- oder Geberebene zu Missmanagement, zweckfremder Mittelverwendung und/oder Korruption führt.

Greifen Mechanismen nicht, so sind die Ursachen dafür zu analysieren und anschließend entsprechende Korrektivmaßnahmen einzuleiten:

Beispiele für Ursachen	Mögliche Korrektivmaßnahmen
• Definierte Standards sind nicht hinreichend, um die Ziele von Planungs-, Steuerungs- und Kontrollmechanismen zu erreichen.	• Verbessern der Standards durch Anpassung an „best practice".
• Standards der Geberorganisationen sind den Beteiligten auf Projekt- und Trägerebene nicht bekannt oder nicht erläutert worden.	• Schulung der Mitarbeiter auf Projekt- und Trägerebene (einschließlich der Bereitstellung von entsprechenden Geldern).
• Die Einhaltung der Standards wird vom Träger und/oder der Geberorganisation nicht überprüft.	• Überprüfung der Einhaltung (zumindest in Stichproben) z.B. durch lokale akkreditierte Wirtschaftsprüfer und/oder durch Revisions-/Controllingabteilung der Geberorganisation.
• Personalressourcen sind nicht hinreichend, um Planung, Steuerung und Kontrolle im erforderlichen Umfang wahrzunehmen.	• Prüfen der personellen Ausstattung der Projekte und Träger, Bereitstellung von Mitteln für hinreichende Personalressourcen auf Projekt- und Trägerebene, z.B. auch durch Beteiligung an der Finanzierung von sog. *overhead costs* von Trägern.

Hinsichtlich des Verhaltens von Mitarbeiterinnen und Mitarbeitern sind zwei besondere Aspekte zu nennen, die aus der Erfahrung der Kindernothilfe besonders relevant sind:

(1) Zum einen wird das (Fehl-)Verhalten von Mitarbeiterinnen und Mitarbeitern oft durch schwache oder fehlende Planungs-, Steuerungs- und Kontrollmechanismen beeinflusst. Nicht immer ist kriminelle Energie Ursache für Fehlverhalten. Auch schwache und fehlende Mechanismen können Menschen zu Fehlverhalten verleiten, z.B. dann, wenn sie von ihrem Umfeld unter Druck gesetzt werden oder wenn sie ihre Position und den Zugang zu Ressourcen für andere Zwecke zu nutzen. Auch deshalb ist es notwendig, dass Verantwortliche auf allen Ebenen Planungs-, Steuerungs- und Kontrollmechanismen implementieren, klare organisatorische Regeln für die Ge-

nehmigung, Bereitstellung und Verausgabung von Projektmitteln festlegen und deren Einhaltung überwachen, Qualitätsstandards vorgeben, überprüfen und deren Nichteinhalten sanktionieren sowie Transparenz über Ziele und Budgets, Projektfortschritte und Zielerreichung sowie Mittelverwendung schaffen.

(2) Zum andern können sich Mitarbeiterinnen und Mitarbeiter zu einer Fehleinschätzung oder einem Fehlverhalten verleiten lassen,

▪ die unzureichend qualifiziert bzw. geschult und damit fachlich überfordert sind,
▪ die nicht entsprechend ihrer Qualifikation, Aufgabe und Verantwortung vergütet werden,
▪ die sich nicht mit Vision, Strategie und Zielen ihres Arbeitgebers identifizieren,
▪ die nicht motiviert sind, keine Anerkennung erfahren oder überlastet sind.

Deshalb ist es wichtig, dass Verantwortliche auf allen Ebenen dafür Sorge tragen, dass Mitarbeiterinnen und Mitarbeiter gemäß ihren fachlichen Aufgaben und ihrer Verantwortung ausgebildet und angemessen vergütet werden. Sie müssen motivierende Rahmenbedingungen und Voraussetzungen schaffen, die es Mitarbeiterinnen und Mitarbeitern möglich machen, sich mit Vision, Strategie und Zielen des Projektes, des Trägers oder der Geberorganisation zu identifizieren.

5   Partizipation der Zielgruppen

Abschließend ist auf die zunehmende Bedeutung der Partizipation von Zielgruppen an der Identifizierung, Planung, Steuerung/Überwachung, Kontrolle und Evaluation von Projekten auch hinsichtlich der Sicherstellung einer effizienten Verwendung von Projektmitteln hinzuweisen. Die Partizipation von Zielgruppen wird durch die Anwendung von Methoden wie *Participatory Rural Appraisal* (PRA) oder *Child Rights Programming* (CRP; siehe oben) unterstützt und sollte nicht nur auf die Analyse und Planung von Projekten, sondern auch auf deren Steuerung/Überwachung sowie deren Kontrolle und Evaluation ausgeweitet werden. Zwei gute Gründe sprechen dafür:

1. Fundamentales Interesse der Zielgruppen ist es, dass die Projektmittel so effizient und effektiv wie möglich eingesetzt werden.
2. Zielgruppen können sehr gut bei der Beurteilung mitwirken, ob die erwünschten Projektziele und Wirkungen erreicht wurden und die Mittel gemäß dem Budget verausgabt werden.

Neben der Partizipation an Tätigkeiten und Prozessen von partizipatorischen Evaluationen ist Transparenz gegenüber Zielgruppen wie unter 1 beschrieben eine wichtige Grundvoraussetzung für eine wirksame „Kontrolle von unten".

Die Herausforderung, der sich Projektleitungen, Träger und Geber in der nahen Zukunft zu stellen haben, besteht in der Entwicklung und Implementierung von Konzepten, die Zielgruppen in die Lage versetzen, Überwachungs- und Kontrollfunktionen wahrnehmen zu können. Gleichzeitig müssen diese Konzepte den Zielgruppen Einfluss- und Mitwirkungsmöglichkeiten auf Korrektivmaßnahmen und Entscheidungsprozesse einräumen.

Guido Oßwald ist ausgebildeter Wirtschaftswissenschaftler und seit 1990 bei der Kindernothilfe e.V. beschäftigt. Er leitet das Referat Controlling und Finanzen und ist zugleich Geschäftsführer der Kindernothilfe Stiftung.

Claudia Warning

Wirkungsbeobachtung und Wirkungsgrenzen

Malkungi im indischen Bundesstaat Maharashtra: Die in den Gemeinderat gewählten Frauen aus den Selbsthilfegruppen wurden nicht eingeladen, an der
Gratulationsfeier für die neu gewählten Mitglieder des Gemeinderates teilzunehmen. Nur Männer waren eingeladen. Die Frauenselbsthilfegruppen organi-
sierten daraufhin eine Feier und luden Männer und Frauen ein, um sowohl Frau-
en als auch Männern zu gratulieren. Im Ergebnis, so berichtet der Projektträger,
die *Society of Helpers of Mary*, hat sich die Einstellung der Männer im Gemeinderat geändert.

Neela Bai, ein Mitglied der Selbsthilfegruppe (SHG) im Nachbarort
Hasalgaon, wurde von einem Jungen aus dem Dorf verprügelt. Die Mitglieder
der SHG erstatteten Anzeige und der Junge wurde bestraft. Neela Bai erhielt eine
Entschädigung. Die Frauen der o. g. *Society of Helpers of Mary* gewannen dadurch Mut und Vertrauen zu ihren Fähigkeiten, gegen die Unterdrückung von
Frauen anzugehen. Die Frauen sind einer Menschenrechtsorganisation beigetre-
ten und haben eine Ortsgruppe in ihrem Dorf eröffnet.

Zwei kleine Geschichten unter vielen, die in regelmäßigen Projektberichten
aus dem Frauenselbsthilfe- und Mikrofinanzprojekt der *Society of Helpers of
Mary* in Maharashtra, Indien eingehen. Zwei von abertausenden, die jährlich in
Projekten von Nichtregierungsorganisationen geschehen. Sie zeigen auf, wie sich
die Lebensbedingungen von Menschen in den geförderten Dörfern und Gemeinschaften konkret in kleinen Schritten verändern. Für uns mögen diese Veränderungen kaum sichtbar und erwähnenswert sein, für die betroffenen Menschen,
unsere so genannten Zielgruppen, sind sie signifikant.

Wichtiger noch als diese kleinen Erfolge sind aber natürlich die Ergebnisse
des Selbsthilfe- und Mikrofinanzprojektes, das im Wesentlichen auf den Aufbau
von Kleinkreditgruppen und die Durchführung von Einkommen schaffenden
Maßnahmen abzielt.

Die Arbeit und Wirkungen von Nichtregierungsorganisationen wird hinterfragt

Lange Zeit hat die Arbeit von Nichtregierungsorganisationen und kirchlichen Hilfswerken einen großen Vertrauensvorschuss und eine hohe Glaubwürdigkeit bei Öffentlichkeit und Spendern genossen. Es wurde vorausgesetzt, dass ihre Spende bei den Ärmsten der Armen ankommt, wirkt, preiswert und also effizient ist. Heute aber wollen Spender, Öffentlichkeit und Zuwendungsgeber mehr wissen über die Arbeit und die Wirkungen. Und nicht nur das: Nichtregierungsorganisationen sehen sich mitunter dem Vorwurf ausgesetzt, dass ihre Arbeit zu kleinteilig (Stichwort/Schimpfwort „Projektitis" aus der NRO-Forschung) und zu wenig wirksam sei und die Spenden in ein Fass ohne Boden flössen. Kritiker führen das Fortbestehen der weltweiten Armut als Beleg ihrer Kritik an.

Was also bewirkt die Arbeit von Nichtregierungsorganisationen und kirchlichen Werken? Diese Frage ist nicht neu und Hilfswerke und ihre Partner im Süden können für einzelne Projekte Antworten darauf geben. Es fehlt jedoch nach wie vor in vielen Organisationen an einem **Wirkungsbeobachtungssystem**, welches auswertbare und aufbereitete Fakten und Daten über das gesamte Projekt- und Aufgabenportfolio von Organisationen bietet.

Die Partner im Süden stehen an erster Stelle

Die meisten deutschen Hilfswerke und Nichtregierungsorganisationen (NRO) sind nicht selber operativ tätig, sondern fördern Kirchen und Nichtregierungsorganisationen im Süden, damit diese Entwicklungsprojekte mit den Zielgruppen durchführen können. Diese Südpartner sind es, die Systeme zur Wirkungserfassung und -messung sowie entsprechende Berichtssysteme aufbauen müssen, um dem Anspruch der Geberländer zur Wirkungsbeobachtung gerecht zu werden. Und sie sind es, die ihren Geberorganisationen im Norden berichten müssen. Ist dieser Anspruch aber ihr eigener Anspruch und können sie konkreten Nutzen aus der Wirkungsbeobachtung ziehen?

Für viele Partner, die die tägliche Arbeit vor Ort umsetzen, sind diese Fragen weniger drängend als für unser Empfinden: sie sehen ja, wenn Neela Bai verprügelt wird und anschließend eine Entschädigung erhält; sie erfahren in der täglichen Arbeit die kleinen Fort- und Rückschritte und entwickeln zumindest ein subjektives Gefühl für die Wirkung ihrer Arbeit. Und das soll berichtenswert sein?

Im Tagesgeschäft haben die Partner häufig andere Sorgen. Im konkreten Beispiel des Projektes in Maharashtra hat es Jahre intensiven Dialoges und Beratung bedurft, bis der Projektträger nicht nur über durchgeführte Maßnahmen berichtete, sondern in der Lage war, die kleineren und größeren Wirkungen aufzuzeichnen, zu bewerten, für seine eigene Planung wieder zu verwerten und darüber zu berichten. Heute, nach vier Jahren Projektlaufzeit und des Dialoges erkennt der Partner den Wert dieser Rechenschaftslegung nicht nur gegenüber dem Förderer, sondern auch für seine eigene Planung und Steuerung.

Das „NGO-IDEAs-Projekt" (**NGO I**mpact on **D**evelopment, **E**mpowerment and **A**ction**s, www.ngo-ideas.net**), an dem 14 Mitgliedsorganisationen von VENRO und 28 Partnerorganisationen aus Südindien teilgenommen haben, hat nach drei Jahren Laufzeit eine ähnliche Entwicklung durchlaufen: Es bedarf Zeit und intensiver Befassung aller Betroffenen mit diesem Thema, bis ein gemeinsames Verständnis aufgebaut ist und die Wirkungsbeobachtung in der *Ownership* der Partner und Zielgruppen angekommen ist. Erst dann ist die Basis gelegt für Wirkungsbeobachtungssysteme, die die Zielgruppen, deren Sichtweisen und Schwerpunktsetzungen und damit deren Kriterien für Veränderungen und Erfolg adäquat mit einbeziehen.

Ziel von NGO-IDEAs war es, partizipative Methoden der Wirkungsmessung und Erfolgskontrolle zu entwickeln bzw. bestehende und erfolgreich praktizierte Module zusammen zu tragen, zu systematisieren und auf ihre Übertragbarkeit hin zu überprüfen. Letztlich sollten damit die Einflussnahme der Zielgruppen und unterschiedlichen Stakeholder auf die Projektplanung und Umsetzung, das kontinuierliche *Monitoring* von Projektmaßnahmen und die Erfolgskontrolle wesentlich erhöht werden. „Eigenwahrnehmung geht vor Fremdwahrnehmung", so eine der Kernaussagen des Projektes. Das hat dem Ansatz von Seiten der Evaluatorenzunft zunächst viel Kritik eingetragen, die die Fähigkeit der Zielgruppen, für sie relevante Änderungen in ihrem Leben identifizieren, ausreichend erfassen und quantitativ belegen zu können, in Frage stellten. Doch die Ergebnisse des Projektes haben gezeigt, dass die so genannten Zielgruppen z.T. eine sehr viel ausgeprägtere Sensorik entwickelt haben, um ihr Umfeld und damit auch für den Außenstehenden zunächst kaum sichtbare Defizite und Veränderungen zu erfassen und zu beurteilen.

Armut und die Veränderung der Armutssituation werden beispielsweise über eine Vielzahl von Indikatoren definiert, von denen die rein quantitativen, sich wesentlich an der wirtschaftlichen Situation der Menschen orientierenden Indikatoren vielfach eine untergeordnete Rolle spielen.

Keine potemkinschen Dörfer aufbauen

Alleine die kirchlichen Hilfswerke Misereor, Evangelischer Entwicklungsdienst und Brot für die Welt fördern jährlich rund 5.000 Projekte in über 100 Ländern. Diese haben Volumina von wenigen Tausend bis zu über 1 Million Euro. Es sind einfache monosektorale Projekte, aber auch hochkomplexe integrierte Programme dabei. Alle geförderten Projektpartner sind verpflichtet, Berichte und Abrechnungen über die Förderung zu erstellen. Obwohl Berichtsinhalte und Berichtsleitfäden standardisiert sind, haben die Berichte nach Inhalt, Länge und Qualität durchaus Varianzen. Grossen Wert legen die Hilfswerke auf korrekte Finanzberichte und Abrechnungen, die sie intensiv kontrollieren. Dafür wird ein nicht unerheblicher Aufwand betrieben, und Partner akzeptieren durchweg, dass die Werke in diesem Bereich „keinen Spaß verstehen".

Gleichzeitig unterstützen die kirchlichen Hilfswerke mit erheblichen Mitteln den Aufbau von Finanzabteilungen und Finanzabwicklungskapazitäten bei den Partnern und schulen örtliche Wirtschaftsprüfer und Beratungsgesellschaften für die Begleitung der Partner. Viele Partnerorganisationen haben zahlreiche Geber, die alle eigene Anforderungen, Standards, Formate und Abrechungssysteme haben. Die Abgrenzung der Projekte und Budgets untereinander stellt für viele Partner eine beständige Herausforderung dar. Die Forderung nach *Alignment*, also von Abstimmungen zwischen den Gebern, wie sie die Agenden aus Paris und Accra aufgestellt haben, ist von ihrer Verwirklichung noch weit entfernt – nicht zuletzt, da die staatlichen *back donors* (die jeweiligen Regierungsgeber) strikte Vorgaben für die Finanzabwicklung machen. Partner lernen, *to massage budgets* (O-Ton eines Partners), um bei der Vielzahl der Anforderungen noch hinreichend Spielräume für die Verwirklichung ihrer Aufgaben zu haben. Während ein Geber nur landwirtschaftliche Projekte fördert, verweigert der zweite Verwaltungskostenzuschüsse, und der Dritte will unbedingt eine Frauenkomponente im Projekt verwirklicht sehen, für die Mittel zur Verfügung gestellt werden. Das alles will berücksichtigt und koordiniert sein.

Und nun warten diese Hilfswerke und Geber-NROs mit der Forderung nach mehr Wirkungsbeobachtung und besserer Messung und Berichterstattung auf. Es gibt zunehmend mehr *Toolboxen* und Leitfäden, Trainings und Netzwerktreffen, aber leider oft auch ein unabgestimmtes Vorgehen der Geber-NRO. Es nimmt mithin nicht Wunder, dass für viele Partner die Wirkungsbeobachtung zunächst einmal eine weitere lästige Pflichtübung ist, um die Wünsche der Geber zu befriedigen.

Um nun nicht mit der sachlich richtigen Forderung nach mehr Wirkungsbeobachtung die Partner unter Druck zu setzen und die Gefahr für potemkinsche Dörfer aufzubauen, bedarf es vielerlei:

- der Einsicht der Projektpartner bzgl. der Nützlichkeit des Instruments,
- der Möglichkeit der Projektpartner, die Wirkungsbeobachtung nach ihren eigenen Notwendigkeiten zu gestalten und in ihre eigene Projektsteuerung zu integrieren und schließlich
- des Aufbaus von Kapazitäten bei den Partnern, dieses umzusetzen.
- Gleichzeitig braucht es Geber, die sich besser abstimmen und die Partner nicht mit vorgefertigten Anforderungen und Standards überziehen, sondern bereit sind, sich auf die Partnersysteme einzulassen – vorausgesetzt die methodische Qualität, Aussagekraft und Belastbarkeit der Ergebnisse der Wirkungsbeobachtung sind gegeben.

In dem kirchlichen weltweiten Netzwerk *Acting Churches Together* (ACT) wird just dieses derzeit versucht: kirchliche Hilfswerke und Entwicklungsabteilungen aus Nord und Süd entwickeln zusammen ihr Verständnis von Wirkungsbeobachtung und die dazugehörigen Methoden, damit diese von allen 74 Mitgliedern angewendet werden können.

Hilfswerke sind keine Forschungseinrichtungen

Zunehmend entdecken auch Universitäten und Forschungseinrichtungen das Thema der Wirkungsbeobachtung für sich: Es werden wissenschaftlich belastbare Methoden und Verfahren entwickelt, um Wirkungen in Entwicklungsprojekten zu messen. „Vorher/Nachher-Vergleiche" und „Mit/Ohne-Vergleiche" sind inzwischen Standards und können Ergebnisse produzieren, die hinreichende Sicherheit über Wirkungen und insbesondere Wirkungsursachen herstellen. Wie genau sah die Wirkung aus? Und war es die Intervention, die zu der beobachteten Wirkung geführt hat? Einfache Wirkungszusammenhänge und Wirkungsketten lassen sich gut abbilden und sind auch für Nicht-Wissenschaftler – wie es die Projektträger sind – nachvollziehbar und durchführbar. Bei komplexeren Projekten, die auf soziale Veränderungen abzielen und zahlreiche Inputs, Leistungen und Beteiligte im Blick haben müssen, wird dies schon anspruchsvoller. Manches Mal ist dies mit der Einrichtung einer Vergleichsgruppe verbunden, die nicht am Projekt teilnimmt und die in Relation zu der Projektzielgruppe gesetzt wird. Für die Hilfswerke und Projektträger sind solche „Versuchsanordnungen" schwer zu akzeptieren, da die Projekte kein Soziallabor, sondern die belastete und schwierige Realität von Menschen in Armut darstellen.

Wissenschaftlich eindeutige und belastbare Wirkungsnachweise werden daher auf wenige Projekte beschränkt bleiben müssen. Es ist jedoch sinnvoll, einige innovative oder relevante und signifikante Projekte mit einer wissenschaftlichen

Wirkungsbeobachtung zu begleiten. So kann Gewissheit über bestimmte Wirkungsmechanismen hergestellt werden, die in anderen Projekten nutzbar gemacht werden können. Die Zusammenarbeit zwischen Forschungseinrichtungen und Universitäten einerseits und Hilfswerken und Projektdurchführenden andererseits ist daher ein hilfreicher und gleichzeitig herausfordernder Weg, Projektansätze weiterzuentwickeln und zu bestätigen.

Die Karl Kübel Stiftung für Kind und Familie beispielsweise hat dies in einem größeren Versuch für ein Projekt zur Versöhnung und Traumabewältigung in post-Konflikt-Schulen des Kosovo zusammen mit der Universitätsklinik Hamburg Eppendorf ausgetestet und dabei die Grenzen zwischen wissenschaftlichem Anspruch und Praxis ausgelotet. Für beide Seiten war dies ein lernintensiver Prozess.

Klar aber muss auch sein, dass weder Hilfswerke noch Projektpartner und Zielgruppen Forschungseinrichtungen sind, welche die Kompetenzen und Ressourcen hätten, um wissenschaftlich fundierte, methodisch unangreifbare und eindeutige Ergebnisse zu produzieren. Dies ist auch nicht unbedingt notwendig. Viele der heute gängigen und entwickelten Methoden zur Wirkungsbeobachtung arbeiten aufgrund von Plausibilitäten und Abschätzungen. Damit werden hinreichend genaue Daten und Fakten für die Einschätzung der Wirkungen geliefert, um sicherzugehen, dass die Projektinterventionen Wirkungen erzielen und die Zielgruppen und Projektpartner die Selbststeuerung durchführen können.

Wirkungsbeobachtung kostet Geld - Spendengeld

„Jede Mark kommt bei dem Bedürftigen an." Der hiermit zum Ausdruck kommende Anspruch und das damit verbundene Missverständnis wurden leider nicht gleich mit der Mark beerdigt, sondern existieren mit dem Euro bis heute weiter. Es muss jedem (Spender) klar sein, dass die Ansprüche an Professionalität, die heute zu Recht an Projekte und Projektdurchführende gestellt werden, Geld kosten und dass dieses häufig aus Spenden stammende Geld also nicht unmittelbar bei der Zielgruppe ankommen. Nicht nur eine sachgemäße Verwaltung und qualifizierte Mitarbeiter kosten Geld, auch die ordentliche Finanzabwicklung, die Wirkungsbeobachtung und die entsprechende Dokumentation kosten Geld.

Man stelle sich vor, die kirchlichen Hilfswerke träten in den Dialog mit ihren rund 5.000 Projektpartnern über ihre Vorstellungen von Wirkungsbeobachtungen. Die Zahl an Emails, Telefonaten, Dienstreisen, Schulungen usw. wären enorm. Natürlich treffen die Hilfswerke nicht auf ein unbeackertes Feld. Viele Entwicklungsorganisationen aus dem Süden beschäftigen sich seit Jahren intensiv mit der Frage nach ihren eigenen Wirkungen, und auch die Hilfswerke verfü-

gen schon heute über einen großen Fundus von Wirkungsberichten und Wir-
kungsstudien. Dennoch muss für den Aufbau eines Wirkungsbeobachtungssys-
tems eine Verständigung zwischen den Partnerorganisationen hergestellt und es
müssen diejenigen unterstützt werden, die erst am Anfang ihres Weges stehen.
Diese Investition müssen Hilfswerke und damit Zuwendungsgeber und Spender
zu machen bereit sein, um die Wirkungsbeobachtung voran zu treiben.

Die Omnipotenzfalle – was genau wollen wir?

Nun setzt aber die Kritik an der Arbeit der NRO und entwicklungspolitischer
Organisationen selten am konkreten Einzelfall an, sondern blickt auf das große
Ganze und die vermeintliche Wirkungslosigkeit in der Fläche. Warum gibt es
noch so viele Arme, wenn wir seit Jahrzehnten Milliardenbeträge in den Süden
„pumpen"?, ist die häufig gestellte Frage. Dieser Frage können und sollten
Nichtregierungsorganisationen selbstbewusst entgegentreten.

Seit Langem setzen NRO mit ihren Fördermaßnahmen auf zwei Ebenen an:
zum einen an der konkreten Lebenswirklichkeit der Menschen, die in Armut
leben, und zum anderen nehmen NRO den politischen, sozialen und wirtschaftlichen Kontext in den Blick. Es widerspricht sich keineswegs, sich für bessere
ländliche Entwicklung in einer bestimmten Region, verbesserte Wasserversorgung, eine verbesserte Gesundheitsversorgung usw. einzusetzen und trotzdem zu
versuchen, auch auf die polit-ökonomischen Rahmenbedingungen einzuwirken.
Mit der Hilfe zur Selbsthilfe werden zumeist auch die Selbstorganisation und die
Selbstverwaltung der Armen gefördert. In Armut lebende Menschen bekommen
eine Stimme, werden handlungsfähig und sind in der Lage, ihr Umfeld in ihrem
Sinne zu beeinflussen. Das ist heute Standard professioneller NRO-Arbeit und
hat Millionen von Menschen eine Zukunftsperspektive eröffnet.

Gleichwohl sollten NRO in Süd und Nord deutlich machen, dass sie nicht
omnipotent sind und nicht im Alleingang nationale und internationale Rahmenbedingungen verändern können. Dazu gehören zahlreiche andere Akteure – allen
voran Regierungen, öffentliche Verwaltungen sowie die Wirtschaft.

Wenn die Entwicklungszusammenarbeit der NRO der letzten Jahrzehnte
beurteilt werden soll, so muss dieser Sachzusammenhang klar gemacht werden,
ebenso wie die Tatsache, dass sich die Weltbevölkerung seit 1960 mehr als verdoppelt hat. Das Bevölkerungswachstum erhöht die Herausforderungen.
Schließlich aber muss klar sein, dass die Mittel und Ressourcen, die den Nichtregierungsorganisationen in Nord und Süd zur Verfügung stehen, im krassen
Missverhältnis zu den Notwendigkeiten stehen. Entwicklungszusammenarbeit
von NRO wird immer Grenzen haben. Aber sollte man sie deswegen unterlas-

sen? Die Millionen von Menschen, die Dank der Arbeit von Nichtregierungsorganisationen bessere Lebensperspektiven haben, werden dazu wohl eine eindeutige Meinung haben.

Cui bono? Wer rezipiert die Ergebnisse wirklich?

Schließlich bleibt die Frage zu stellen, wem Wirkungsbeobachtung und Wirkungsberichterstattung tatsächlich nützt? Wer liest eigentlich all die Studien und Berichte und wertet die Daten aus, die erhoben werden? Wird die Öffentlichkeit und werden die privaten und öffentlichen Geldgeber Zeit und Interesse aufbringen, die Wirkungsanalysen zur Kenntnis zu nehmen, selbst dann, wenn sie benutzerfreundlich aufbereitet sind? Schon heute tun sich die Medien beispielsweise schwer, Raum und Zeit für Entwicklungsberichterstattung zur Verfügung zu stellen. Spender wollen informiert, aber nicht überfordert werden, und es ist unfair anzunehmen, dass die Spender sich mit diesen Berichten auseinandersetzen können und wollen.

Es scheint daher klar, dass der größte Nutzen von Wirkungsbeobachtung bei den Projektdurchführenden und den Zielgruppen selber liegt. Sie brauchen die Ergebnisse, um ihre eigene Arbeit sinnvoll zu steuern und neue Phasen zu planen. Und für diese Planung wiederum sind es die Geber-NRO, die teilhaben an den Erkenntnissen der Wirkungsbeobachtung. Denn sie müssen verantwortlich Mittel für die Weiterentwicklung der Projekte zur Verfügung stellen und Lernerfahrungen auf ihr Projektportfolio übertragen, Netzwerke knüpfen und Lernaustausche organisieren. Somit wird deutlich, dass Wirkungsbeobachtung und der Aufbau von Wirkungsbeobachtungssystemen zunächst der Steuerungsfähigkeit der Zielgruppen, Projektdurchführenden und Planenden dienen müssen und erst in zweiter Linie der Rechenschaftslegung gegenüber Gebern und Spendern. So verstandene Wirkungsbeobachtung wird allen dienen.

Dr. Claudia Warning ist als Vorstandsmitglied des Evangelischen Entwicklungsdienstes (EED) für internationale Programme zuständig; sie war bis Ende 2009 noch Vorstandsvorsitzende des Verbandes Entwicklungspolitik der Nichtregierungsorganisationen (VENRO); zuvor leitete sie die Karl-Kübel-Stiftung.

Peter Molt

Keine nachhaltige Armutsminderung ohne Mitbestimmung der Armen

Nach der Verabschiedung der *Millennium Development Goals*, welche weltweit die Halbierung der Zahl der in absoluter Armut lebenden Menschen als das primäre Ziel der Entwicklungshilfe proklamierte, bemüht sich die internationale Gebergemeinschaft darum, die Entwicklungstransfers zu erhöhen und die Wirksamkeit der Entwicklungszusammenarbeit durch eine bessere Zusammenarbeit zwischen Geber- und Empfängerregierungen zu verbessern. Dem letzteren Ziel dient insbesondere die Umsetzung der *Paris Declaration on aid effectiveness*[1]. Die vereinbarten Indikatoren zur Messung des Fortschritts in der Erreichung der *Millennium Development Goals* und der besseren Zusammenarbeit zeigen inzwischen bedeutende Fortschritte. Allerdings sind diese Indikatoren überwiegend quantitativ ausgerichtet. Sie weisen nach, dass sich das Pro-Kopf-Einkommen der Mehrheit der Armen, das Schulangebot, die Gesundheitsversorgung und die Versorgung mit Trinkwasser verbessert haben.

Ungeklärt bleibt, in welcher Weise es den Armen in den einzelnen Ländern möglich geworden ist, die Marginalisierung, Abhängigkeit und Unsicherheit, die ihr Leben bestimmen, aufzubrechen. Es gibt nämlich im Gegensatz zu den Erfolgsmeldungen beunruhigende Hinweise darauf, dass die Armen in vielen Ländern weitgehend nur Objekt einer bevormundenden, zum Teil nur durch die erhöhte Entwicklungshilfe ermöglichten staatlichen Sozialpolitik und von Umverteilungsmaßnahmen sind. Das Fehlen grundlegender Veränderungen bedeutet, dass die Eigenanstrengungen der Armen, ihr Einkommen zu verbessern und einen produktiven Beitrag zum Nationaleinkommen zu leisten, weiterhin durch die vorherrschenden politischen, wirtschaftlichen und sozialen Strukturen gehemmt werden. Im Gegensatz zum weltweiten Trend haben in den besonders armen Ländern die Einkommensunterschiede zwischen Reich und Arm weiter zugenommen.

Dort bleibt vor allem die ländliche Bevölkerung weiterhin gefangen in ihrem eigenen Teufelskreis der Armut. Das vielfach weiterhin hohe Bevölke-

---

[1] OECD-DAC: Paris Declaration on Aid Effectiveness. High Level Forum Paris Feb 28 – March 2, 2005

rungswachstum führt zur Landnot, zu unzureichender Ernährung und zur Unterbeschäftigung. Die Vernachlässigung der landwirtschaftlichen Entwicklung hat vielfach zu einer Stagnation der wirtschaftlichen und sozialen Verhältnisse geführt. Die Folge ist eine massive Abwanderung in die Großstädte und ein weiterer Anstieg der Zahl der Slumbewohner mit ungenügenden sanitären Einrichtungen, Wasserversorgung und Bildungseinrichtungen. Etwa ein Drittel der Stadtbevölkerung der Entwicklungsländer lebt heute in Slums. Zusätzlich zu ihren prekären materiellen Lebensbedingungen sind die Slumbewohner von allgegenwärtiger Gewalt und von der Desintegration der sozialen und familiären Bindungen bedroht. Das gilt besonders für die große Zahl der dort lebenden, großenteils arbeitsloser junger Männer und Frauen.

Unter diesen Umständen ist es nicht verwunderlich, dass in letzter Zeit erneut und nachdrücklich die Frage gestellt wird, ob der von den Industrieländern, internationalen Finanzinstitutionen und der Europäischen Union als große Geber der Entwicklungshilfe bevorzugte Weg zu einer substantiellen Armutsminderung führen wird. Die Strategie der Förderung des internationalen Handels, besserer Bedingungen für größere Auslandsinvestitionen, Verstärkung der wirtschaftlichen Beziehungen, Beratung staatlicher Institutionen im Sinne verantwortlicher Regierungsführung wird wahrscheinlich in den Schwellenländer, den rohstoffreichen Ländern und Mitteleinkommensländer dazu beitragen, aus eigener Kraft ein größeres Wirtschaftswachstum zu schaffen, das auch den Armen in diesen Ländern zugute kommen kann.

Das eigentliche Problem der weltweiten Armut liegt jedoch in den armen Ländern Subsahara-Afrikas und einigen kleineren Ländern in Mittel- und Südamerika und Asien. Für diese hat sich die internationale Gebergemeinschaft darauf geeinigt, die Regierungstätigkeit direkt in größerem Umfang zu unterstützen und dazu Maßnahmen für die Armen, die oft bis zu 80% der Bevölkerung ausmachen, zu finanzieren. Das sind vornehmlich Programme im Gesundheitswesen, der Grundschulerziehung, der Verbesserung der Trinkwasserversorgung und der sozialen Infrastruktur. Damit haben aber die Armen kaum bessere Chancen, selbst ein höheres Einkommen zu erwirtschaften. Auch wenn diese Programme die Armen erreichen, führen sie nicht zu eine Belebung ihrer Wirtschaftätigkeit. Es ist bisher nicht gelungen, die Landwirtschaft zu modernisieren, ohne dass damit weitere Arbeitskräfte frei gesetzt werden, und es ist ebenso wenig gelungen, in den Städten produktive Arbeitsmöglichkeiten mit einer Entlohnung über dem Armutssockel von 2 USD pro Tag in nennenswertem Umfang zu schaffen. Armutsminderung kann jedoch nicht erreicht werden, ohne dass es volle, produktive und angemessene Arbeit für alle gibt.[2]

---

[2] UNITED NATIONS: The Millennium Development Goals Report New York 2008, S.8

Die Kontroverse über die beste Armutsbekämpfungsstrategie

Dem Ziel sinnvoller produktiver Erwerbstätigkeit der Armen stehen viele Hindernisse im Weg. Etliche davon liegen in den Außenbeziehungen der armen Länder, wie Handelsbarrieren, Übermacht ausländischer Anbieter usw. Viele andere haben ihre Gründe in der inneren Verfasstheit dieser Länder.

Die Diskussion um den richtigen Ansatz der Entwicklungspolitik, um ihre Prinzipien und Methoden, reicht bis in die Anfänge der Entwicklungspolitik zurück. Viele unterschiedliche Ansätze wurden dafür in den letzten sechs Jahrzehnten versucht, aber keiner hatte in den in Frage stehenden armen Ländern einen überzeugenden Erfolg. Die gelungenen technischen und wirtschaftlichen Transformationen vorindustrieller Gesellschaften und Staaten unter autoritären Regimen weisen jedoch auf die Bedeutung eines effektiven Staates hin. Die Übertragung dieser Erfahrungen auf die heute besonders armen Entwicklungsländer scheitert allerdings an ihrer schwachen Staatlichkeit. Der Aufbau einer starken Staatsgewalt kann nur von innen erfolgen. Es gibt bis jetzt kein überzeugendes Beispiel für einen erfolgreichen Staatsaufbau durch „political engineering" von außen. Deshalb ist wenig wahrscheinlich, dass die Neue Entwicklungsarchitektur etwas erreichen kann, woran die Entwicklungshilfe der Geber in den letzten fünfzig Jahren gescheitert ist. Die neue technokratische Konzeption des *developmental state*, der durch sein effektives Management für eine entwicklungspolitische Förderung attraktiv sei, auch wenn er möglicherweise autokratisch regiert werde, bedeutet zudem eine bedenkliche Abkehr von den bisher proklamierten Menschenrechten und Werten.

Welche anderen Möglichkeiten als eine staatszentrierte Entwicklungsstrategie gibt es? In den 1990er Jahren, nach dem Zerfall der Sowjetunion, galt vorübergehend die Förderung der nun freier agierenden Zivilgesellschaft und die Mobilisierung und Mitbeteiligung der Bevölkerung durch basisnahe Nichtregierungsorganisationen und Selbsthilfegruppen als Erfolgsrezept. „Entwicklung von unten" hatte vorübergehend hohes Ansehen. Nichtregierungsorganisationen wurden als wichtige Träger der Entwicklung, als *stakeholders of development* angesehen. Diesem Trend folgte um die Jahrtausendwende die Weltbank mit einer umfassenden Studie zur Armutsbekämpfung.

Nach dem Millenniumsgipfel 2000 schlug allerdings das Pendel wieder in die andere Richtung aus. Die Weltbank, wie auch die anderen internationalen und die bilateralen Geber, begnügten sich mit der Mitwirkung zivilgesellschaftlicher Organisationen bei der Erarbeitung der nationalen Armutsbekämpfungsstrategien. Die ehemaligen Protagonisten des neuen, nun aber wieder aufgegebenen Ansatzes der Weltbank, wie William Easterley, Paul Collier, Josef Stieglitz, Robert Calderisi und Dani Rodrick, die alle heutige einflussreiche Positionen in der Wissenschaft einnehmen, vertreten jedoch weiterhin die Ansicht, dass die Machstrukturen an der Spitze der Staaten die Hauptbarriere für Entwicklung sind. Das Unterfangen großer internationaler Bürokratien, über große nationale Bürokratien Entwicklungsfortschritte zu erzielen, sei eine Utopie. Alle Versuche, durch verbesserte Methoden und Kontrollen, die Regierungen dazu zu bringen, Motor des wirtschaftlichen und sozialen Wachstums zu werden, seien gescheitert. Es bleibe den Gebern nur übrig, diejenigen Kräfte zu unterstützen, die sich für Reformen einsetzten. Dazu gehörten vor allem die Freiheit der Wirtschaft, aber auch lokale Initiativen und Innovationen und demokratische Mechanismen, die der Bevölkerung erlaubten, selbst mit zu entscheiden, welche Projekte und Dienstleistungen sie am dringendsten brauchen. Mit diesen Forderungen greifen sie die entwicklungspolitische Diskussion an ihren Anfängen in den 1960er Jahren wieder auf.

Der theoretische Hintergrund

Besonders eingehend hat sich damals der Entwicklungssoziologe Richard F. Behrendt[3] mit den sozialen Grundlagen von Entwicklung befasst. Seine „soziale Strategie" stellte dem Konzept einer von einer Zentralbürokratie gesteuerten Entwicklung, dem so genannten *social engineering*, die Selbstentfaltung des Individuums oder der von ihm konstituierten primären Gruppen (Familie, Dorf, Genossenschaft) entgegen. Die Armen dürften nicht als Objekt der vom Staat oder internationalen Organisationen bestimmten Entwicklungsprogramme gesehen werden, sondern als selbst bestimmende und selbst verantwortliche freie Menschen. In der Selbstentfaltung des Menschen liege das wichtigste Potenzial der Entwicklung. Letztlich seien nur Entwicklungsziele erreichbar, die rational von denen gesetzt würden, die sie in ihrer täglichen Arbeit verfolgen müssten und von ihnen Nutzen erwarteten. Auch dürften die Organe der Willensbildung nicht als fremdartig empfunden werden, sondern sie müssten zum eigenen Sozialgebilde gehören. Die Verhinderung dynamischer Initiativen von Einzelnen und von primären Sozialgebilden und die Abhängigkeit von autoritären, zumeist zentralistischen staatlichen Institutionen sei gerade das Kriterium von Unterentwicklung. Das Verantwortungsbewusstsein von Einzelnen gegenüber den Sozialgebilden, denen sie zugehören, werde nur gestärkt, wenn die Leitung oder die Beeinflussung dieser Sozialgebilde nicht das Privileg einiger weniger sei oder nicht von einer fernen Bürokratie und ausländischen Entwicklungsexperten be-

---

[3] Behrendt, Richard F.: *Soziale Strategie für Entwicklungsländer*, Frankfurt /M 1965. Dazu Windisch, Katja. *Gestalten sozialen Wandels. Die Entwicklungssoziologie Richard F. Behrendts*, Bern 2005.

ansprucht werde. Entscheidungen dürfen nicht über den Kopf der Mehrheit der Mitglieder der lokalen Gruppe hinweg gefällt werden, sondern jeder Einzelne müsse die Möglichkeit haben, daran teilzunehmen, aber auch seine Pflicht erkennen, an der Ausführung mitzuwirken.

Für die Verwirklichung dieser Konzeption hielt Behrendt es für notwendig, dass die Entwicklung von kleinen zu größeren Bereichen fortschreite, also von „unten" nach „oben" erfolge. Die Sozialgebilde auf lokaler und regionaler Ebene könnten in der Regel nicht durch einen Machtspruch von oben, durch Beschlüsse und Aktionen von Ministern, Funktionären oder Gremien geschaffen werden. Diese trenne eine weite soziale und räumliche Distanz von dem Aktionsbereich, in dem Neuerungen erwartet würden. Mit anderen Worten: nationalstaatliche Instanzen könnten bestenfalls den Esel zum Brunnen führen, aber nicht zum Trinken zwingen. Von oben verordnete Veränderungen würden allenfalls erduldet oder als eine neue Gegebenheit der Herrschaftsstruktur achselzuckend ertragen, aber nicht aktiv und mitverantwortlich von denen, die „unten" sind, aufgenommen und bestimmend für ihre Lebensführung akzeptiert.

Diese Erkenntnisse müssten den Kern einer Strategie sozialer und wirtschaftlicher Entwicklung bilden, die auf maximale Entwicklung und breite soziale Nutzung ihrer Ergebnisse angelegt ist. In den Entwicklungsprozess müssten möglichst viele (ideal: alle) Mitglieder des betreffenden Sozialgebildes einbezogen werden. Es müsse eine elastische kooperative und funktionale Rollenverteilung zwischen der Staatsmacht, den Führungsschichten und der Mitbestimmung der Bevölkerung von unten gesucht werden. Integrierte, partizipative örtliche Entwicklung bedeute die Schaffung einer umfassenden und intensiven Beteiligungsstruktur, nicht die Addition von finanziellen, technischen Inputs.

Die Thesen von Behrendt sind inzwischen durch zahlreiche empirische Untersuchungen und Erfahrungsberichte durch die Kirchen, durch Nichtregierungsorganisationen und Nord-Süd-Partnerschaften erhärtet.[4] Sie zeigen, dass für Dynamik einer Gesellschaft und für die Minderung der Armut die *ownership* und Partizipation lokaler ländlicher und städtischer Gemeinschaften unverzichtbar ist. Die unmittelbare Beteiligung lokaler Gemeinschaften kann darüber hinaus große Bedeutung für das Entstehen einer demokratischen, Freiheit und Chancengleichheit sichernde Gesellschaftsordnung haben. Den basisorientierten und partizipativen Projekten vieler Nichtregierungsorganisationen lagen und liegen ähnlich gerichtete Überlegungen zugrunde, wenn auch selten in der Stringenz der Überlegungen Behrendts. In der staatlichen und internationalen Entwicklungszusammenarbeit wurden sie jedoch nur am Rande zur Kenntnis genommen und

---

[4] Dazu u. a. Harth, Christine: „Partizipative Gemeinwesenentwicklung. Ein Erfahrungsbericht", in: Hanf, Theodor u.a. (Hrsg.): *Entwicklung als Beruf. Festschrift zum 80. Geburtstag von Peter Molt.* Baden-Baden (Nomos) 2009

allenfalls in isolierten Vorhaben aufgegriffen. Angesichts der vom Modernisierungs- und Globalisierungsprozess zunehmend ausgegrenzten oder vernachlässigten Massen der Armen, hätte eine systematische Weiterverfolgung des Konzepts viele der heutigen Probleme vermeiden helfen.

Um die Jahrtausendwende hat dann die Weltbank, wie erwähnt, mit ihrer großen, der Vorbereitung der Millenniumsziele dienenden Studie „Voices of the poor"[5] und der Forderung nach *Ownership and Empowerment of the Poor* den Ansatz der sozialen Strategie von Behrendt, vermutlich ohne diese zu kennen, wieder aufgenommen. Mit dem Begriff *Empowerment* ist die Übernahme von Verantwortung gemeint. Benachteiligte gesellschaftliche Gruppen sollen selbst die Handlungsstrategien zur Veränderung ihrer Lage entwerfen. Der *Empowerment*-Ansatz baut auf eigenes Handeln, auf politische Organisierung und auf das Einfordern von Rechten und Bedürfnissen durch die Unterdrückten selbst auf. Selbstbestimmung und die Entwicklung von Selbstbestimmungsfähigkeit sind seine charakteristischen Merkmale. *Empowerment* kann als ein Prozess der Interessenorganisation beschrieben werden, durch den die Unterdrückten ihre Situation der Machtlosigkeit überwinden und zur Bildung einer Gegenmacht übergehen. So wird deutlich, dass eine Stärkung der Entscheidungsfindungsprozesse der örtlichen Gemeinschaften und der Ausbau ihrer Fähigkeit zur Implementierung von Selbsthilfeprojekten ein wichtiges Stimulans darstellt. Mit fortschreitendem *Empowerment* sind die Gemeinschaften in der Lage, ihre Beteiligung an den Entscheidungen von Kommunen, Provinzregierungen oder anderen Institutionen bei der Realisierung ihrer Entwicklungsvorhaben einzufordern.

Rückkehr zur staatszentrierten Entwicklungszusammenarbeit

Die Entwicklungsbürokratien auf beiden Seiten fanden an der neuen Richtung wenig Gefallen, so dass die Weltbank letztlich den Ansatz nicht weiter verfolgte. Seitens der Geber spielte das Eigeninteresse der Entwicklungsbürokratie und -organisationen eine nicht unerhebliche Rolle, seitens der Empfänger sahen Regierende und Bürokraten in all zu viel Mobilisierung und Partizipation von unten eine Gefährdung ihrer Macht. Zentralistisch-autoritäre Regierungen und die sie tragenden Zentralbürokraten haben *a priori* wenig Interesse an einer Stärkung der sozialen oder räumlichen Peripherie.

Das Ergebnis der konvergierenden Interessen der Entwicklungsbürokratien ist die „Neue Entwicklungsarchitektur". Darin bekennen sich die internationalen und bilateralen Entwicklungsorganisationen zwar zu dem Ziel der Armutsbe-

---

[5] The World Bank: *Voices of the Poor*. 3 Volumes, Washington 2000.

kämpfung, aber sie verfallen dabei erneut dem Irrtum, dieses Ziel durch zentra-listisch-bürokratische Programme erreichen zu können. Der Grund dafür ist, dass gerade die Armen, trotz aller proklamierten Armutsstrategien, in den meisten Entwicklungsländern für ihre Bedürfnisse und Prioritäten zu wenig Gehör finden und dass die Regierungen und administrativen Eliten eher zentral gesteuerte Programme bevorzugen, als auf eine organische Gesellschaftsentwicklung von unten zu setzen. Aber auch die Mentalität westlicher Entwicklungshelfer und -berater steht dem Ansatz entgegen. Sein Management ist schwierig. Ein lokaler Ansatz bringt zunächst nur lokale Fortschritte, weshalb die Beeinflussung der nationalen Ebene für die in der Regel zur Kurzfristigkeit tendierende Entwick-lungszusammenarbeit zu lang dauert. Dazu kommt noch, dass die Entwicklungs-zusammenarbeit zu einer bürokratischen Verhaltensweise neigt, in welcher der Nachweis verwaltungsmäßiger Effizienz gegenüber der Zentrale wichtiger ist als die oft wenig sichtbaren Änderungen im sozialen Verhalten der Zielgruppe. Das einheimische Personal von Entwicklungsprojekten ist primär oft eher an der Sicherung ihrer Jobs interessiert als an einer Mitbestimmung der Armen, denen gegenüber sie sich an Status und Wissen so sehr überlegen fühlen, dass sie kaum bereit sind, auf sie zu hören.

Positive Entwicklungen und kritische Stimmen

Trotz der derzeitigen Tendenz der offiziellen Entwicklungszusammenarbeit, erneut einem zentralistisch-staatlichen Ansatz den Vorzug zu geben, haben sich die Voraussetzungen für eine partizipative, basisnahe Entwicklungszusammen-arbeit in den letzten Jahrzehnten verbessert. In vielen Entwicklungsländern ha-ben in jüngerer Zeit örtliche Kräfte eine zunehmende Rolle für die Gestaltung der Wirtschaft und das Gemeinschaftsleben übernommen. Dazu gibt es eine unüberschaubare Zahl von Erfahrungsberichten und Beschreibungen. Um nur ein Beispiel herauszugreifen: in eindrucksvoller Weise hat diesen Prozess der ameri-kanische Sozialwissenschaftler Sheldon Gellar[6] für den Senegal beschrieben. Als junger Wissenschaftler untersuchte er dort in den 1960er Jahren die damals noch traditionelle Sozialstruktur. Als er nach vierzig Jahren dort erneut die soziale Situation analysierte, stellte er als bemerkenswerteste Veränderung das Entste-hen von Selbsthilfeorganisationen auf der örtlichen Ebene fest, welche in fast allen Dörfern die Verbesserung der landwirtschaftlichen Produktion und Ver-marktung, die Wasserversorgung, die Gesundheitsversorgung, Dorfläden und das Schulwesen in ihre eigenen Hände übernommen hatten.

---

[6] Gellar, Sheldon: *Democracy in Senegal: Tocquevillian Analytics in Africa.* New York (Palgrave) 2005.

Für das Wachsen dieser Selbsthilfeorganisationen war die Hilfe einer Vielzahl von ausländischen meist kleineren Hilfsorganisationen und Partnerschaften ein wichtiger Beitrag. Noch wichtiger aber waren die Rücküberweisungen von Emigranten an ihre zurückgebliebenen Familien und Heimatdörfer. An den finanziellen Transfers nach Sub-Sahara-Afrika haben mit 15% die Rücküberweisungen der Emigranten einen großen Anteil. Zusätzliche 5% stammen aus privaten Spenden, die direkt oder über Nichtregierungsorganisationen, Kirchen und Partnerschaften gegeben werden. Diese Transfers sind die wichtigste Überlebenshilfe für die Armen. Das senegalesische Beispiel zeigt wie viele andere überall in der Welt, dass die Armen durchaus zur Selbsthilfe motiviert und zur Selbstorganisation in der Lage sind, wenn sie dafür mit Starthilfen in die Lage versetzt werden. Ein weiteres herausragendes Beispiel dafür ist der Erfolg der Mikrofinanzprojekte, die in Bangladesch ihren Anfang nahmen und heute überall Nachahmer finden.

Zu diesen Erfolgen tragen die Nichtregierungsorganisationen sichtbar bei. Trotzdem gibt es an ihnen zunehmend Kritik. Es wird beklagt, dass in den armen Ländern aberhunderte von Nichtregierungsorganisationen eine Hilfsindustrie betrieben und dass auch von ihrer Hilfe zu wenig die Armen erreiche. Viele der einheimischen Nichtregierungsorganisationen verträten zudem nur rhetorisch die Interessen der Armen und hätten keine Verwurzelung in der Gesellschaft, sie lebten von den Subsidien der ausländischen Organisationen und es gehe ihren Mitarbeitern nur um gut bezahlte Jobs. Ihre Arbeit sei fragmentiert und unkoordiniert. Auch seien lokale Amtsträger und Eliten besonders anfällig für Korruption.

Diese Kritik kommt wohl in erster Linie von der zentralen Bürokratie und den machtpolitischen Netzwerken. Mit der Korruption auf der lokalen Ebene ist es wie mit derjenigen auf der zentralen Ebene, sie kann nur durch Kontrolle, Transparenz und Wettbewerb der Akteure unterbunden werden. Mit den Kommunalreformen und der partnerschaftlichen Kooperation zwischen Nord und Süd haben sich die Bedingungen für eine korruptionsfreie Entwicklungszusammenarbeit auf der lokalen Ebene erheblich verbessert. Wichtiger ist, dass es unter den ländlichen und städtischen Armen eine wachsende Sensibilität gegenüber der Gefahr der Korrumpierung ihrer Führer gibt.

Ähnlich problematisch ist die Behauptung, lokale Projekte seien schlecht steuerbar und ineffizient. Das Gegenteil ist der Fall. Lokal verantwortete und mit der Beteiligung der Bevölkerung realisierte Projekte sind ein Vielfaches effizienter und kostengünstiger. Effizienter, weil dadurch lokale Verantwortung und *Ownership* entsteht. Kostengünstiger, weil ein in lokaler Verantwortung gebautes Klassenzimmer oder ein niedergebrachter Brunnen im Durchschnitt 1/3 der Kosten verursacht, den die Weltbank für ihre Programme veranschlagen muss.

Schließlich ist auch die Koordination der Entwicklungszusammenarbeit lokal viel einfacher, allerdings unter der Voraussetzung, dass die Kommunen nicht nur der verlängerte Arm der Zentralregierung sind, sondern eigene Kompetenzen haben.

Wenn auch die Kritik an der privaten Hilfsbürokratie interessengesteuert ist, so muss sie doch ernst genommen werden. Der Grund für das Wuchern der Strukturen der Nichtregierungsorganisation und manche andere Fehlentwicklung ist nicht zuletzt der Zuschusspraxis der staatlichen und internationalen Geber geschuldet. Trotzdem müssen die Nichtregierungsorganisationen darauf bedacht sein, dass sie nicht die Fehler der Entwicklungsbürokratien replizieren, sondern ständig sich selbst überprüfen, ob sie wirklich die *Ownership* und Eigenständigkeit ihrer lokalen Partner achten und diese nur strikt subsidiär fördern. Sie haben in dieser Hinsicht eine große Verantwortung, der sie möglicherweise nicht immer gerecht werden. Wie auch immer die Bewertung ihrer Rolle gerade ist, sie können einen wichtigen Beitrag für die Mobilisierung der Selbsthilfekräfte und Eigenverantwortung in der Gesellschaft des jeweiligen Partnerlandes leisten.

Fazit: Partizipation ist unverzichtbar

Die grundlegende Veränderung der Strukturen und Mentalitäten kann nur aus dem Innern der Gesellschaften kommen. Zentralstaatliche Bürokratien waren noch nie Träger eines grundlegenden sozialen und politischen Wandels. Armutsbekämpfung kann sich nicht in sozialen Hilfsprogrammen erschöpfen, sondern muss, wenn sie dauernde Wirkungen erzielen will, immer auch die Erwerbsmöglichkeiten der Armen selbst fördern. Sie kann sich nicht in Umverteilungsprogrammen, die aus der Entwicklungshilfe finanziert werden, erschöpfen, denn diese werden wegen der Größenordnung der Armut immer unzureichend sein.

Nur durch lokal verankerte Vorhaben kann erreicht werden, was die Weltbank das *empowerment of the poor* bezeichnete. Nur dadurch kann eine politische Kultur gefördert werden, in welcher Eliten lernen, verantwortlich gegenüber ihren Mitbürgern zu sein. Nur so kann erreicht werden, dass lokale Eliten sich vor den Armen bewähren und verantworten müssen und ihre Abhängigkeit von der zentralen Ebene vermindert wird. Nur so können langfristig, auch in von Armut geprägten Gesellschaften, die für eine demokratische *governance* unerlässlichen Gegenkräfte entstehen, nur so kann das bei der Masse der Armen zutiefst gestörte Vertrauen zum Staat und zu den Institutionen des Gemeinwesens wieder hergestellt werden. In seiner neuen Sozialenzyklika hat Papst Benedikt XVI betont, dass Partizipation, insofern sie Übernahme von Verantwortung ist, immer emanzipatorische Zielsetzungen einschließt, da sie die Freiheit fördert und das wirksamste Gegenmittel zu jeder Form eines bevormundenden Sozialsystems sei.

Die Armen müssen die Chance zur Ergreifung neuer wirtschaftlicher Möglichkeiten erhalten. Sie müssen das Recht auf eigene Organisationen haben, die es ihnen ermöglichen, mit der Regierung, mit Händlern und mit Nichtregierungsorganisationen zu verhandeln, sie zu kontrollieren und von ihnen Rechenschaft zu fordern. Sie müssen Zugang zu Kapital vor Ort erhalten, so dass sie der Korruption Einhalt gebieten können. Sie sollten direkte Unterstützung erhalten für von ihnen selbst initiierte Programme, damit sie ihr eigenes Schicksal in die Hand nehmen können.

Armutsbekämpfung bedeutet deshalb in erster Linie die Möglichkeiten der Selbsthilfe der Armen zu erweitern und zu sichern, ihnen das Wissen und die Technik zugänglich zu machen, die sie zur Verbesserung ihrer Lebenschancen benötigen. Armutsbekämpfung heißt, eine „Kultur menschenwürdigen und selbstbestimmten Lebens" für alle zu ermöglichen. Um nochmals aus der Weltbankstudie zu zitieren:

> „Die Herausforderung für Außenstehende besteht darin, an den Initiativen der Bevölkerung anzusetzen, an ihrer harten Arbeit und an ihrer Beharrlichkeit, sich trotz scheinbar unüberwindbarer Probleme Zugang zu den sich durch die Märkte eröffnenden Möglichkeiten, zu den Dienstleitungen der Regierung und den Ressourcen der Zivilgesellschaft zu verschaffen. Die Herausforderung für Politik und Praxis besteht darin, die Machtlosen zu ermächtigen, in ihrem Kampf einen Platz der Würde und Achtung in der Gesellschaft zu erlangen".[7]

Prof. Dr. Peter Molt ist Vorstandsmitglied der Hilfsorganisation CARE. Er war jahrelang Hauptgeschäftsführer und Vorstandsvorsitzender von CARE Deutschland, Mitbegründer und erster Vorsitzender von VENRO, dem Dachverband entwicklungspolitischer Nichtregierungsorganisationen. Zudem ist er seit vielen Jahren Honorarprofessor an der Universität Trier.

---

[7] Worldbank (Anm. 8) p. 260

Reinold E. Thiel

Entwicklungsprojekte und soziale Kontrolle
Nur durch Öffentlichkeit kann Korruption bekämpft werden

Über Korruption in den Entwicklungsländern wird geklagt, seit es Entwicklungshilfe gibt, aber meist nur anekdotisch und im Tone des Lamentos. Zaire zu Mobutus Zeiten, Bokassas Zentralafrikanisches Kaiserreich galten als Kleptokratien, man redete über die Milliarden-Dollar-Konten der afrikanischen Herrscher in Zürich, mit denen sich leicht die Auslandsschulden ihrer Länder begleichen ließen. Vergessen wurde dabei, dass es zur Korruption immer zwei braucht, einen, der nimmt, und einen, der gibt. Und die Geber und Anstifter sitzen meist nicht im eigenen Land, sondern in den Ländern des Nordens. Dort sind es nicht nur die großen Konzerne, die Aufträge durch Bestechung erkaufen, sondern auch die großen Institutionen der Auslandshilfe, die bei der Kreditvergabe Korruption geschehen lassen.

Dass Korruption aber auch ein Problem in der Arbeit der Nichtregierungsorganisationen (NROs) und der kirchlichen Werke sein kann, davon wurde lange Zeit nicht geredet. Das Thema war tabu. Diese Organisationen wurden eher als Helfer im Kampf gegen die Korruption angesehen denn als Mitschuldige. Aber wenn auch die NROs zur Lösung beitragen mögen, sie sind ebenso ein Teil des Problems. Wer das ändern will, muss darüber reden. Das geschah bisher zu selten.

Im November 1990 fand in der Evangelischen Akademie Bad Boll eine Tagung statt zu dem Thema „Korruption - eine Herausforderung für Gesellschaft und Kirche". Joachim Lindau, der spätere Geschäftsführer von „Brot für die Welt", sprach über seine Erfahrungen mit Korruption.[1] Er hatte keinen Zweifel, dass auch für die kirchlichen Hilfswerke „die Problematik der Korruption bei Partnerkirchen ein belastendes Element in der Entwicklungszusammenarbeit" sei. Aber eine Diskussion darüber, so Lindau, finde nicht statt. „Wenn ich bei ökumenischen Anlässen in den letzten 18 Jahren das Thema Korruption je auf einer Tagesordnung fand (nicht mit dieser Bezeichnung, sondern umschrieben mit ‚Unregelmäßigkeiten' oder ähnlichen Vokabeln), dann wurde es jedesmal

---

[1] Joachim Lindau: „Die Schwierigkeit zu helfen. Risiken und Belastungen in der EZ zwischen Kirchen", in: Evangelische Akademie Bad Boll: Korruption - eine Herausforderung für Gesellschaft und -Kirche. Interdisziplinäre Tagung 14. - 16. November 1990. Protokolldienst 8/91, S. 56 – 65.

peinlich. Keine der Seiten war zu einer aufrichtigen Stellungnahme bereit ... Anstatt eines Klärungsprozesses setzte über die Jahre ein Prozess der Tabuisierung ein ... Unsere Art der Behandlung eines ernsten Problems war insgesamt nicht ernsthaft genug, blieb im Austausch über singuläre Ereignisse stecken und ersparte sich die gebotene strukturelle Analyse. Schlimmstenfalls ... wurden unerfreuliche Ereignisse ... im Stil von 'war stories'ausgetauscht." Lindau zitierte Gunnar Myrdal, der sich schon 1968 beklagt habe, dass es keine wirklich empirisch gehaltvollen Untersuchungen zum Thema der Korruption in der Entwicklungspolitik gebe, und stellte fest: „Die Klage (ist) heute noch so berechtigt und aktuell wie vor 22 Jahren." Sie ist es noch immer.

Zwölf Jahre später, im Februar 2002, veranstaltet die Ökumenische Werkstatt der Vereinigten Evangelischen Mission in Wuppertal ein „Fachgespräch zu Korruption und Transparenz", an dem 35 Vertreter der Missionswerke und der großen evangelischen Hilfswerke teilnehmen. Alle sind sich einig, dass das Thema von großer Dringlichkeit auch für die kirchliche Entwicklungsarbeit ist. Korruptionsbekämpfung müsse „zur Chefsache gemacht werden", man will sich wiedertreffen, um einen gemeinsamen Verhaltenskodex zu erarbeiten, die Vorbereitungsgruppe wird beauftragt, konkrete Handlungsschritte für die Weiterarbeit vorzuschlagen. Tatsächlich trifft sich die Gruppe noch einmal, vier Monate später, aber dann erlahmt die Initiative. Zu weiteren Treffen, zu einer gemeinsamen Weiterarbeit am Thema kommt es nicht. Weitere vier Jahre später, im Juni 2006, beklagt sich Klaus Schäfer, der 2002 als Grundsatzreferent des Evangelischen Missionswerks Deutschland einer der Initiatoren des Wuppertaler Treffens war, in einem Artikel im „Überblick"[2], „dass die damals begonnene Diskussion in den Ansätzen steckengeblieben ist". Da lag Myrdals Klage schon 38 Jahre zurück.

Auch im Nachbarland Schweiz gab es vereinzelte Versuche zur Aufarbeitung des Themas. Im November 2006 und im Juni 2007 fanden Round Tables der NROs statt, zum Thema „Entwicklungszusammenarbeit und Korruption", organisiert von „Brot für Alle" und der Schweizer Sektion von Transparency International. Als 2008 wieder ein solches Treffen stattfinden soll, ist der Impuls erlahmt; mangels Beteiligung kommt es nicht zu einem dritten Round Table. Man plant nun für 2009.

In der Zwischenzeit ist, in Deutschland wie in der Schweiz und anderswo, in den einzelnen Werken intern am Thema weitergearbeitet worden. Überall hat man begriffen, dass Korruption große Schäden anrichtet und dass man Schritte zu ihrer Bekämpfung unternehmen muss. Aber zugleich fürchtet man, dies öffentlich zu tun. Christoph Stückelberger, der in seiner Zeit als Generalsekretär von „Brot für Alle" die treibende Kraft in der Schweizer Diskussion war, nennt

---

[2] Klaus Schäfer: „Stumme Partner - Auch bei Hilfs- und Missionswerken kann Korruption vorkommen", in: Der Überblick, Hamburg 2006, Nr. 2, S. 42-45.

den Grund: „Ein wichtiges Hindernis ist die Tatsache, dass Leute, die sich innerhalb der Kirchen im Kampf gegen die Korruption engagieren, dabei auf Widerstände stoßen, weil kirchliche Führungspersönlichkeiten davon negative Konsequenzen für sich selbst, für andere Kirchenführer oder für das Ansehen der Kirche befürchten." Stückelberger sagt zugleich, warum er diese Befürchtung für
falsch hält: „Je deutlicher die Kirchen ihr Engagement gegen die Korruption zum
Ausdruck bringen, umso mehr Glaubwürdigkeit gewinnen sie."[3]

Damit nennt Stückelberger einen der Gründe, die für eine verstärkte Diskussion über die Korruptionsprobleme in den Werken sprechen. Ebenso wichtig
ist ein zweiter Grund: Die Beschränkung auf interne Diskussionen versperrt
gemeinsame Nutzung wichtiger Informationen. In jedem Land, jeder Organisation, jedem Projekt herrschen andere Bedingungen, und der Austausch der damit
gemachten Erfahrungen und der zur Eindämmung von Korruption angewandten
Instrumente würde für alle Organisationen einen Gewinn bedeuten und die eigene Maßnahmenplanung erleichtern.

In Deutschland hat die Diskussion in jüngster Zeit von drei Seiten neue An-
stöße bekommen: durch eine Anfang 2008 veröffentlichte Untersuchung des
Hamburger Missionswissenschaftlers Theodor Ahrens, durch die Aktivitäten
einer Arbeitsgruppe zur Korruptionsprävention in der kirchlichen Entwicklungszusammenarbeit (EZ) im Rahmen von Transparency International, und
durch die Transparenz-Initiative, die von Welthungerhilfe und Kindernothilfe
ausging und zur Formulierung eines gemeinsamen Verhaltenskodex im Rahmen
von VENRO führte.

Theodor Ahrens[4] beschreibt in seiner Veröffentlichung zunächst, wie das
Thema Korruption im Verlauf von Jahrzehnten allmählich auf die entwicklungspolitische und missionswissenschaftliche Agenda gelangte, und unternimmt dann
den Versuch, etwas über die Häufigkeit korruptiven Verhaltens herauszufinden.
Das ist eine der Leerstellen in der bisherigen Diskussion: Jeder kennt einzelne
Fälle in seinem Arbeitsbereich oder aus Berichten anderer, aber niemand kann
etwas über die Häufigkeit des Vorkommens sagen, woraus mancher fälschlich
die Schlussfolgerung zieht, so schlimm könne es ja dann nicht sein.

Der Mangel an harten Informationen ist bei der Korruption in anderen Ar-
beitsbereichen nicht geringer. Da solche Aktivitäten sich stets im Geheimen
abspielen, kann man keine Zahlen zu Häufigkeit und Umfang ermitteln, es gibt
weltweit nur Schätzungen. Die allerdings sind erschreckend. In einer Veröffentlichung der Weltbank von 2006 wird der Umfang allein der jährlich weltweit

---

[3] Christoph Stückelberger: *Continue Fighting Corruption. Experiences and Tasks of Churches and Development Agencies*. Bern 2003, Brot für Alle, S. 31.
[4] Theodor Ahrens: „Wenn Gaben fehlgehen. Korruption als Problem ökumenischer Beziehungen", in seinem Buch: *Vom Charme der Gabe*, Frankfurt/Main 2008, Verlag Otto Lembeck, S. 41-142.

gezahlten Bestechungsgelder auf eine Billion Dollar (US$ one trillion) geschätzt.[5] Um zu dieser Zahl zu gelangen, haben die Autoren der Weltbank-Studie in einem komplizierten und ressourcenaufwendigen Verfahren weltweit und aus allen Wirtschaftsbranchen Schätzungen zusammengetragen, Lücken durch eigene Interpolation geschlossen und die Menge der gesammelten Zahlen addiert.

Der für solche Unternehmungen erforderliche Apparat stand Theodor Ahrens natürlich nicht zur Verfügung, sein Anspruch war bescheidener. Er verteilte einen Fragebogen an 41 Mitarbeiter evangelischer Missions- und Hilfswerke, „und zwar in vier Gruppen - zehn Geschäftsführer/Finanzreferentinnen der Missionswerke, sodann aus der Gruppe der GebietsreferentInnen zehn Personen, die für Beziehungen zu evangelischen Kirchen in Indien zuständig sind, und 13 für Afrikabeziehungen Verantwortliche, schließlich, als vierte Gruppe, DirektorInnen der evangelisch-lutherischen Missionswerke und Abteilungsleiter der Ökumenereferate lutherischer Kirchenämter" und einige andere Einzelpersonen. Von der Gesamtheit der Angesprochenen beantworteten die Frage „Ist ‚Korruption' ein Problem im Feld der ökumenisch-missionarischen Beziehungen, für die Sie verantwortlich sind?" 95,1 Prozent mit ja, nur 4,9 Prozent mit nein. Bei der darauf folgenden Frage ergab sich, dass 41,5 Prozent der Befragten der Korruption eine hohe Bedeutung zumessen, während weitere 53,7 Prozent sie als „wiederkehrende Störung von nachgeordneter Bedeutung" betrachten. In weiteren Fragen ging es um die Ursachen der Korruption und die möglichen Akteure ihrer Bekämpfung. Diese verdienstvolle Untersuchung spielt seit ihrer Veröffentlichung eine große Rolle in der Diskussion vor allem im evangelischen Bereich.

Die „Transparenz-Initiative" von Welthungerhilfe, Kindernothilfe und 14 weiteren Organisationen, im April 2008 zunächst als „Neun-Punkte-Plan" vorgestellt, war eine Reaktion auf die „UNICEF-Krise". In deren Verlauf war deutlich geworden, dass im Deutschen Komitee für UNICEF, wie wohl ähnlich in manchen anderen Organisationen, die Strukturen nicht so transparent waren, dass sie die Möglichkeit der Fehlverwendung von Finanzmitteln hätten ausschließen können. Die Initiative führte zu einem längeren Diskussionsprozess, an dessen Ende im Dezember 2008 ein Verhaltenskodex verabschiedet wurde,[6] der während der ersten zwei Jahre auf seine Praxistauglichkeit getestet wurde und nun für alle 117 VENRO-Mitgliedsorganisationen verbindlich ist (s. den Beitrag von Bernd Pastors und Jana Rosenboom in diesem Band).

Die Arbeitsgruppe „Korruptionsprävention in der kirchlichen EZ" unter dem Dach von Transparency Deutschland entstand, als im April 2004 bei einem Seminar in der Evangelischen Akademie Bad Boll einige Teilnehmer ihr ge-

---

[5] Daniel Kaufmann: "Myths and Realities of Governance and Corruption", in: *Global Competitiveness Report 2005/2006*. Washington, World Bank, March 2006, Chapter 21.
[6] VENRO Verhaltenskodex - Transparenz, Organsationsführung und Kontrolle. Bonn 2008, 12 S.

meinsames Interesse an dieser Frage entdeckten. Die Gruppe vergrößerte sich, traf sich regelmäßig und beschloss, ihre Erfahrungen zu systematisieren und in einem Arbeitspapier zusammenzufassen. 2007 nahm das Papier seine endgültige Gestalt an und wurde den kirchlichen Werken und einigen anderen Organisationen überreicht.[7] Auf der Basis dieses Arbeitspapiers hat es seither eine Reihe von Gesprächen und Workshops gegeben, und es sieht so aus, als habe dadurch die Diskussion zum Thema neue Impulse erhalten.

Während es bei der VENRO-Initiative in erster Linie um den Umgang mit Spendengeldern in Deutschland ging, also um die Rechenschaftspflichtigkeit der spendensammelnden Organisationen gegenüber den deutschen Spendern, konzentriert sich das TI-Papier auf eine andere Ebene: auf die Frage, ob die Nutznießer eines Projektes, die Zielgruppe, auch wirklich die Leistungen bekommen, die ihnen zugedacht waren.

Das Papier macht keine Aussagen über den Umfang der Korruption in der Entwicklungszusammenarbeit der NROs, da die Autoren darüber keine Erkenntnissse haben, vermittelt aber einen Überblick über die Erscheinungsformen und Spielarten korruptiven Verhaltens, über die soziale wie die theologische Begründung des Kampfes gegen Korruption sowie über die strukturellen und historischen Ursachen, und macht schließlich Vorschläge zur Korruptionsprävention. Das Problem im NRO-Bereich ist in der Regel nicht die „Grand Corruption" - hier handelt es sich ja nicht um die Auftragserteilung für Großprojekte, bei denen ein Schmiergeld an den zuständigen Minister zu zahlen wäre. Aber auch die kleineren Beträge, um die es geht, summieren sich, wie etwa ein 2007 bekannt gewordener Fall in Niger[8] deutlich macht: In einem Nothilfe-Projekt (Nahrungsmittelhilfe, Bewässerungsförderung) hatte der einheimische Projektleiter fast eine Million Schweizer Franken (die Hälfte der eingesetzten Mittel) veruntreut und dies vertuscht, indem er überhöhte Preise berechnete.

Es geht in diesem Arbeitsbereich also darum, dass Finanzmittel veruntreut, Sachgüter auf dem Markt verkauft, Gebäude oder Fahrzeuge privat genutzt, Belege gefälscht werden. Gehälter werden für fiktive Personen, Reisespesen für nicht angetretene Reisen gezahlt. Die klassische Form der Korruption, Bestechung, spielt eine relativ geringe Rolle, es gibt sie vor allem, wenn Schmiergelder zu zahlen sind, um behördliche Arbeit zu beschleunigen, was in Projekten der Katastrophenhilfe, aber auch anderswo von vitaler Bedeutung sein kann.

---

[7] Korruption in der Entwicklungszusammenarbeit - ein Problem auch für kirchliche Organisationen. (Englisch: *Corruption in Development Cooperation - a Problem that equally affects Church Organisations*). Berlin, August 2007, Transparency International Deutschland. www.transparency.de/ fileadmin/pdfs/Themen/webversion_final.pdf
(auch als epd Dokumentation 21/2008 - zusammen mit Begleitdokumenten)
[8] Ueli Locher: „Nothilfe in Niger - Abschluss mit Eclat", in: *Handeln* (Zeitschrift des Hilfswerkes der Evangelischen Kirchen Schweiz), 4/2007, S. 7-8

Eine andere Variante ist im Bildungs- und Gesundheitsbereich zu beobachten: Kranke müssen zahlen, um überhaupt behandelt zu werden oder um Medikamente zu erhalten, Schüler für die Zulassung zur Schule oder für gute Noten. Auch sonst gibt es diese Form der Korruption: Bauern in einem Bewässerungsprojekt müssen gesondert dafür zahlen, dass sie ihr Wasser zum richtigen Zeitpunkt erhalten. Mit dem Korruptionsdelikt allein hört es in vielen Fällen nicht auf: Wenn durch Veruntreuung Mittel in einem Projekt fehlen, werden Mittel aus einem anderen Projekt zur Fertigstellung des ersten verwendet, es kommt zu einer Kaskade. Wer sich der Mithilfe widersetzt, wird auf einen schlechteren Posten versetzt oder verliert seine Arbeit, wer ein Delikt verraten könnte, sieht sich Drohungen ausgesetzt.

Nicht immer ist es einfach, die Grenze zwischen sozial gebotenem und sozial schädlichem Verhalten zu ziehen. In einer Gesellschaft, in der bei Notlagen keine formale Sozialversicherung, sondern nur das traditionelle soziale Netz helfen kann, ist es für manchen schwierig, Hilfe zu verweigern mit dem Hinweis, dass die von ihm verwalteten Mittel zweckgebunden sind. Das Kernproblem liegt also darin, dass Geld eine Grenze zwischen unterschiedlichen Gesellschaften mit unterschiedlichen Wertsystemen überschreitet. Dies ist ein weiterer Grund, warum Verantwortliche in deutschen Hilfswerken Schwierigkeiten im Umgang mit Korruption sehen. Ist die Definition für Korruption überall die gleiche? Können wir den Partnern in einer anderen Gesellschaft den Maßstab in dieser Frage vorschreiben? Aber wenn es hier um die Rechenschaftspflichtigkeit gegenüber der Zielgruppe, gegenüber den Nutzern eines Projektes geht, muss dann nicht auch diese Frage von der Zielgruppe, oder zusammen mit ihr, beantwortet werden?

Seit einigen Jahren hat ein neues Konzept in der Entwicklungszusammenarbeit immer mehr an Bedeutung gewonnen, unter anderem in Mikrofinanzprojekten: Soziale Kontrolle. Dass Mikrokredite zurückgezahlt werden, wird häufig vor allem durch soziale Kontrolle, durch Kontrolle innerhalb der Gruppe, sichergestellt. Dieses Konzept ist gut geeignet, auch die Veruntreuung und Fehlverwendung von Mitteln zu verhindern, mit der wir es hier zu tun haben. Ein Beispiel mag dies belegen:

"Eine Untersuchung von 250 Schulen und Verwaltungseinheiten in 18 Distrikten ... in Uganda im Jahre 1996 ergab, dass zwischen 1991 und 1995 nur 13 Prozent der im Bildungshaushalt jährlich veranschlagten und von der Zentralregierung angewiesenen nicht-investiven Mittel für Primärbildung (außer Lohnkosten) tatsächlich bei den Grundschulen angekommen waren. 87 Prozent der Mittel wurden entweder zur persönlichen Bereicherung veruntreut oder von Verwaltungsbeamten auf Distriktebene für andere Zwecke als für Bildungsausgaben verwendet. Die relativ simple Gegenmaßnahme, durch Veröffentlichung der für jede Schule bestimmten

Mittel in lokalen Zeitungen, im Radio und durch Anschläge an den Schulen die
Accountability der Distrikte gegenüber der Zentralregierung und den Eltern von
Schulkindern zu stärken, erwies sich als außerordentlich effektiv: Stichproben ergaben, dass in den Jahren 1999 und 2000 der Anteil der Gelder, welche die Schulen erreichten, auf 80 bis 90 Prozent gestiegen war".[9]

Tatsächlich waren es die durch die Veröffentlichung ermöglichten aktiven Pro-
teste der lokalen Schulleiter und Elternvereinigungen, die zu dem weitgehenden
Aufhören der Veruntreuung führten. Das ist ein wichtiger Hinweis. Korruption
ist ein Delikt, das die Öffentlichkeit scheut, deshalb ist Transparenz ein wichtiges Instrument zu ihrer Bekämpfung. Wie Transparenz eingesetzt werden soll,
muss aber wohl überlegt werden. Es genügt nicht, Informationen einfach an die
allgemeine Öffentlichkeit zu geben, man muss vielmehr die Bevölkerungsgruppe
erreichen, die durch den Korruptionsvorfall direkt geschädigt wird und deshalb
ein Motiv hat, selbst aktiv einzugreifen.

Genau dies ist der Vorschlag, den die TI-Arbeitsgruppe macht. Für jedes
Projekt sollten Finanzpläne und Zielsetzungen veröffentlicht werden, derart dass
auch die Zielgruppe, die vorgesehenen Nutzer, die Informationen aufnehmen
kann (d.h. vor Ort und auch in lokaler Sprache) und die Möglichkeit erhält, zu
überprüfen, ob das, was für das Projekt vorgesehen ist, auch im Projekt ankommt. Die Mitglieder der Zielgruppe können das besser als irgendein Prüfer
von außen, der die lokalen Verhältnisse nicht kennt. Und die Kontrolle durch die
Zielgruppe, durch die Stakeholders, wird das Projektmanagement dazu bringen,
die Planung in ihren wesentlichen Punkten einzuhalten. Diese Methode, *audit
from below*, wird in einigen Ländern bereits erprobt. In einem Bericht über ein
Projekt in Indien wird sie so beschrieben[10]:

"Social Audit ist ein Prozess, bei welchem Informationen über die Ressourcen finanzieller wie nichtfinanzieller Art, die von öffentlichen Organisationen für Ent-
wicklungszwecke eingesetzt werden, den Menschen zugänglich gemacht werden,
häufig über ein öffentliches Medium. Social Audits ermöglichen es, Rechenschaftslegung und Transparenz durchzusetzen, indem den Endnutzern Gelegenheit gegeben
wird, Entwicklungsprojekte selbst zu überprüfen."

Ähnliche Überlegungen gibt es seit längerem auf anderer Ebene. Im Oktober
2002 wurde die Forderung an die Öffentlichkeit gebracht, dass Erdöl- und Mi-
nenkonzerne veröffentlichen sollen, welche Gelder von ihnen zu den Regierungen der lizenzgebenden Länder fließen, damit die Öffentlichkeit verfolgen kann,

---

[9] Stefan Leiderer: *Öffentliches Budgetmanagement in Entwicklungsländern.* Bonn, DIE 2004.
[10] William Stanley: A paper on the Perspectives of Social Accountability, Social Accounting and
Social Audit. Bhubaneshwar, Interface, Oct.-Dec. 2006.

wie die Gelder verwendet werden: *Publish What You Pay* (PWYP). Tony Blair verkündete dieses Ziel beim Weltgipfel für Nachhaltige Entwicklung in Johannesburg. 2003 wurde die *Extractive Industries Transparency Initiative* (EITI) gegründet[11], um das Ziel weiterzuverfolgen. Inzwischen sammelt sich eine breite Koalition um diese Idee, im Mai 2008 wurde ein Gesetzentwurf im US-Kongress eingebracht: der *Extractive Industries Transparency Disclosure Act.*

Es lag nahe, diesen Gedanken zu übertragen auf die Welt der Entwicklungszusammenarbeit. Im Juli 2008 wurde ein erster Entwurf der *Publish What You Fund Principles* vorgelegt, am 1. September 2008 in Accra die *Publish What You Fund Campaign* lanciert.[12] Die beteiligten Organisationen sind der Überzeugung, dass Hilfe, um wirksam zu sein "transparent sein muss: Informationen müssen zugänglich sein für Nehmer-Regierungen, betroffene Bevölkerungsgruppen und andere Stakeholders ebenso wie für die Öffentlichkeit."

Die Arbeitsgruppe von TI Deutschland hat ihre Vorschläge zu einem *Audit from below* unabhängig von dieser Initiative entwickelt, fühlt sich aber durch die neuen Verbündeten bestätigt. Während die PWYF Campaign sich in erster Linie an staatliche und überstaatliche Geber-Organisationen wendet, geht es hier um die Organisationen im nichtstaatlichen Bereich: Auch sie sollten sich entschließen, ihre Projekt- und Programm-Budgets und ihre Planungskonzepte zu veröffentlichen, damit sowohl die jeweiligen Zielgruppen als auch die lokale, regionale oder nationale Öffentlichkeit verfolgen können, was aus den Planungen wird, und notfalls entsprechende Rückmeldungen an die weitab in Deutschland sitzenden Verantwortlichen geben können. Alle Organisationen sind besorgt, dass durch Fälle von Korruption ihr gutes Ansehen in Gefahr geraten könnte. Hier ist ein neuer Weg, dies zu vermeiden: Wer in seiner Projektarbeit diese Vorschläge zu einem *audit from below* umsetzt, wird einen neuen Weg zur Korruptionsprävention einschlagen und damit zugleich an Ansehen gewinnen.

Reinhold Thiel, Experte für Entwicklungszusammenarbeit, war jahrelang Leitender Redakteur der entwicklungspolitischen Zeitschrift „Entwicklung und Zusammenarbeit" (E+Z), herausgegeben vom DSE (jetzt: InWEnt) und federführender Verfasser des 2007 von Transparency International herausgegebenen Arbeitspapieres „Korruption in der Entwicklungszusammenarbeit – ein Problem auch für kirchliche Organisationen".

---

[11] http://eitransparency.org
[12] www.publishwhatyoufund.org

Teil V
Medien und soziale Verantwortung

Matthias Thieme

Der Fall Unicef

Oder: Was Hilfsorganisationen im Umgang mit kritischer Bericht-
erstattung vermeiden sollten

Dies ist die Geschichte einer Spendenorganisation, die in Deutschland lange als
eine der besten galt – als eine Art „Mercedes der Hilfsorganisationen" – die dann
aber teilweise das öffentliche Vertrauen verlor. Die Rede ist von Unicef Deutschland. Medien und auch das Deutsche Zentralinstitut für soziale Fragen (DZI)
stellten fest, dass Unicef mit Spendengeld mangelhaft und wahrheitswidrig umgegangen war. Das Hilfswerk geriet in eine schwere Krise und musste sich neu
organisieren, um Glaubwürdigkeit und Vertrauen zurückzugewinnen.

Wie konnte es soweit kommen? Was war im Inneren der Organisation geschehen und was hat Unicef in der Außenkommunikation falsch gemacht? Eine
Rekonstruktion der Affäre zeigt, dass es vor allem der uneingelöste ethische
Selbstanspruch war, der die Hilfsorganisation in eine tiefe Krise stürzte, Akteure
zu Fall brachte und dazu führte, dass viele Mitglieder sich abwandten.

Was ist in der PR einer Hilfsorganisation erlaubt, wo ist die Grenze zur
Unseriosität überschritten? Die Analyse der Unicef-Affäre kann darauf Antworten geben.

Die meisten Kommunikationsabteilungen von Unternehmen haben die Aufgabe, entweder ein Produkt besonders gut ins Bild zu rücken oder zu verkaufen
oder einfach das Image des Unternehmens besonders positiv darzustellen. Bei
einer gemeinnützigen Organisation gibt es einen zusätzlichen Punkt, nämlich die
ethische Komponente, die viel stärker im Vordergrund steht als z.B. bei einer
Firma, die Zahnpasta herstellt. Bei Unicef gab es diese Widersprüche: Auf der
einen Seite war da eine Organisation, die mit ihrer Eigenwerbung, mit ihrem
Selbstverständnis, aber auch mit allen ihr zur Verfügung stehenden Mitteln den
Kindern in der Welt helfen wollte. Und auf der anderen Seite wurden Zweifel
laut, ob diese Mittel voll umfänglich diesen Kindern zur Verfügung gestellt wurden, ob nicht zu viel in der Verwaltung, zu viel in der Werbung hängen blieb –
und ob nicht auch strukturell einiges im Argen lag.

Die Organisation musste nach monatelangem Abstreiten dieser Vorwürfe
einräumen, dass vieles von dem zutraf. Unicef hat deshalb auch das Spendensie-

gel aberkannt bekommen. Die Organisation hatte gegenüber dem Deutschen Zentralinstitut für soziale Fragen (DZI) unzutreffende Angaben gemacht. Es kam heraus, dass sie Provisionen an Spendenvermittler bezahlt hatte, ohne dies anzugeben. Es kam auch heraus, dass zum Teil sehr hohe Summen an Spendenvermittler geflossen waren und dass zum Teil überhaupt nicht klar war, was diese Vermittler für diese Leistungen konkret gemacht hatten. In der öffentlichen Wahrnehmung war es eine sehr fragwürdige Sache, wenn bei einer Spende von 500.000 Euro 30.000 Euro bei einem Vermittler landeten, der mit der Anbahnung dieser Spende offenbar gar nichts zu tun hatte.

Es kam aber auch heraus, dass die Organisation in sich sehr merkwürdig aufgestellt war, indem der damals amtierende Geschäftsführer eine Art Ämterverquickung betrieben hatte, so dass er in Personalunion mehrere Funktionen bekleidete, was letztendlich dazu führte, dass er sich selbst kontrollieren sollte. Es kam aber auch eine Reihe von anderen Dingen zum Vorschein wie etwa der Anteil des Verwaltungsaufwands an den Spenden, der real viel höher war als er den Spendern kommuniziert wurde. In der Summe kann man sagen, dass Unicef nach zähem Ringen mit der öffentlichen Meinung dies alles letztlich eingeräumt und die Organisation neu organisiert hat. Der Geschäftsführer und der komplette Vorstand wurden ausgewechselt. Umfassende Strukturreformen wurden in Angriff genommen.

Fest steht: Es gab einen besorgniserregend sorglosen Umgang mit Spendengeld, es gab wahrheitswidrige Angaben, sonst hätte Unicef nicht das Spendensiegel verloren. Es gab intransparente Verwaltung von Spendengeld. Es gab unerklärbare Provisions-Zahlungen an Dritte aus Spendengeld. Es gab Mängel in vielen Bereichen der Organisation und Verwaltung. Dem Spender wurde teilweise nicht erklärt, wie sein Geld verwendet wurde. Es kam heraus, dass es Beraterverträge mit großen Summen gab. Diese Provisionszahlungen waren regelrechte Verstöße gegen Richtlinien, die Unicef selbst unterschrieben hatte beim Institut für soziale Fragen. In der Rückschau erscheinen vor allem diese Provisionszahlungen und die mangelnde Transparenz bei der Spendenverwaltung und die intransparente Struktur des Vereins und der Stiftung als Hauptpunkte der Affäre. Unicef hat nach diesen Versäumnissen eine Transparenzinitiative gestartet und versucht seither, Spender und Spendensiegel wieder zurückzugewinnen.

Zudem gab es noch eine Meta-Ebene: Die Krisen-Kommunikation von Unicef. Diese Kommunikation der Pressestelle war während der Affäre konfus, widersprüchlich und trotzköpfig. So stellte die Pressestelle mehrfach wahrheitswidrige Behauptungen auf, obwohl der Frankfurter Rundschau (FR) längst entsprechende Unicef-Unterlagen vorlagen, die das Gegenteil bewiesen. Es wurde zudem auch behauptet, die FR schade mit der Berichterstattung den Kindern in Afrika. Gleichzeitig fand die FR heraus, dass die eigenen Mitglieder angeschrieben wurden, sie sollten sich doch in diesem Tenor öffentlich äußern. Aus Mediensicht blieb unverständlich, warum die Unicef-Kommunikatoren nicht schnell die Reißleine zogen und sagten: „Wir haben verstanden. Bei uns ist etwas schief gelaufen. Wir legen das offen. Wir gehen jetzt voran, indem wir Dinge ändern." So hätten sie die Krise vermutlich schnell vom Tisch bekommen. Doch das Gegenteil wurde gemacht: mauern, verschanzen, desinformieren, Angriffe starten und ansonsten höchst widersprüchliche Informationen veröffentlichen, selbst zu Themen, die der FR schwarz auf weiß vorlagen. Die Kommunikationsstrategie wirkte hilflos und bizarr. Natürlich hatten es die Unicef-Presseleute auch nicht einfach, da sie es im Vorstand und in der Geschäftsführung offenbar mit Kräften zu tun hatten, die stark miteinander rangen. Es herrschte ein offener Kampf innerhalb der Organisation. Dagegen kam offenbar auch die Pressestelle nicht mehr an. Dass es sich bei der Affäre aber angeblich nur um eine Führungskrise gehandelt haben soll, wie Unicef heute behauptet, ist sicherlich zu undifferenziert gedacht. Dann wäre diese Geschichte nur eine Geschichte von Personen, die sich nicht leiden konnten. Es ging zweifellos um Sachthemen, die auch viele andere Spendenorganisationen aufgerüttelt haben: mangelnde Transparenz bei der Verwendung von Spendengeldern, hohe Provisionszahlungen ohne Berichterstattung an das Spendensiegel: Das ist nicht mit der Befindlichkeit von Personen zu erklären. Es waren Verstöße und Organisationsmängel, die von der FR aufgedeckt wurden.

Wie lief die Recherche in Sachen Unicef, wie reagierten die Verantwortlichen konkret? Was lief hinter den Kulissen ab?

Protokoll der Geschehnisse:

Ein anonymer Brief

Im Oktober 2007 erreicht ein anonymer Brief via E-Mail die FR-Redaktion in Berlin. Er ist – wie sich später herausstellen wird – nicht identisch, inhaltlich aber sehr nah an dem Brief, den die Unicef-Vorsitzende Heide Simonis bereits Monate vorher erhielt. Er enthält detaillierte Schilderungen darüber, wie die in Köln ansässige Zentrale des Deutschen Komitees von Unicef in den Jahren zuvor mit Spendengeld umgegangen sein soll. Im Fokus des Schreibens steht Unicef-Geschäftsführer Dietrich Garlichs. Dieser soll, so heißt es, ohne Absprache mit dem Unicef-Vorstand, ohne Verträge satzungswidrig üppige Honorare an „freie Mitarbeiter" ausgezahlt haben. Außerdem, so der Vorwurf, habe Garlichs ebenfalls eigenmächtig und bar jeder schriftlichen Grundlage den millionenteuren Umbau der Kölner Zentrale veranlasst, wovon wieder ein „freier Mitarbeiter" in nicht unerheblichem Umfang profitiert habe. Des Weiteren enthält der Brief lange Ausführungen über den Führungsstil des langjährigen Geschäftsführers, der die Mitarbeiter im Haus in Angst und Schrecken versetze, willkürlich und despotisch agiere und bereits etliche Menschen vergrault habe. Gerüchteweise wird in dem anonymen Schreiben noch kolportiert, Garlichs habe auch für den Umbau seines Privathauses Unicef-Mittel eingesetzt. Gleichlautende Vorwürfe, so der/die Absender(in), seien bereits im Frühjahr 2007 an Heide Simonis übermittelt worden. Da sich am Zustand und dem merkwürdigen Umgang mit Spendengeld seither jedoch nichts geändert habe, sehe der/die Verfasser(in) sich nunmehr gezwungen, den Weg über die Öffentlichkeit zu suchen.

Erste Recherchen

Am Anfang verläuft die Recherche zum Thema unbefriedigend: Der/die Absender(in) der E-Mail will – trotz aller Zusagen, den Fall vertraulich zu behandeln, – weder seinen/ihren Namen preisgeben noch zu einem persönlichen Treffen erscheinen. Als FR-Korrespondent Jörg Schindler, der den Fall übernommen hat, daraufhin mitteilt, dass sich die Zeitung auf bloßer Grundlage eines anonymen Schreibens nicht mit einer derartigen Sache befassen könne, verweist der/die Absender(in) auf eine Reihe von Menschen aus dem Unicef-Umfeld, die womöglich weiterhelfen könnten.

Schriftliche Belege

Nach zweiwöchiger Recherche ergibt sich, dass die Vorwürfe nicht aus der Luft gegriffen sind. Der FR liegt inzwischen eine Vielzahl schriftlicher Belege – etwa Sitzungsprotokolle, Bilanzen, interne Schriftwechsel – vor, die zeigen, dass der Unicef-Vorstand sich auf Drängen von Simonis bereits mehrfach mit der Angelegenheit befasst, jedoch keine Konsequenzen daraus gezogen hat.

Konfrontation mit den Vorwürfen

Am 26. November 2007 konfrontiert Jörg Schindler den Unicef-Geschäftsführer Garlichs telefonisch mit den Vorwürfen aus dem anonymen Schreiben. In einer ersten Reaktion zeigt sich Garlichs „verwundert" darüber, dass „eine Zeitung wie die FR" einem anonymen Brief derartiges Gewicht beimisst. Er selbst, so Garlichs, pflege Derartiges zu ignorieren. Die konkreten Vorwürfe bezeichnet Garlichs unter anderem als „Quatsch", offenbar wolle ein Mitarbeiter oder Ex-Mitarbeiter von Unicef hier sein Mütchen kühlen. Im Laufe des etwa 25-minütigen Gesprächs bestreitet Garlichs mehrfach Fakten, die der FR zu diesem

Zeitpunkt bereits schriftlich vorliegen. Die FR-Redaktion entschließt sich dazu, die Vorwürfe am nächsten Tag zu veröffentlichen.

Der erste Bericht

Am 27. November 2007 erscheint der erste FR-Bericht zum Thema. Titel: „Für die Kinder der Welt – aber nicht nur." Die Hauptvorwürfe zusammengefasst: Unicef-Geschäftsführer Dietrich Garlichs habe ohne Absprache, ohne Verträge satzungswidrig horrende Honorare an „freie Mitarbeiter" bezahlt und – ebenfalls eigenmächtig – den millionenteuren Umbau der Kölner Unicef-Zentrale veranlasst. Agenturen und andere Medien greifen den Artikel auf und verlangen von Unicef eine Stellungnahme. Das Kinderhilfswerk wiegelt ab.

Informanten melden sich

Am Tag des Erscheinens und jeden weiteren Tag danach gehen im Berliner FR-Büro und in der Frankfurter FR-Zentrale unzählige weitere Meldungen ein, zum Teil telefonisch, zum Teil via E-Mail, viele davon anonym. Der Tenor: Sämtliche Vorwürfe seien berechtigt, eher sogar untertrieben. Einige Anrufer/Absender kündigen an, der FR weiteres Material schriftlich zur Verfügung stellen zu wollen – was in den folgenden Wochen auch passieren wird. Auffällig ist, wie viele Anrufer/Absender offenkundig großer Ärger auf Unicef-Geschäftsführer Garlichs umtreibt. Einige Personen, die sich melden, artikulieren aber auch ihr Unverständnis darüber, dass eine Zeitung wie die FR ein Kinderhilfswerk wie Unicef so unverhohlen angreife. Unicef werde so irreparabler Schaden zugefügt, heißt es.

Die Affäre weitet sich aus

Am 29. November 2007 konfrontiert die FR das Hilfswerk mit weiteren Vorwürfen: Garlichs soll im Alleingang Millionenverträge mit einer Unternehmensberatung abgeschlossen haben, zu der es auch merkwürdige personelle Verflechtungen gibt. Unicef-Geschäftsführer Dietrich Garlichs räumt erstmals einen „Fehler" ein: Dass ein „freier Mitarbeiter" in einem Zeitraum von weniger als eininhalb Jahren ein Honorar von mehr als 300.000 Euro eingestrichen habe, das auch noch aus Spendengeld des gemeinnützigen Vereins finanziert wurde, sprenge „erheblich den üblichen Rahmen". Weitere Vorwürfe folgen im Abstand weniger Tage.

Differenzen in der Unicef-Führung

Die weitere Berichterstattung offenbart fortdauernde erhebliche Meinungsunterschiede in der Unicef-Führungsriege. Schon lange vor der FR-Berichterstattung wurde intern massiv über den Umgang mit den Vorwürfen gestritten. Die Hauptkontrahenten: Garlichs und Simonis. Deren Streit wird zunehmend auf offener Bühne ausgetragen.

Die Staatsanwaltschaft ermittelt

Am 30. November nimmt die Staatsanwaltschaft Köln Ermittlungen gegen Unicef-Geschäftsführer Dietrich Garlichs wegen des Verdachts auf Untreue auf. Eine Vertraute von Garlichs aus dem Unicef-Vorstand verbreitet in einem Rundschreiben an alle 130 ehrenamtlichen Unicef-Gruppen die Ansicht, dass die in der FR erhobenen Vorwürfe „so nicht gerechtfertigt" seien. Der Vorstand habe „wirklich keinen Hinweis auf Unregelmäßigkeiten".

Weitere Belege

Matthias Thieme findet weitere Belege für einen sorglosen Umgang mit Spendengeld bei Unicef: Anhand von Verträgen konnte die FR nachweisen, dass die Beratungsfirma Dastani von der Spendenorganisation rund 460.000 Euro für die Einführung eines neuen Computersystems bekam. Im FR-Bericht „Geschäft unter Freunden" wurde zudem enthüllt, dass der lukrative Vertrag von einer Unicef-Abteilungsleiterin unterschrieben war, die wenige Monate zuvor noch auf einer Website der beauftragten Firma als Dastani-Filialleiterin genannt wurde.

Informationen aus der Unicef-Zentrale

Der FR wird ein internes Rundschreiben des Unicef-Chefs Dietrich Garlichs zugespielt, in dem er gegenüber den Mitarbeitern die FR-Berichterstattung als unseriös darzustellen versucht. „Allmählich scheint die Kampagne der FR abzuebben", so Garlichs. Vor Weihnachten, im Hauptspendengeschäft, wolle man keine kritische Berichterstattung mehr, heißt es aus der Organisation – doch es kommt anders.

Das Ausmaß wird sichtbar

Am 20. Dezember 2007 enthüllt die FR das ganze Ausmaß der Beraterverträge bei Unicef. Anhand von Verträgen lassen sich alle Honorarvereinbarungen der

Hilfsorganisation seit dem Jahr 2005 nachvollziehen – insgesamt mehr als zwei Millionen Euro. Die Berater bekamen zum Teil Tageshonorare von mehr als 1000 Euro. Bei einem Wirtschaftskonzern vielleicht normal, aber bei einer Spendenorganisation? Das Zentralinsitut für Soziale Fragen (DZI), welches das renommierte Spendensiegel vergibt, wird erstmals hellhörig. Man habe Unicef „eine Reihe von Fragen gestellt", sagt DZI-Geschäftsführer Burkhard Wilke in der FR. Doch Unicef-Chef Garlichs will das Problem nicht wahrhaben. „Die FR recherchiert auch an anderen Stellen – ich werde Sie auf dem laufenden halten", warnt er in einem weiteren internen Rundschreiben, das der FR bald vorliegt, weil immer mehr Mitarbeiter sich zunehmend mit der als richtig empfundenen Berichterstattung identifizieren und weniger mit ihrem Vorgesetzten.

Überprüfen von Informationen

Die FR erhält immer mehr Informationen aus dem Innenleben von Unicef. Unbrauchbare und hoch interessante, Gerüchte und Fakten wie Verträge, Abrechnungen und Briefe. Nur ein Bruchteil der Informationen kann veröffentlicht werden. Nur was recherchiert und bewiesen werden kann, wird gedruckt. Doch der Einblick in die Organisation reicht dank vieler unterschiedlicher Quellen, die sich gegenseitig oft nicht kennen, sehr tief. Manche Ereignisse können deshalb mit nur kurzer Zeitverzögerung recherchiert werden.

Widerstand der Unicef-Führung

Abstreiten, Leugnen, Weitermachen, lautet dennoch zunächst die Parole bei Unicef. Um die rund 8000 ehrenamtlichen Spendensammler in der Vorweihnachtszeit gegen mögliche Kritik zu wappnen, hat Unicef ein „internes Arbeitspapier" verteilt, das ebenfalls schnell bei der FR eingeht. Das Papier soll den 130 Arbeitsgruppen in Deutschland als Argumentationshilfe im Gespräch mit Spendern dienen, die Vorwürfe gegen die deutsche Sektion des Kinderhilfswerks ansprechen. Aufgelistet sind denkbare Fragen und erwünschte Antworten. So sollen die Ehrenamtler etwa auf die Frage „Wie hoch ist die Vergütung der Vorstandsmitglieder?" antworten: „Die Vorstandsmitglieder arbeiten ehrenamtlich und erhalten keine Vergütung." Sollte ein potenzieller Spender weiter fragen, warum der gut verdienende Unicef Geschäftsführer Dietrich Garlichs gleichzeitig auch Mitglied des Vorstands ist, wird ihm erklärt, dass diese Regelung „bewusst so gewählt" sei, „damit der Geschäftsführer den Vorstand unmittelbar (...) über alle wichtigen Vorgänge informiert". Doch an der Basis wächst der Unmut über das, was als Bevormundung aus Köln empfunden wird.

Der PR-Krieg beginnt

Die Unicef-Zentrale in Köln versucht im Weihnachtsgeschäft zunehmend, die FR-Berichterstattung zu diskreditieren. Neben dem hartnäckigen Leugnen selbst schriftlich belegbarer Vorwürfe wird versucht, die Berichterstattung als moralisch verwerflich zu brandmarken (Tenor: Sie schadet den armen Kindern in Afrika). Ehrenamtliche Unicef-Mitarbeiter werden im Intranet der Organisation dazu aufgefordert, Leserbriefe an die FR zu schreiben und sich bei den Autoren und der Chefredaktion zu beschweren. Im Intranet gibt die Kölner Zentrale den Arbeitsgruppen Hinweise, wie mit der Wahrheit umzugehen sei. Der Presse wolle man sagen, die Kritik der Basis sei auf „einzelne Stimmen" beschränkt, heißt es. Man wolle das Zitat verbreiten: „Letztlich schadet man mit diesen einseitigen Berichten nur den Kindern." Die Unicef-Pressestelle nimmt FR-Anfragen nur noch schriftlich an, antwortet für die Abläufe einer Tageszeitung oft unverständlich spät und zudem aus journalistischer Sicht unergiebig. Auch Nachfragen müssen schriftlich gestellt werden. Das Spiel beginnt jeweils von Neuem. Kurz vor Redaktionsschluss kommt es deshalb regelmäßig zu extrem verdichteten Arbeitsabläufen zwischen Autor, Redaktion, Layout, Bildbearbeitung und Rechtsabteilung. Unicef beschwert sich wiederholt auch bei der Chefredaktion – vergeblich.

Rebellion an der Basis

Es kommt zum offenen Streit zwischen Heide Simonis und Dietrich Garlichs im Vorstand des Kinderhilfswerks. Sondersitzungen werden einberufen und Wirtschaftsprüfer mit der Untersuchung der Vorwürfe beauftragt. Die Affäre verselbständigt sich. Immer mehr Ehrenamtliche und zum Teil ganze Ortsverbände kritisieren das Geschäftsgebaren des Unicef-Chefs, fordern Änderungen und den Rücktritt der Verantwortlichen.

Ein Bericht sorgt für Wirbel

Der Bericht der Wirtschaftsprüfer belegt klare Verstöße gegen die ordnungsgemäße Geschäftsführung bei Unicef und rügt die Vergabe großer Summen Spendengeld ohne schriftliche Verträge beim Kinderhilfswerk. Dennoch versucht Unicef, den Bericht öffentlich als Entlastung und Legitimation darzustellen. Als die FR weiter über die Verstöße, die organisatorische Intransparenz und höchst sorglos vergebene Spendengeldsummen berichtet, beginnt Unicef mit großem Aufwand, die FR juristisch anzugreifen.

Die juristischen Angriffe starten

Unicef beauftragt eine Kölner Kanzlei für Presserecht, später auch noch eine renommierte Bonner Großkanzlei, die in früheren Zeiten auch schon Altbundeskanzler Helmut Kohl vertrat. Mit einer Vielzahl von Gegendarstellungs-Begehren, Unterlassungs-Ansprüchen und verlangten Richtigstellungen versucht das Hilfswerk in der Folgezeit, die Berichterstattung anzugreifen. In schneller Folge treffen umfangreiche Schriftsätze der Kanzleien bei der FR ein. Insgesamt gibt es im Laufe der Berichterstattung rund ein Dutzend gerichtlicher Verfahren mit aufwändigem Schriftverkehr. Hinzu kamen weitere Ansprüche, die erhoben, aber nicht zu Gericht getragen wurden. Um die Angriffe juristisch abzuwehren und weiter berichten zu können, müssen in vielen Fällen Schutzschriften und eidesstattliche Versicherungen bei verschiedenen Gerichten hinterlegt werden. Für die Berichterstatter verdoppelt sich damit der Arbeitsaufwand: Neben der tagesaktuellen Recherche und Berichterstattung müssen der Rechtsabteilung gleichzeitig viele Informationen für die aufwändigen, mehrseitigen Schutzschriften übermittelt und zahlreiche eidesstattliche Versicherungen geschrieben werden.

Die FR wehrt sich

Unicef verlangt Unterlassung, um die FR zur Preisgabe eines Informanten zu zwingen. Die FR hatte zum Bericht der Wirtschaftsprüfer einen gut informierten Insider mit den Worten zitiert: „Es ist abenteuerlich. Da gingen Hunderttausender-Beträge einfach so auf Zuruf unter dem Tisch durch." Die Unicef-Rechtsanwälte greifen diesen Satz juristischen an und behaupten: „Es gibt einen solchen Insider, der dergleichen geäußert haben könnte, nicht." Um die Unterlassungsforderung abwehren zu können muss die FR dem Gericht mit einer Schutzschrift glaubhaft machen, dass es diesen Insider gibt, ohne ihn zu verraten – eine große Herausforderung für die Rechtsabteilung und den Berichterstatter und ein schmaler Grat zwischen juristischer Verteidigung der Berichterstattung und dem vorrangigen Schutz des Informanten. Um vor Gericht zu bestehen muss die Existenz des Informanten in der Schutzschrift so glaubwürdig und konkret wie möglich dargestellt werden, ohne dass der Insider für die Gegenseite, welche die Akten mitlesen darf, identifizierbar wird. Die FR weist das Ansinnen von Unicef zurück, schützt den Insider – und ist damit juristisch erfolgreich. Die Unterlassungserklärung muss nicht abgegeben werden. Unicef zieht den Antrag zurück. Solche und ähnliche zeitraubende Verfahren, in denen es auf jedes Wort ankommt, wiederholen sich parallel zur fortlaufenden Berichterstattung rund ein Dutzend Mal.

Ausufernde juristische Angriffe

Nachdem das finanziell hochpotente Hilfswerk Unicef zwei Kanzleien gleichzeitig beschäftigt, häufen sich die juristischen Angriffe. Im Extremfall beschäftigten sich beide Kanzleien mit Angriffen auf ein und denselben Artikel. Attacken, die bei der FR und in der Rechtsabteilung viel Arbeitszeit binden und aus Sicht der Berichterstatter auch das Ziel verfolgen, die Berichterstattung zum Erliegen zu bringen. Passagen, Sätze, sogar einzelne Worte werden Gegenstand monatelanger Anwalts-Korrespondenz. Die Angriffe nehmen zum Teil absurde Züge an. Ein Beispiel: Nachdem die FR neue Informationen über staatsanwaltschaftliche Ermittlungen gegen Unicef-Chef Garlichs erhielt, hieß es im Bericht, „jetzt" werde gegen Garlichs ermittelt. Dieser will jedoch juristisch festgestellt wissen, dass nicht „jetzt", sondern schon „im Dezember 2007" gegen ihn ermittelt wurde. Diesen Gefallen tut die FR dem Unicef-Chef schließlich und druckt die absurde Gegendarstellung ab – am Tag, als das DZI Unicef das Spendensiegel entzieht und die recherchierten Fakten sich als wahr erweisen: Hohe Summen Spendengeld flossen an Berater ohne transparente Verträge. In der gesamten Berichterstattung wird lediglich eine weitere Gegendarstellung veröffentlicht – unabhängig von ihrem Wahrheitsgehalt. Manche Verfahren werden am Ende durch Vergleiche beendet.

Tägliches Arbeiten im Trommelfeuer

Autor Thieme musste täglich in der Gewissheit schreiben, dass die Artikel entweder Minuten nach der Online-Veröffentlichung, oder spätestens am nächsten Tag von Unicef-Anwälten nach kleinsten Schwachstellen untersucht würden. Kurz vor Redaktionsschluss musste jeder Text in jeder Version deshalb von der Justitiarin des Konzerns M. DuMont Schauberg, Susanna Dahs, geprüft werden. Zudem mussten die Artikel in verschiedener Länge mit verschiedenen Überschriften in unterschiedlichen Ausgaben und Zeitungen des Konzerns jeweils einzeln auf ihre presserechtliche Zulässigkeit hin gelesen werden – ein immenser Aufwand.

Ein Zeuge erhebt Vorwürfe

Der ehemalige Lidl-Manager Stefan Rohrer hatte Unicef-Chef Dietrich Garlichs bei einer Spendengala 500.000 Euro für das Hilfswerk gespendet. Die FR recherchiert, dass diese Großspende ohne Wissen des Spenders einer Unicef-Städtepartnerschaft in Heilbronn „zugeordnet" wurde, bei der ein Berater rund 30.000 Euro Provision bekam – Unicef in weiteren Erklärungsnöten.

Das Interview „Von einer Provision wurde nie gesprochen"

FR: Herr Rohrer, Sie waren 2005 Chef von Lidl-Deutschland. Bitte beschreiben Sie noch einmal genau, wie Sie Herrn Garlichs die Spende von 500 000 Euro angeboten haben. War der Berater Viktor L. daran beteiligt?
Ich kann mich an die Abläufe sehr gut erinnern und gebe hier meine persönliche Sichtweise wieder. Ich saß am Abend der ZDF-Spendengala Anfang Januar 2005 nur rein zufällig neben Herrn Dr. Garlichs, den ich bis dahin nicht kannte. Lidl hatte dem Deutschen Roten Kreuz (DRK) bereits 500.000 Euro für Tsunami-Opfer gespendet. Kurz vor der Sendung hat sich die Firma Lidl und Kaufland kurzfristig entschlossen, die bisherige Spende von 500.000 Euro auf eine Million Euro zu verdoppeln. Im Verlauf der Live-Sendung kam ich mit Herrn Garlichs ins Gespräch, und er stellte sich als verantwortlicher Geschäftsführer der Unicef Deutschland vor. Ich sprach ihn spontan darauf an, ob er auch eine Spende von einer halben Million Euro haben wolle. Er fragte mich, ob ich dies ernst meinte. Ich bejahte dies, und wir besiegelten das Spendengeschäft mit Handschlag und tauschten die Visitenkarten aus. Nach der Sendung hatte ich den Präsidenten des DRK, Herrn Dr. Seiters, informiert, dass die andere halbe Million an Unicef gehen wird. Ein Berater war bei diesen Gesprächen zu keinem Zeitpunkt anwesend oder mir gar bekannt. Es wurde mir auch kein Berater vorgestellt.

FR: Wann ungefähr wurde das Geld überwiesen? Ging es auf ein Konto in Heilbronn?
Die Abstimmung darüber, auf welches Bankkonto das Geld fließen sollte, erfolgte direkt zwischen Unicef Köln und der Finanzabteilung der Schwarz-Beteiligungs-GmbH. Auch daran war kein Berater beteiligt. Rund 14 Tage später wurde das Geld auf ein Unicef-Konto in Köln überwiesen.

FR: Haben Sie mit Herrn Garlichs vereinbart, dass das Geld dem Heilbronn-Projekt zugeordnet werden sollte?
Das Geld sollte langfristigen Hilfsprojekten für die Tsunami-Opfer zugeordnet werden. Ein Heilbronn-Projekt wurde nie erwähnt, zumal das Unternehmen in Neckarsulm liegt.

FR: Hat Unicef Ihnen mitgeteilt, dass das Geld dem Heilbronn-Projekt zugeordnet wurde? Falls nein, wie haben Sie davon erfahren?
Erstmalig wurden wir im Herbst 2006 darauf aufmerksam gemacht, dass unsere Spende dem Projekt Heilbronn zugeordnet wurde. Im Oktober 2006

wurde anlässlich eines Empfangs eine Urkunde von Unicef an Herrn Loh-
miller (Vorstand a. D. Kaufland) überreicht.

*FR: Wussten Sie, dass von Ihrer Spende rund 30 000 Euro Provision an den
Berater abgehen?*
Nein, es wurde von einer Provision nie gesprochen.

FR: Hätten Sie gespendet, wenn Sie das gewusst hätten?
Hilfsorganisationen benötigen für die eigene Verwaltung einen Teil der
Spenden zur Kostendeckung. Dies ist auch sinnvoll, um die Spenden ordnungsgemäß zu verwalten. Hätten wir im Vorfeld jedoch gewusst, dass zusätzlich 30 000 Euro an Provisionen von Unicef bezahlt werden müssen,
hätten wir sicherlich eine andere Hilfsorganisation ausgewählt.

*FR: Ab welchem Zeitpunkt im Jahr 2005 bekam der Berater Provision und
warum auch von Ihrer Spende? Was sagte Ihnen Unicef dazu?*
Der "Public Relations"-Leiter von Unicef Deutschland, Dieter Pool, hat mir
am vergangenen Freitag gesagt, dass Unicef mit dem Berater vereinbart hatte, dass das Heilbronn-Projekt erst ab Mai 2005 beginnen sollte. Der Tsunami Ende 2004 und die daraus resultierende hohe Spendenbereitschaft kamen für das Unicef-Projekt aber "zu früh", sagte der Sprecher. Wie es nun
aussieht, wurde unsere Spende nachträglich dem Projekt zugeordnet, denn
zum Zeitpunkt der Überweisung im Januar 2005 hatte das Projekt laut
Unicef ja noch gar nicht begonnen.

FR: Fühlen Sie sich getäuscht?
Bei einer solchen hohen Einzelspende hätten wir mehr Offenheit erwartet.
Da die Spende ohne den Berater erfolgte, wäre aus unserer Sicht auch eine
Provisionszahlung nicht notwendig gewesen. Wenn wir gewusst hätten,
dass ein Berater davon etwa 30 000 Euro Provision bekommt, hätten wir
nicht gespendet. Garlichs hat uns getäuscht, indem er das verheimlicht hat.

KPMG beschwert sich

Die FR erhält von unbekannter Seite ein Schreiben der KPMG –
Wirtschaftsprüfer, die Unicef mit einer Untersuchung beauftragt hatte. Anders
als Unicef selbst es öffentlich darstellt, werten die Prüfer in diesem Schreiben
ihren Untersuchungs-Bericht nicht als totale Entlastung, sondern auch als Män-
gelbericht: Die Beschwerde: Am 14. Januar beschwert sich die Wirtschaftsprü-

fungsgesellschaft KPMG bei Unicef über die verzerrende Interpretation des Prüfberichts auf der Unicef-Website:

> *(...) Mit großem Erstaunen müssen wir zur Kenntnis nehmen, dass Sie diese Presseerklärung ohne unsere vereinbarte Freigabe abzuwarten bereits online geschaltet haben und diese bereits über die Agenturen verbreitet wird. Die Freigabe war sowohl mit dem Vorstand sowie Ihnen als verantwortlichem Geschäftsleitungsmitglied heute Nachmittag festgelegt worden. Wir sind mit diesem Vorgehen nicht einverstanden. Ich muss Sie daher bitten, die Erklärung sofort aus dem Netz zu nehmen und erst dann zu verbreiten, wenn eine abgestimmte Fassung vorliegt. Diese hier vorgelegte Fassung geben wir nicht frei. Wie ich bereits gegen 21.30 Uhr in einem gemeinsamen Telefonat mit Ihnen besprochen habe, ist in der Ihnen schriftlich vorliegenden Zusammenfassung unserer Sonderuntersuchung sehr klar von "Verstößen" die Rede. Diese Darstellung steht in deutlichem Widerspruch zur Aussage in dem übersandten Entwurf der Presseerklärung. "Sie kommt zu einem eindeutigen Fazit: Die gemachten Vorwürfe sind falsch. Es gab keine Verschwendung von Geldern, keine Unregelmäßigkeiten oder gar Satzungs- oder Gesetzesverstöße." Die in unserer Zusammenfassung aufgeführten Verstöße sind Unregelmäßigkeiten und somit sind die Vorwürfe hinsichtlich dieser Verstöße jedenfalls insoweit nicht falsch. Somit besteht ein Widerspruch zwischen unseren Feststellungen und der Unicef Presseerklärung. Wir bitten Sie dringend, diesen Hinweis zu beachten und uns eine überarbeitete Fassung der Presseerklärung zukommen zu lassen. Dieter John, KPMG*

Konsequenzen im Vorstand

Die Unicef-Vorsitzende Heide Simonis tritt am 2. Februar zurück. Im Unicef-Vorstand hatte sie nicht die nötige Unterstützung für eine Aufklärung der Vorwürfe gesehen. Die FR berichtet weiter über Tricks bei der Angabe der Verwaltungskosten von Unicef, die angeblich unter 10 Prozent liegen sollen („Spendengeld und Zahlendreherei"), real aber bei um die 30 Prozent lagen.

Die Ereignisse überschlagen sich

Thieme und Schindler berichten über die Ereignisse wieder gemeinsam aus Berlin und Frankfurt. Am 5.2.2008 fordert das Unicef-Komitee eine außergewöhnliche Mitgliederversammlung, am 6.2.2008 verlangt Bundeskanzlerin Angela Merkel eine rasche Aufklärung des Skandals. Am 7.2.2008 beschuldigt der

Unicef-Vorstand Heide Simonis, sie sei schuld an der Vertrauenskrise. Am 8.2.2008 berichtet die FR, dass viele Großspender sich von Unicef abwenden. Am 9.2.2008 tritt Unicef-Geschäftsführer Garlichs zurück. Am 21.2.2008 entzieht das DZI dem Kinderhilfswerk Unicef das Spendensiegel – Tiefpunkt des Krisenmanagements des Hilfswerks. Begründung: Unicef habe seit 2005 gegenüber den Prüfern des Instituts "wahrheitswidrig behauptet, keine Provisionen für die Vermittlung von Spenden zu bezahlen". Damit habe die Organisation nicht nur „gegen die in den Spendensiegel-Leitlinien verankerte Darlegungspflicht verstoßen", sondern auch „zur Verschleierung der tatsächlichen Sachverhalte" beigetragen. Vor allem „mit einer Provisionszahlung von 30 000 Euro ohne nachvollziehbare Gegenleistung", die von der FR publik gemacht worden war, habe Unicef „gegen den Grundsatz der Wirtschaftlichkeit und Sparsamkeit verstoßen", so die harsche Kritik des Instituts. Das Kinderhilfswerk habe nicht belegen können, „dass zwischen dieser Vergütung und dem Zustandekommen der Spende ein sachlicher Zusammenhang besteht".

Die Spendenbranche reformiert sich

Bundestagspolitiker diskutieren neue Regeln für die Hilfsbranche, der Spendenrat beschäftigt sich mit der Sache (siehe den Artikel von Willi Haas in diesem Band), und der Verband Entwicklungspolitik der Nichtregierungsorganisationen VENRO startet eine Transparenz-Initiative und beginnt einen Prozess zur Entwicklung eines umfangreichen *Code of Conduct* für rund 100 Organisationen (siehe den Artikel von Bernd Pastors und Jana Rosenboom in diesem Band). Das DZI kündigt eine Verschärfung seiner Prüfungskriterien an. Der Fundraising-Verband stellt neue Ethik-Richtlinien auf.

Neubeginn bei Unicef

Am 4.4.2008 tritt der alte Unicef-Vorstand geschlossen zurück. Am 10.4.2008 wählt Unicef einen neuen Vorstand. Jürgen Heraeus wird neuer Unicef-Vorsitzender, Wolfgang Riotte neuer komissarischer Geschäftsführer, später die Managerin Regine Stachelhaus als neue Geschäftsführerin gefunden. Die neue Unicef-Führung kündigt eine Transparenz-Offensive an und verspricht Verzicht auf Beraterprovisionen. Am 25.6.2008 legt Unicef zum ersten Mal einen transparenten Geschäftsbericht mit Bilanzrechnung und detaillierten Informationen über die Struktur der Spendenorganisation vor.

Merkwürdige Erbschaft

Vom 9.7. – 13.8. 2008 berichtet die FR in einer aufwändig recherchierten Arti-kelserie über Unicefs merkwürdige Rolle im Streit um die kostbare Kunstsamm-lung Rau, für den das Kinderhilfswerk bislang 1,7 Millionen Euro ausgegeben hat („Unicefs Wille geschehe"). Mit der Sammlung, die rund 600 Millionen Euro wert sein soll, erhielt Unicef 2008 den größten Wert, den eine deutsche Hilfsor-ganisation jemals verbuchen konnte.

Ermittlungs-Akte geschlossen

Ende Oktober 2008 stellt die Staatsanwaltschaft Köln nach elf Monaten die Er-mittlungen gegen Dietrich Garlichs wegen des Verdachts der Untreue „mangels hinreichenden Tatverdachts" ein.

Konsequenzen aus dem Skandal

Unicef ändert die von der FR aufgedeckte Ämterverquickung und trennt die Geschäftsführung klarer vom Aufsichtsgremium. Auch die Unicef-Stiftung er-hält eine neue Satzung, welche mehr Kontrolle möglich macht. Zudem legt Unicef 2008 erstmals einen transparenteren Geschäftsbericht vor. Vor dem Skandal hielt Unicef zwei Seiten im Geschäftsbericht für ausreichend, um den Verbleib von rund 100 Millionen Euro Spendengeld zu erklären - nun berichtet das Kinderhilfswerk detailliert über seine Projekte. Erstmals sind in dem 60-Seiten starken Bericht eine ordentliche Bilanzrechnung sowie ausführliche In-formationen über die Struktur der großen Spendenorganisation enthalten. Nach-dem die FR überhöhte Honorare für externe Berater öffentlich gemacht hatte, wird es künftig bei Unicef keine Provisionen mehr geben, versprach der Vor-standsvorsitzende Heraeus. Für die ehrenamtlichen Unicef-Mitarbeiter soll die Organisation transparenter werden. Das wegen falscher Angaben und wegen Verstößen aberkannte Spendensiegel will Unicef im Jahr 2010 zurück erhalten. Neue Unicef-Geschäftsführerin ist seit Januar 2009 die frühere Hewlett Packard-Managerin Regine Stachelhaus, die im Juni 2010 zur E.ON AG wechselte. Ihr Nachfolger wurde Christian Schneider, seit 2002 Leiter des Bereiches Kommu-nikation.

Wie Spendenwerke mit öffentlicher Kritik umgehen sollten

Das Unicef-Beispiel belegt anschaulich, wie man im Falle öffentlich erhobener Vorwürfe hinsichtlich der Verwendung von Spendengeld *nicht* reagieren sollte. Fast alles, was man im Fall einer solchen Medienkrise falsch machen kann, hat Unicef falsch gemacht. Vorwürfe wurden bis zum Beweis des Gegenteils pauschal zurückgewiesen, das die Missstände aufdeckende Medium wurde pseudomoralisch und juristisch angegriffen, tatsächliche Missstände wurden nicht untersucht und aufgedeckt, sondern negiert, bagatellisiert oder verschleiert. Zudem gab es keine einheitliche Kommunikationsstrategie. Geschäftsführung und Vorstand agierten gegeneinander und sprachen nicht mit einer Stimme. Notwendige Veränderungen, Reformen und Umstrukturierungen wurden nicht oder erst sehr spät eingeleitet. Der Fall zeigt, dass es kein angemessenes Krisenmanagement gab.

Zu einem angemessenen Umgang mit öffentlich erhobenen Vorwürfen sollten gehören:

1. Die selbstkritische Beschäftigung mit den Vorwürfen. 2. Die Schaffung eines (neutralen) Untersuchungsausschusses zur Untersuchung der Vorwürfe und die sachliche Veröffentlichung der Untersuchungsergebnisse. 3. Das möglichst rasche Eingeständnis und Abstellen von Missständen, sofern diese tatsächlich vorliegen. 4. Eine mit allen Gremien im Hause abgestimmte kohärente Kommunikation nach außen. Besser noch als ein solches Krisenmanagement wäre allerdings eine Organisationsstrategie, die kontinuierlich dafür sorgt, dass Missstände, Spendenveruntreuung und fragwürdige Management-Praktiken gar nicht erst vorkommen. Essentiell ist auch eine klare Trennung zwischen Leitungsgremium und Aufsichtsorgan.

Matthias Thieme, der Politik- und Rechtswissenschaften in Marburg studierte, war zum Zeitpunkt des Schreibens dieses Beitrags Redakteur der Frankfurter Rundschau (FR) und für Recherchen und Reportagen sowie als Korrespondent der FR im Hessischen Landtag freigestellt. Zuvor war er für die tageszeitung (taz) Reporter in Kroatien und Frankreich. Thieme war der Journalist, durch dessen Recherchen der Unicef-Skandal ins Rollen kam. Für seine Unicef-Recherchen erhielt er zusammen mit seinem Kollegen Jörg Schindler den Wächterpreis 2009 der deutschen Tagespresse.

Klaus Hurrelmann

„Good Governance" im Wohlfahrtsbereich
Der Beitrag der empirischen Sozialforschung

Wohltätigkeitsinstitutionen und Nichtregierungsorganisationen, die weitgehend auf Spenden und private Zuwendungen angewiesen sind, spüren eine zunehmend kritische Haltung in der interessierten Öffentlichkeit. Die Spender möchten wissen, in welcher Weise ihre Zuwendungen in der Organisation eingesetzt werden und welche ganz konkreten Effekte sie erzielen. Die Spender möchten den sicheren Eindruck haben, dass die von ihnen bereit gestellten Mittel einem guten Zwecke dienen und nicht missbraucht werden. Sie möchten auf eine Organisation treffen, die eine transparente und sorgfältige Organisationsleitung hat und Glaubwürdigkeit ausstrahlt. Mit dem englisch-amerikanischen Begriff gesprochen: es soll eine Organisation mit *Good Governance* sein, die hohe Qualität beim Umgang mit den Geldern und größte Professionalität beim Einsatz der Mittel für das Ziel und den Zweck der Organisation nachweisen kann.

In diesem Buch werden verschiedene Aspekte angesprochen, wie dieses Ziel erreicht werden kann. Ich möchte auf einen bislang wenig beachteten Aspekt eingehen, nämlich die Rolle der unabhängigen empirischen Sozialforschung, die mit den Mitteln einer Wohlfahrts- und/oder Nichtregierungsorganisation betrieben wird. Es handelt sich dabei um Auftragsforschung für eine Organisation, die ihrerseits auf Spenden und private Zuwendungen angewiesen ist. Hierfür gibt es in Deutschland inzwischen interessante Beispiele.

Das Beispiel „World Vision Kinderstudie"

Ich möchte das Beispiel von World Vision Deutschland e.V. herausgreifen, weil ich hier über eigene Erfahrungen verfüge. Diese Organisation hat nach dem Muster des Privatunternehmens Shell Deutschland eine Studie in Auftrag gegeben, mit der die Lebenssituation von Kindern in der Altersspanne zwischen sechs und elf Jahren systematisch untersucht werden sollte. Die Firma Shell ist Vorreiter für diese Form von Studienfinanzierung, denn seit 1953 gibt sie etwa alle vier Jahre eine Jugendstudie bei einem unabhängigen Forscherteam in Auftrag, die

komplett aus Mitteln der Abteilung für Öffentlichkeitsarbeit im Konzern finanziert wird. World Vision Deutschland hat meine Anregung aufgegriffen, eine
solche Studie auch für die jüngste Altersgruppe der Bevölkerung, die Kinder,
durchführen zu lassen. Die erste Studie wurde 2006 begonnen und im Herbst
2007 beendet. Die zweite World Vision Kinderstudie wurde im Juni 2010 vorgestellt. Beide Studien liegen inzwischen im Fischer Verlag als Taschenbücher vor,
ganz bewusst als unabhängige Buchpublikationen des Verlages und nicht als
Veröffentlichungen von World Vision als Organisation.

Welche Chancen und Perspektiven ergeben sich aus dieser spezifischen und
neuartigen Unterstützung von unabhängiger empirischer Sozialforschung durch
eine Nichtregierungsorganisation wie etwa World Vision Deutschland? Kann
durch einen solchen Auftrag an ein professionelles Wissenschaftler- und Erhebungsinstitut die Glaubwürdigkeit einer Nichtregierungsorganisation erfüllt werden, die ganz überwiegend oder sogar ausschließlich von Spenden und privaten
Zuwendungen abhängig ist? Ist diese Kooperation zwischen einem Wissen-
schaftlerteam, einem professionellen Sozialforschungsinstitut und der Nichtregierungsorganisation möglicherweise ein zukunftsweisendes Modell, um Transparenz und öffentliche Sichtbarkeit im Wohlfahrtsbereich zu erfüllen? Diesen
Fragen möchte ich im Folgenden nachgehen.

Entstehungsgeschichte der Kinderstudie

Im Jahre 2000 trat der Leiter der Öffentlichkeitsarbeit der Unternehmensgruppe
Shell in Deutschland an mich heran und fragte, ob ich mich bereit erklären könnte, die 14. Shell Jugendstudie zu leiten. Nach der Klärung der Voraussetzungen
habe ich zugestimmt, einen sachkundigen Kollegen als Sozius in die Teamlei-
tung geholt (Prof. Dr. Mathias Albert als Politikwissenschaftler), mich an der
Auswahl des professionellen Sozialforschungsinstitutes für die Erhebungen beteiligt und für die fachliche Begleitung der Erhebungen und die Erstellung des
Abschlussberichtes engagiert. Auf diese Weise habe ich Erfahrungen mit empirischer Sozialforschung gemacht, die im Auftrage eines privaten Unternehmens
durchgeführt wird, gleichwohl aber öffentlich verantwortliche Arbeit leistet und
gesellschaftlichen Zwecken dient. Die Jugendstudien der Deutschen Shell sind
völlig zu recht zu einer Art Markenzeichen für die Jugendforschung in Deutschland geworden, denn seit über 50 Jahren werden auf diese Weise wissenschaftlich bestens abgesicherte Beiträge zur Sozialberichterstattung über eine wichtige
Bevölkerungsgruppe erstellt. Die Firma Shell beauftragte mich im Jahre 2005
auch mit der Darstellung der 15. Shell Jugendstudie, die 2006 erschien.

Seit 2005, nachdem ich die sehr positive Resonanz der 14. Shell Jugendstudie in Wissenschaft und Praxis aus eigener Beobachtung nachvollziehen konnte, habe ich mich darum bemüht, eine Unterstützung für eine ergänzende Kinderstudie zu finden. Die Jugendstudien beginnen vom Altersspektrum her mit der Geschlechtsreife (der Pubertät), also im Alter von etwa 12 Jahren, umfassen die Zeitspanne bis etwa 25 Jahren. Für die jüngste Generation unter 12 Jahren, so meine Überlegung, bietet sich das Format der Jugendstudien an, um ergänzend eine ebenso systematische Berichterstattung aufzubauen. Auffälligerweise gibt es diese Berichte von Seiten der öffentlichen Hand, etwa von Bundesministerien oder Bundesorganisationen wie dem Deutschen Jugendinstitut, nur in Ansätzen. Die konsequente Durchführung von Studien in einem festen Zeitabstand, wie es die Firma Shell mit ihren Jugendstudien demonstrierte, ist durch öffentliche Finanzierung in Deutschland bislang nicht geglückt. Das gleiche gilt für Kinderstudien.

Es gelang sehr schnell, im Jahre 2006 World Vision Deutschland für die Finanzierung der ersten deutschen Kinderstudie zu gewinnen. Ich wurde mit der Leitung beauftragt und bat die Kollegin Prof. Dr. Sabine Andresen von der Universität Bielefeld, mich hierbei mit ihrer fachlich ergänzenden Kompetenz zu unterstützen. Zusammen haben wir eine Konzeption für die Kinderstudie erstellt, die mit den Verantwortlichen bei World Vision abgestimmt wurde. Von Anfang an galt die Vereinbarung, dass World Vision sich in keiner Weise in irgendwelche inhaltlichen, fachlichen und methodischen Aspekte der geplanten Studie einmischen sollte. Die hohe Anerkennung der Jugendstudien hatte sich ja genau daraus ergeben, dass die Firma Shell sich ebenso verhielt und in keiner Phase der Entwicklung einer Jugendstudie Einfluss auf Inhalt und Ablauf genommen hatte. Diese Tradition haben wir von Anfang an auf die Kinderstudie übertragen. Durch diese Vorgehensweise war sichergestellt, dass alle inhaltlichen Entscheidungen ausschließlich von den Wissenschaftlern und in deren Verantwortung getroffen werden. World Vision Deutschland als Auftraggeber hatte lediglich die Möglichkeit, auf Verletzungen von Zeitabläufen und Leistungsumfängen des Forschungsteams hinzuweisen, und zwar auf der Basis eines gemeinsamen Kooperationsvertrages mit rechtlicher Bindung.

In der ersten Jahreshälfte 2006 wurde als professionelles Erhebungsinstitut TNS Infratest Sozialforschung in München ausgewählt, und zwar nach einem Wettbewerb mit festen Kriterien. Ausschlaggebend für den Zuschlag an TNS Sozialforschung war das hohe Ausmaß von Erfahrungen dieses Instituts mit Studien dieser Art, zugleich aber auch die hohe Qualität des Forschungsdesigns und die Fähigkeit des Teams, die Forschungsberichte in eigener Regie zu erstellen und textlich zu verfassen. Die wissenschaftliche Supervision lag bei den beiden Forschern von der Universität Bielefeld, also bei Frau Prof. Andresen und bei mir, ein großer Teil der Auswertung des empirischen Materials und ihrer Verschriftlichung aber wurde von den Mitarbeiterinnen und Mitarbeitern des Instituts TNS vorgenommen. Gemeinsam mit den Fachleuten von Infratest wurde die Stichprobenkonstruktion entschieden, gemeinsam wurde das Erhebungsinstrument verabschiedet, und ebenfalls in gegenseitiger Abstimmung wurde die Durchführung der Erhebung dann im Frühjahr und Frühsommer 2007 durchgeführt. Anschließend erfolgte die Auswertung und Schriftfassung der Studie, die im November 2007 in Buchform als Taschenbuch beim S. Fischer Verlag in Frankfurt erschien und im Rahmen einer Pressekonferenz der Öffentlichkeit vorgestellt wurde.

Im Jahre 2010, also nach einem Zeitraum von drei Jahren, wurde bereits die 2. World Vision Kinderstudie vorgestellt, bei der das Befragungsalter noch einmal von acht auf sechs Jahre herabgesetzt werden konnte und zusätzliche Aspekte in die Befragung aufgenommen wurden. Die besondere Bedeutung der World Vision Kinderstudie besteht darin, in umfassender und repräsentativer Weise die Kinder selbst über die eigene Wahrnehmung ihrer Lebenswelten zu befragen, ihnen selbst also Gehör zu verschaffen und eine Stimme zu geben. Damit entspricht die Studie einem modernen, internationalen Forschungsansatz, bei dem nicht in erster Linie *über* Kinder geredet und geforscht wird, sondern *mit* ihnen. Damit verbunden ist die Fokussierung und Priorisierung des Kindeswohls aus Sicht der Kinder.

Bedingungen für die Sicherung der Neutralität

Im Grunde sind damit schon alle Faktoren genannt, die für das hier diskutierte Modell der Unterstützung von wissenschaftlicher Forschung durch eine Nichtregierungsorganisation zum gewünschten Erfolg führen. Gehen wir sie der Reihe nach einmal durch:

1. Das Thema der empirischen Sozialforschung ist ein Thema von übergreifender gesellschaftlicher Bedeutung. Im Falle von World Vision Deutschland ist es die Lebenssituation der jüngsten Generation der 6- bis 11-Jährigen, die so weit wie möglich objektiv erhoben wird und ergänzend durch die subjektive Einschätzung der Kinder abgerundet wird. Es handelt sich um ein wissenschaftlich, pädagogisch und politisch äußerst relevantes Thema. Zugleich ist es eins mit einem hohen Zukunftswert für die gesamte Gesellschaft und hat deswegen auch einen starken emotionalen Charakter. Es ist ein Thema, das sich für die soziale Verantwortung einer Nichtregierungsorganisation damit auch symbolisch in der öffentlichen Darstellung

eignet. Die Nichtregierungsorganisation unterstreicht damit ihre uneigennützige Rolle zum Wohl einer bestimmten Bevölkerungsgruppe.

2. Das ausgewählte Thema der empirischen Sozialforschung hat keinen direkten Bezug zum Arbeits- und Operationsfeld der Nichtregierungsorganisation. Im Falle von World Vision Deutschland wurde sorgfältig darauf geachtet, dass in die Untersuchung keine Fragestellungen aufgenommen werden, die für das künftige Geschäftsgebaren des Auftraggebers von direkter Bedeutung sein könnten. Damit wird der allgemeine gesellschaftsverantwortliche Akzent des Vorhabens nachdrücklich unterstrichen. Jede Akzentsetzung wäre problematisch und missverständlich, aus der ein Auftraggeber unmittelbare Vorteile für die Ausrichtung seiner künftigen Arbeit im Kerngeschäft ableiten könnte. Im Falle von World Vision Deutschland also wurde absichtlich darauf geachtet, keine Fragen an die Eltern zu ihrer Bereitschaft zur Unterstützung notleidender Familien in anderen Ländern zu stellen und auch bei den Kindern nach einem solchen Engagement zu suchen.

3. Die empirische Sozialforschung hat den Charakter einer Bevölkerungsbefragung. Die Studie unterstreicht damit, dass Einschätzungen und Auffassungen eines wichtigen Kreises der Gesamtbevölkerung der Gesellschaft mit den abgesicherten Methoden der wissenschaftlichen Untersuchung erfasst und in eine breitere Öffentlichkeit transportiert werden. Im Falle der Kinderstudie war das Ziel, den Angehörigen der 6- bis 11-Jährigen gewissermaßen eine Stimme zu geben und ihnen über das Transportmedium von Forschung und Veröffentlichung von Untersuchungsergebnissen als Bevölkerungsgruppe Gehör im politischen und im alltagspraktischen Geschehen einzuräumen. Auch durch diese Akzentsetzung wird der gesellschaftlich verantwortliche Charakter des unterstützten Projektes symbolisch deutlich unterstrichen.

4. Die wissenschaftliche Leitung der empirischen Sozialforschung liegt in den Händen von Wissenschaftlerinnen und Wissenschaftlern und eines professionellen Forschungsinstitutes, die in ihren jeweiligen fachlichen Bezugssystemen etabliert und unumstritten sind. Bei den Untersuchungsergebnissen können durchaus Interpretationen und Bewertungen des Wissenschaftlerteams Eingang finden. Diese sind als Meinungsäußerung auch deutlich erkennbar. Der Schwerpunkt der empirischen Sozialforschung liegt darauf, dass ein als wissenschaftlich in der Fachgemeinschaft absolut akzeptiertes Team Untersuchungsergebnisse nach den Regeln der empirisch-methodischen Kunst aufbereitet und interpretiert.

5. Das Untersuchungsergebnis wird öffentlich breit kommuniziert, und zwar über einen unabhängigen und wirtschaftlich eigenständigen Verlag. Im Falle der Kinderstudie von World Vision Deutschland e.V. wurde nach dem

Muster der Shell Jugendstudien das gesamte Recht zur Publikation an den Taschenbuchverlag S. Fischer in Frankfurt abgegeben. Der Auftraggeber übernahm also auch in dieser letzten Stufe der Erstellung des Auftrages keinen Einfluss auf Machart und Gestaltung und auch keinen auf die Verbreitungs- und Werbewege für das fertige Produkt. Hierdurch wurde gewissermaßen bis zur letzten Meile die Unabhängigkeit des Projektes symbolisch unterstrichen.

Aus diesen fünf Punkten geht hervor, dass von der Auftragsvergabe über die Erstellung bis hin zur Fertigstellung des Berichtes der empirischen Sozialforschung die Rollenteilung zwischen dem Auftraggeber und dem Auftragnehmer voll und konsequent eingehalten werden muss. Der Auftraggeber ist nicht mehr als der Auftraggeber und Impulssetzer, er hält sich aus allen weiteren Schritten der Umsetzung des Projektes zurück, um die Produktion nach professionell anerkannten und abgesicherten Kriterien zu gewährleisten.

Glaubwürdigkeits- und Marketingeffekte

Werden die hier angesprochenen Voraussetzungen und Bedingungen beachtet, dann kann durch empirische Sozialforschung nach dem hier vorgestellten Profil in einer breiten Öffentlichkeit, die professionell und fachlich grundsätzlich am Thema des Auftrages der Nichtregierungsorganisation interessiert ist, ein hoher Aufmerksamkeits- und indirekter Marketingeffekt entstehen. Im Falle der Studie Kinder 2007 zum Beispiel erzielte das Taschenbuch im Fischer Verlag eine Auflage von 14.000 Exemplaren. Es handelt sich wohlgemerkt um Exemplare, die jedes einzelne von Kunden in Buchhandlungen für einen moderaten Taschenbuchpreis, aber immerhin auf eigene Initiative und mit eigenem Geld, erworben wurden. Von dem Geld erhielt der Auftraggeber World Vision Deutschland ebenso wenig einen Cent wie das Team der Wissenschaftler, die die Studie herausgegeben haben. Die Wissenschaftler wurden auf marktübliche Weise durch Tagessätze finanziert und erhielten eine kleine Unterstützung zur Erweiterung ihres universitären Arbeitsbereiches.

Die sehr starke Verbreitung des Berichtes der empirischen Sozialforschung über den Buchhandel hängt mit der Bedeutsamkeit des Themas der Untersuchung zusammen, die vorab durch eine gezielte und sachlich angemessene Berichterstattung unterstützt werden kann. Den Höhepunkt der Informationskampagne für das Produkt der empirischen Sozialforschung stellt die Pressekonferenz dar, bei der das frisch erschienene Buch präsentiert wird. Im Falle der Studie Kinder 2007 war diese Pressekonferenz von etwa 50 Journalistinnen und

Journalisten, darunter zahlreichen Fernseh- und Rundfunkteams, besucht worden. Die Berichterstattung in den verschiedenen Medien am Tage der Pressekonferenz und am Tage danach war von großer Ausstrahlung. Auch in den nachfolgenden Wochen gab es immer wieder gezielte Sachberichte zum Ergebnis der empirischen Sozialforschung. Bis heute gibt es Querverweise auf die Studie, wenn relevante Fragen zum Beispiel der Auseinandersetzung von Kindern mit ungünstigen wirtschaftlichen und Bildungsverhältnissen in der Tagesdiskussion bedeutsam werden. Die World Vision Kinderstudie wird dabei als eine zentrale Informationsquelle von wissenschaftlicher Bedeutung zitiert.

Auch wenn World Vision Deutschland sich jeglicher Einflussnahme bei der Studie enthalten hat, vermochte das Hilfswerk als Auftraggeber gleichwohl Nutzen daraus zu ziehen, und zwar nicht nur im Hinblick auf den Öffentlichkeitswert, sondern auch in Bezug auf die Studie als Bezugsgröße für die Einschätzung weltweiter Armut: Denn obwohl die Kinderstudie ausschließlich die Lage der Kinder in Deutschland untersuchte (während World Vision sein Kerngeschäft der Armutsbekämpfung ja vorwiegend in den Entwicklungsländern betreibt), kann die Erhebung für die Hilfsorganisation doch ein wichtiges Referenzwerk auch für die Entwicklungszusammenarbeit darstellen. Immerhin liegen nun aussagefähige Erhebungen zur subjektiven Selbsteinschätzung von deutschen Kindern vor, so dass es sich lohnen würde, diese mit den Selbsteinschätzungen von Kindern in armen Ländern zu vergleichen, um aufzuzeigen, inwieweit die subjektive Befindlichkeit von Kindern mit ihrer tatsächlichen objektiven wirtschaftlichen Lage übereinstimmt oder nicht.

Darüber hinaus darf man wohl auch davon ausgehen, dass sich die Erkenntnisse der Studie (etwa über den engen Zusammenhang zwischen Herkunftsschicht und Armutsrisiko) grundsätzlich auch auf andere Länder und Kulturkreise übertragen lassen: Die Benachteiligung für die weitere Entwicklung eines Kindes ist am größten, wenn es in einem Elternhaus aufwächst, das wirtschaftlich schwach ist und in dem die Eltern nur einen geringen Bildungsgrad aufweisen. Bei Kindern in Armut schaukeln sich wie in einem Teufelskreis die verschiedenen Formen der Benachteiligung gegenseitig auf; eine wirtschaftlich ungünstige Ausgangssituation zieht einen geringen Bildungsgrad nach sich, der wiederum zu unzureichenden Kompetenzen bei der Erschließung der sozialen Umwelt führen kann, was zu weiteren sozialen und am Ende auch gesundheitlichen Störungen führen kann, welche wiederum die Armut verstärken. Die grundsätzliche Allgemeingültigkeit dieser Zusammenhänge vermag auch die Entwicklungszusammenarbeit zu leiten, deren zentrale Aufgabe es darum sein muss, die Teufelskreise von Armut und Benachteiligung durch die Intervention von Bildung und Bewusstseinsbildung zu durchbrechen.

Fazit: Unabhängige wissenschaftlich abgesicherte empirische Sozialforschung kann unter bestimmten Voraussetzungen ein wichtiges Medium und Instrumentarium sein, um die Arbeitsweise von Nichtregierungsorganisationen im Wohlfahrtsbereich in eine breite Öffentlichkeit zu transportieren und zugleich jenseits des engeren Geschäftsfeldes dieser Organisationen die Zielrichtungen ihres Engagements auch symbolisch und emotional zu transportieren. Durch die Unabhängigkeit und Neutralität des Forschungsteams wird die Motivation der Nichtregierungsorganisation unterstrichen, ein für die ganze Gesellschaft wichtiges Engagement zu betreiben. Ziehen wir diese Überlegungen zusammen, dann darf man meiner Einschätzung nach die These wagen, dass durch empirische Sozialforschung nach dem hier vorgestellten Muster Glaubwürdigkeit und Verständlichkeit der Arbeit von Nichtregierungsorganisationen unterstrichen werden. In diesem Sinne kann empirische Sozialforschung für Wohlfahrtsorganisationen, die auf Spenden und private Zuwendungen angewiesen sind, ein wichtiger Beitrag für ihr „Good Governance" sein.

Prof. Dr. Klaus Hurrelmann ist Professor für Public Health and Education an der Hertie School of Governance in Berlin. Er ist ausgebildeter Sozialwissenschaftler und war viele Jahre Professor für Bildungsforschung an den Universitäten in Essen und Bielefeld tätig, bevor er sich der Gesundheitsforschung zuwandte. Als anerkanntem Kinder- und Jugendforscher obliegt ihm die wissenschaftliche Autorenschaft der Shell Jugendstudie und der World Vision Kinderstudie.

Neu im Programm Politikwissenschaft

Elemente der Politik

Hrsg. von Bernhard Frevel / Klaus Schubert / Suzanne S. Schüttemeyer / Hans-Georg Ehrhart

Erhältlich im Buchhandel oder beim Verlag.
Änderungen vorbehalten. Stand: Juli 2010.

www.vs-verlag.de

VS VERLAG

Abraham-Lincoln-Straße 46
65189 Wiesbaden
Tel. 0611.7878 - 722
Fax 0611.7878 - 400

MIX
Papier aus verantwortungsvollen Quellen
Paper from responsible sources
FSC® C105338

If you have any concerns about our products,
you can contact us on
ProductSafety@springernature.com

In case Publisher is established outside the EU,
the EU authorized representative is:
Springer Nature Customer Service Center GmbH
Europaplatz 3, 69115 Heidelberg, Germany

Printed by Libri Plureos GmbH
in Hamburg, Germany